“十二五”职业教育国家规划教材
经全国职业教育教材审定委员会审定
“十三五”高等职业教育云教学系列教材

演讲与口才

（第三版）

主　编　王宏佳
副主编　刘　晶　欧阳澜　吕志梅
　　　　楚龙芬
编　者　周　文　孙和平　盛银花
　　　　张春泉　苏俊波　阮桂君
　　　　刘路琴　张桂芳　李爱国

教育科学出版社
·北京·

出版人　李　东
责任编辑　尹甜甜
责任校对　贾静芳
责任印制　叶小峰

图书在版编目(CIP)数据

演讲与口才 / 王宏佳主编. —3版. —北京：教育科学出版社，2021.2（2023.12重印）
“十三五”高等职业教育云教学系列教材
ISBN 978-7-5191-2435-9

Ⅰ.①演…　Ⅱ.①王…　Ⅲ.①演讲—高等职业教育—教材 ②口才学—高等职业教育—教材　Ⅳ.①H019

中国版本图书馆CIP数据核字（2021）第029406号

“十三五”高等职业教育云教学系列教材
演讲与口才（第三版）
YANJIANG YU KOUCAI

出版发行	教育科学出版社		
社　址	北京·朝阳区安慧北里安园甲9号	邮　编	100101
总编室电话	010-64981290	编辑部电话	010-64989631
出版部电话	010-64989487	市场部电话	010-64989009
传　真	010-64891796	网　址	http://www.esph.com.cn
经　销	各地新华书店	版　次	2011年1月第1版
印　刷	艺通印刷（天津）有限公司		2016年11月第2版
开　本	720毫米×1020毫米　1/16		2021年2月第3版
			2023年6月修订
印　张	13	印　次	2023年12月第5次印刷
字　数	332千	定　价	49.80元

图书出现印装质量问题，本社负责调换。

前言

本书第一版于2011年出版，第二版于2016年出版，在社会和高校中产生了积极的反响，也得到了同行的充分肯定。为了更好地更新和完善内容体系，我们对本书进行了修订。

本书共分为八章，主要包括：绪论、演讲稿、即兴演讲、命题演讲、论辩演讲、求职口才、职业口才、生活口才。本书遵循由易到难、循序渐进和可操作性强的原则，系统训练学生演讲与口才各个方面的能力。为了贯彻落实党的二十大报告提出的“办好人民满意的教育”“全面贯彻党的教育方针，落实立德树人根本任务，培养德智体美劳全面发展的社会主义建设者和接班人。坚持以人民为中心发展教育，加快建设高质量教育体系，发展素质教育”，本书体现了新的课程体系、新的教学内容和教学方法，以提高学生整体素质为基础，以增强学生实践能力为本位，兼顾知识教育、素质教育和能力教育。

本书具有以下特色。

第一，“演讲”与“口才”并重。以往的教材或偏重于演讲，或偏重于口才，顾此失彼，而本书较好地处理了两者之间的关系。

第二，紧密联系当前社会实际。根据广大高校学生的需要，本书特设了“求职口才”“职业口才”“生活口才”等章节。通过学习这些内容，学生可以获得解决与自身生活、学习和工作密切相关的问题的能力和方法。

第三，丰富的拓展资源。本书增加了“名篇演示”“口才故事”等内容，并以二维码的形式呈现，旨在启发学生思考，调动学生“说”的兴趣，帮助学生提高演讲能力和口才技巧。

第四，强化实训。本书新增实训活动，学训有机结合，便于学生在练中学、在学中练，实现口才提升和岗位需求的有效对接。

第五，突出语言性。本书紧紧围绕“演讲”与“口才”两个方面展开，所有章节在论述过程中都充分体现了语言表达能力和技巧。

第六，突出知识性。在各章节中，本书尽可能用简洁、准确的语言介绍相关的概念，使学生在较短的时间内能够掌握相关的基础知识。

第七，突出趣味性。本书在讲解基础知识的同时，设置了大量教学案例，案例选取力求广泛、贯通古今中外，人物事件力求新颖、贴近生活，从而激发学生的学习兴趣和求知欲望。

第八，突出思想性和艺术性。学生在学习过程中，既增长了知识，又满足了陶冶思想情操的需要，同时还得到了美的享受。

修订后的教材，我们努力做到：既要有理论知识的讲解，又要有技巧方法的传授；既要有经典案例的分析，又要有启发性的课后思考与训练；既要方便教师教学，又要适合读者自学。

本书由湖北科技学院、湖北第二师范学院、湖北师范大学、华中师范大学、武汉大学、河南经贸职业学院、兰州外语职业学院 7 所高等院校共 14 位教师共同编写完成。王宏佳担任主编；刘晶、欧阳澜、吕志梅、楚龙芬担任副主编；其余编写人员有：周文、孙和平、盛银花、张春泉、苏俊波、阮桂君、刘路琴、张桂芳。此外，特邀国家级普通话测试员李爱国为本书提供名篇演示音频资源。

本书既可作为公共课教材，又可作为专业基础课教材，还可作为演讲与口才爱好者的参考用书。由于编者水平有限，加上时间仓促，书中错误和疏漏在所难免，敬请专家、学者和读者不吝指正。

编　者

目 录

第一章 绪论

如果让我重进大学，我将修好两门课：演讲和说服。

——理查德·米尔豪斯·尼克松

演讲是一门科学，也是一种语言艺术。古今中外，无数伟人和成功人士都把演讲作为开拓事业的重要武器。口才是人们口语表达的才能，也是一个人素养、能力和智慧的综合反映，在人们的对话、演讲、辩论、谈判等言语交谈活动中均可表现出来。本章着重介绍演讲的定义、要素、特点和分类，口才的定义、作用和要素，演讲与口才的区别和联系。

第一节 演讲

口才故事

一、演讲的定义

演讲，也叫演说、讲演。演，水长流也（《说文解字》），引申以后有表演、阐述、讲解等义。讲，和解也（《说文解字》），引申以后有评议、论说等义。关于演讲的含义，《现代汉语词典》解释为，演说（演讲）是就某个问题对听众说明事理，发表见解。《辞海》则解释为，演说（演讲）是在听众面前就某一问题发表自己的意见，或阐说某一事理。由此可见，演讲属于语言行为。在我们给演讲下明确的定义前，有必要把演讲同其他典型口语表达形式做比较。

首先，演讲不同于谈话。谈话无主体（演讲者）、受体（听众）之分，参与者都可以发表意见。一般而言，谈话在任何时候、任何地点都可以进行；演讲则是演讲者面向听众全面阐述自己的观点，往往在特定的时间和场所进行，与谈话相比较，演讲显得更正规、更严肃。

其次，演讲不同于朗诵。二者虽然同属于表演艺术，但朗诵侧重于欣赏和语言表达的形式，同样的内容，不同的人朗诵的效果不一样；演讲则侧重于鼓动和语言表达的内容，最出色的演讲都是以事教人，以理说人，以情动人。

再次，演讲不同于讲课。讲课是为了传授知识，教师口语具有规范性、启发性和科学性；演讲则是为了宣扬自己的思想和主张，更注重技巧性和生动性。

最后，演讲不同于做报告。二者虽然都是面向听众发表讲话，但报告是为了汇报或传达信息，内容注重政策性、权威性和指导性；演讲则更注重思想性、典型性和鲜明性。

综上所述，我们认为，演讲是指在特定的时间和公共场所，以有声语言为主要手段，以体态语言为辅助手段，针对某个具体问题，鲜明、完整地发表自己的思想和主张，阐明事理或抒发情感，进行宣传鼓动的一种语言交际活动。

二、演讲的要素

任何演讲都包括以下6个构成要素：主体（演讲者）、受体（听众）、演讲内容、演讲目的、演讲时间和演讲地点。

1944年6月，盟军司令蒙哥马利元帅在诺曼底登陆中对担负突击任务的士兵说："你们在干一件无与伦比的大事业。世界将通过你们完全变一番模样，历史将为你们树立一座丰碑，写上：你们是迄今最优秀的军人！"

他的话顿时激发了士兵们大无畏的战斗精神，士兵们高呼："元帅的贝雷帽和演讲给了我们扑向死神的力量！"

在这里，演讲者是蒙哥马利，他在整个演讲中起决定性作用；听众是即将在诺曼底登陆中担负突击任务的士兵；演讲内容是对这些士兵即将的作为给出的评价；演讲目的是要鼓舞士兵的斗志；演讲时间是在诺曼底登陆前；演讲地点则是怀特岛部队出发基地，登陆士兵面前。

三、演讲的特点

演讲作为一种高级的语言行为，具有以下特点。

1.“演”“讲”结合，以“讲”为主

演讲，顾名思义，既“演”又“讲”。“讲”，就是陈述，演讲者把自己的思想和主张运用有声语言表达出来，它作用于听众的听觉器官；“演”，即体态语言的表演，它作用于听众的视觉器官。演讲，除了语言表达以外，还应该借助手势、动作、表情等手段来表达自己的思想和观点，二者要和谐统一，给人以美的享受。

演讲又必须以“讲”为主，以“演”辅之。“讲”是起主导作用的决定性因素，也就是说有声语言是演讲的主要手段，“演”必须建立在“讲”的基础上，服从“讲”的需要，处于从属地位。在演讲过程中，二者相互交织、相互渗透、相得益彰。如果只“讲”不“演”，就缺乏感染力，削弱演讲的效果，绝对不是成功的演讲；如果以“演”为主，就会喧宾夺主，冲淡演讲的内容，绝对是失败的演讲。只有以“讲”为主，“讲”与“演”有机结合的演讲，才有希望获得成功。

2. 鲜明的目的性

人们发表演讲，总是要宣传自己的思想和主张，整个演讲过程就是实现既定目的的过程，所以演讲具有鲜明的目的性。我国历史上最早的演说是盘庚关于迁都的演说，目的就是要动员臣民们迁都。陈胜发表演讲，愤怒地吼出“王侯将相宁有种乎”，目的就是要让那些戍卒起兵反抗。可以说，没有不传播思想和主张的演讲。

3. 现实的真实性

首先是指演讲者的身份是真实的。演讲不属于表演艺术，演讲者是生活中真实的自我，台上台下一个模样，在讲台上表达的是自己的思想和主张。演员在舞台上则是以角色的身份出现，台上台下两副面孔，在舞台上表现的是所扮演角色的思想和主张。

其次是指演讲者所讲述的人和事是真实的，既不能虚构，也不能无中生有。列宁在《决不要撒谎！我们的力量在于说真话》一文中指出：“吹牛撒谎是道义上的灭亡，它势必引向政治上的灭亡。”成功的演讲之所以能打动人，就在于说真话。

再次是指演讲者表达的感情是真实的。演讲贵在真情实感，任何矫揉造作，无病呻吟，都会引起听众反感，导致演讲失败。

4. 强烈的鼓动性

演讲以宣传演讲者的思想和主张为目的，演讲者必须鼓动听众接受它并付诸行动，所以演讲具有强烈的鼓动性。在演讲的过程中，热烈的语言、丰富的表情、有力的手势、真挚的感情等都能点燃听众的情绪，激起他们的斗志。我国著名社会学家费孝通教授称赞闻一多先生“实在是少有的天才宣传鼓动家”，他的演讲，洪亮的声音载着烈火一样的语言，能够“使糊涂的人清醒过来，怯懦的人勇敢起来，疲倦的人振作起来，而反对派则战栗地倒下去”。这生动地说明了成功的演讲所具有的鼓动性。

5. 时间的紧迫性

一般来说，演讲者都是以时代提出的任务、形势发展的要求和人民的迫切愿望作为自己的基本主题。演讲者总是在关键时刻肩负历史的使命感，挺身而出，发表演讲。从古希腊的演说家亚里士多德、德摩西尼、西塞罗，到我国古代的演说家盘庚和诸子百家；从自然科学家伽利略、布鲁诺、居里夫人、爱因斯坦，到无产阶级革命家马克思、恩格斯、列宁、毛泽东、周恩来、李大钊、鲁迅等，他们演说的内容都有着深刻的时代烙印，他们宣扬的思想和主张无一例外地在关键时刻成为推动历史车轮滚滚向前的重要力量。例如，帕特里克·亨利《不自由，毋宁死》的演讲就是在北美殖民地面临着历史性抉择的时刻发表的。

6. 工具性

演讲是一门科学，更是一种工具，是人们交流思想的工具。任何思想、政策、知识、发明创造都可以借助演讲这个工具来传播。可以说，演讲是最经济、最实用、最方便的传播工具，任何人都可以利用它。例如，爱因斯坦在德国东郊发表了关于“相对论”的演讲，为工人讲解科学知识。

四、演讲的分类

根据不同的标准，演讲可分为不同的类别。

（一）按表达形式的不同分类

按表达形式的不同，演讲可以分为即兴演讲、命题演讲和论辩演讲，具体内容详见后面的章节。

（二）按表达内容的不同分类

按表达内容的不同，演讲可以分为以下 5 种类型。

1. 政治演讲

政治演讲是指针对国内外的政治问题、现实生活中的思想认识问题进行分析、评论，阐明和宣传某种政治观点和主张的演讲。政治演讲包括外交演讲、军事演讲、政治性集会上的讲话以及为社会政治服务的各类主题演讲等。政治演讲是一种高度严肃的演讲，要求演讲者不仅要有深刻的思想、一定的政策水平和政治远见，而且要有高度的责任感，因为政治演讲的最终目的是要让听众赞同并支持演讲者的政治主张和政治观点。

2. 学术演讲

学术演讲是指向听众发表学术见解，传授科学知识和公布科研成果的演讲。学术演讲包括学术座谈会、学术讨论会的发言，各种学术报告和学术评论等。学术演讲要求内容具有科学性、系统性和独创性，语言具有准确性，论证具有严密性。

3. 法庭演讲

法庭演讲是指公诉人、辩护人和诉讼代理人在法庭上所发表的演讲。法庭演讲具有绝对的客观性、充分的论据性和雄辩的逻辑性。法律面前人人平等，任何人都要“以事实为依据，以法律为准绳”，法律演讲严禁掺杂主观感情色彩。

4. 宗教演讲

宗教演讲是指一切与宗教仪式、宗教宣传有关的演讲。宗教演讲包括布道演讲和一些宗教会议演讲。这种演讲在我国的影响不大，听演讲和做演讲的人都不多。

5. 礼仪演讲

礼仪演讲是指在各种礼仪活动中，为表达感情、礼节而发表的演讲。礼仪演讲既包括致开幕词、闭幕词和致酒词，还包括婚祝演说、联欢演说、祝寿演说、庆典演说、告别演说、悼念演说等。礼仪演讲的第一个特点是感情强烈，或悲或喜，溢于言表。第二个特点是大部分礼仪演讲具有较固定的结构形式，其他的演讲则没有。

（三）按演讲目的的不同分类

按演讲目的的不同，演讲可以分为以下 5 种类型。

1.“使人知”演讲

这种演讲以传达信息、阐明事理为主要目的。如爱因斯坦针对“相对论”所进行的演讲，就是要使大众了解相关的知识和理论，“使人知”的目的非常明显。

2.“使人信”演讲

这种演讲以使听众信赖、相信为主要目的。它从“使人知”演讲发展而来。毛泽东在演讲《星星之火，可以燎原》中连用三个比喻句，形象、生动地解释了中国革命的高潮为何“快要”到来，使人们坚信革命的高潮就要到来了。

3.“使人激”演讲

这种演讲以激励听众为主要目的。如美国黑人运动领袖马丁·路德·金在演讲《我有一个梦想》中，用他的几个“梦想”激励广大黑人要为“生而平等”而奋斗。

名篇演示

4.“使人动”演讲

这种演讲以促使听众行动为主要目的，比“使人激”演讲更进一步。如“二战”期间，法国前总统戴高乐在英国伦敦所作的演讲《告法国人民书》，号召法国人民行动起来，投身到反法西斯的行列中去。

5.“使人乐”演讲

这种演讲以活跃气氛、调节情绪、使人快乐为主要目的。演讲内容多以笑话或调侃为主，一般出现在喜庆的场合。

此外，还可以按表达风格的不同，将演讲分为激昂型演讲、质朴型演讲、活泼型演讲、淡雅型演讲、深沉型演讲等；按演讲场地的不同，将演讲分为课堂演讲、街头演讲、视播演讲等。演讲的分类带有很强的主观性，因而很难避免其中的交叉和从属现象。但是，给演讲分类又是十分必要的，它有助于演讲者根据具体的情况采用不同的演讲形式，从而取得演讲的成功。

第二节　口才

一、口才的定义

“口才”一词，远在两千多年前就可以见到，据孔丘门人所撰《孔子家语·七十二弟子解》记载：“宰予，字子我，鲁人，有口才著称。”古人也将“口才”写成“口材”，如宋人王明清《挥尘后录（十）》记载：“周望，字仲弼，蔡州人，有口材，好谈兵。”关于口才的含义，《现代汉语词典（第7版）》的解释：说话的才能。《辞源》的解释：善于说话的才能。

我们认为，口才是口语表达的才能，也就是口语表达的艺术和技巧。具体地说，口才是在各种口语交际实践活动中，表达者运用准确、得体、生动、有效的语言，实现特定交际目的，取得圆满交际效果的口语表达能力。口才是一个人智慧、能力和素养的综合反映。

二、口才的作用

回顾人类社会发展的历史，口才在社会发展和人的自身发展中的作用是毋庸置疑的。刘勰在《文心雕龙》中指出：“一人之辩，重于九鼎之宝；三寸之舌，强于百万之师。”美国著名的人际关系学大师戴尔·卡耐基说过：“一个人的成功，15%是靠他的专业知识，85%是靠他的口才交际能力。”不管是政界领袖如列宁、毛泽东、尼克松等，还是商界的成功人士如韦尔奇、比尔·盖茨、松下幸之助等，他们无一例外都具备出色的口才。从他们身上可以得出这样一条结论：古今中外99%的成功人士都是善于公众演讲和沟通的大师。

当今时代，竞争越来越激烈，人们的生活节奏日益加快，活动空间越来越大，人际交往也比过去任何时代都更频繁、更紧密，口才在社会发展和人的自身发展中的作用越发凸显。第二次世界大战以后，西方一些人将舌头、原子弹和金钱相提并论，称之为“三大威胁力量”。现在，人们又将舌头、美元和计算机视为赖以生存和竞争的“三大战略武器”。代表科学的“计算机”取代了代表武器的“原子弹”，而代表口才的“舌头”依然雄居首位，这说明口才是多么地重要。口才的作用具体表现在以下几个方面。

（一）口才是事业成功的重要因素之一

现代社会，口才已经成为决定一个人事业能否成功的重要因素之一。现代人才不应是那种只会干活、不善言谈的人。具备一定的口语表达能力，不仅是对创造型、开拓型人才的要求，也是对各行各业人才的要求。领导、教师、律师、推销员、采购员都要运用语言进行工作，口才的重要性是显而易见的。现实生活中，那些事业有成的人，绝大多数都具有较好的口才，而且口才越好，其活动天地就越大，成就也就越突出。例如，周恩来总理的丰功伟绩与他出类拔萃的口才有着密切的关系；英、美、德、法等国的总统、总理、首相的竞选无一不是雄辩口才的较量。可以说，好的口才使他们在社会交往中如鱼得水、如虎添翼，好的口才是他们通向事业成功之路的重要阶梯。

（二）口才是人类交际的重要手段之一

交际是人们协调行动、交流思想的重要手段，是人类社会存在和发展的前提。在这个意义上完全可以说，没有交际就没有人类社会。事实表明，谈话虽然不是人类交际的唯一手段，但却是交际的重要手段之一。信号、信息弹、旗语、交通标志、电码、聋哑人的手势语、人的面部表情及身体姿势等都具有一定的交际功能，但这些也不过是人类语言的特殊复制品，并且传递的信息极其有限、简单。书面语言必须事先在心中把它用“说话”的形式想好，而读者在阅读的时候，同样也是在心中以“说话”的形式来领会其意义。总之，口才是现代人交际的重要手段之一，在激烈的社会竞争中发挥着越来越重要的作用。

（三）口才是一个人综合能力的体现

口才是人生奋斗过程中必备的一项基本能力，人们在获得这种能力的同时，其他几种重要能力，如观察能力、记忆能力、思维能力、创造能力、应变能力等也相应地得到训练和提高。口语交际最大的特点是现想现说，想是说的基础，“说得好”的前提是先要“想得好”，而无论是想还是说，都必须综合地运用交际者的各种素养和知识。具体来说，首先，说话者既要考虑说话场合、说话对象的身份和情绪，做到察言观色，又要对相关事物进行细致的观察，以求深入了解，从而迅速把握对事物的认识。这就需要说话者具有较强的观察能力和感受能力。其次，口语随机性强，稍纵即逝。说话者必须快速调用头脑中储备的知识，并针对现实情况做出准确、得体和巧妙的应答。这就需要说话者具有较好的记忆力和应变能力。再次，口语交际必须表达清楚、主旨明确、条理分明、逻辑严密。这就需要说话者具有一定的分析与综合能力、联想与想象能力、创造性思维能力。由此可见，口才是说话者综合素质的集中体现，出色的口才需要非凡的智力作后盾。口才提高的过程也是各种思维能力、语言能力不断得到培养和锻炼的过程。

三、口才的要素

有些人误解了口才的内涵，片面地认为口才只是口语表达的方式和方法。对于那些口才好的人，他们总是戴着有色眼镜来对待，认为这些人要么是巧舌如簧、耍嘴皮子；要么是夸夸其谈、哗众取宠；要么是强词夺理、无理诡辩。

实际上，口才是一门综合的学问，是一门艺术。中国著名口才理论家、“口才树”理论体系创始人文若河先生指出，口才是一种综合能力，不仅包括表达能力，还包括聆听、应变等多项能力。他认为善表达、会聆听、能判断、巧应对应该是衡量口才好与坏的重要标准。有人把口才比喻成一座“金字塔”，塔底是知识积累，它包括知识结构、思想观念、道德情操、心理素质等；塔身是思维能力，它包括思辨能力、想象和联想能力；塔顶则是口语表达能力。在这三个层次中，知识积累、思维能力属内在的素质修养，须借助口语表达能力得以外现；而口语表达能力必须以素质修养为基础。我们认为，一个具有卓越口才的人，往往同时具有渊博的知识、出众的智慧、敏捷的思维、清晰的思路、机警的反应，尤其是具有良好的心理素质。概括地讲，口才由两大方面要素构成：一是语言要素，二是非语言要素。

（一）口才的语言要素

口才的语言要素直接对应于口语表达能力。在交际中，必须具有较强的口头表达能力，即能根据交际意图和目的熟练地运用语言技巧来展开话语攻势。这主要表现在以下几个方面。

（1）系统学习和掌握语法、修辞和逻辑等方面的知识，提高口语表达的正确性、生动性和严谨性。修辞讲究适情应景，逻辑则讲究思维的严密性。在交际过程中，表达者要根据不同的表达要求，运用恰当的词语，选择恰当的句式。语法、修辞和逻辑方面的知识是口才语言要素的核心内容。

（2）全面学习和掌握副语言特征和体态语等方面的知识，展示表达者的精神风貌、情绪感受和个性特征。副语言特征如音质、音强、音色、语气、语调、语速、节奏等，体态语则包括表情、神态、动作、身姿等，经过自觉培养和积极训练，有助于提高表达者的语言素养。

（3）不断汲取语言养料。这主要包括善于向人民群众学习活的、有生命力的和表现力的语言；善于汲取古语、外语中的精华；善于分门别类地收集、整理各种材料，尤其是富有语言表现力的材料。有了这些取之不尽、用之不竭的语言宝库，表达时就可以得心应手、左右逢源，口语表达能力就会得到极大的提高，甚至能超常发挥。

（二）口才的非语言要素

1. 准确、敏捷、周密的思维能力

语言是人类最重要的交际工具和思维工具，作为思维工具的语言，和思维有着密不可分的联系。只有思维敏捷、周密的人，才能在交谈的过程中快速选择恰当的词语和适当的表达方式，进行有效的交流。

2. 稳定、愉悦的心理能力

良好的心理状态是指人的思想处于愉悦时刻的一种心理状态。在言语表达中，良好的心态能使我们内心的创造性潜能得到充分的释放，能使我们对语言内容及其表达形式的感应、捕捉变得更加敏感。一个有口才的人应具备良好的心理素质。

3. 美好的仪表风度

仪表是人的容貌、姿态、发型、服饰等形成的综合印象；风度则是人的精神状态、个性气质、品德情操、文化素养、生活习惯等外在表现。具有美好的仪表风度，就会增添言语魅力。例如，自然潇洒的举止，使人觉得轻盈舒畅；稳重大方的姿态，使人显得诚实可信；风趣含蓄的言谈，能产生机灵巧智、平易近人的交际效果；整洁得体的衣着，会受人敬重和喜爱。所有这些都会为口语表达创造良好的氛围，产生较强的感染力。

4. 一定的思想深度

有口才的人，忌讳人云亦云，贵在有新意。要有新意，其思想就必须有一定的深度。在一般性的谈话中，新事件、新消息、新观点等都可以说是“新意”，但在有口才的人那里，“新意”则主要指独到的看法和见解。讲话者有一定的思想深度，有独到的看法和见解，其讲话就能引起听众的兴趣，给人以启迪和美的享受。

5. 丰富的知识

知识是人们在社会实践活动中所获得的认识和经验的总和，是口语表达内容的坚实基础。丰富的知识能使人思想充实，视野开阔，思维活跃而敏捷，表达富于理论性、系统性、鼓动性和趣味性。

6. 真情实感

说话如同写文章，需要有真情实感才能打动人。人是有感情的动物，听众容易被感情所左右。同样的一首诗或一篇散文，有的人朗读能感动人，有的人朗读就达不到感动人的效果。相同的内容为什么表达的效果大相径庭呢？无非是两个因素，一是各自的口语表达能力不同，二是各自的情感不同。有口才的人往往在说话时真切感受所要表达的内容，并把自己的感受通过具体的事实、个性化的语言以及艺术性的方法和技巧传达给听众，唤起听众情感上的共鸣。

7. 较高的领悟能力和反馈能力

交际的过程是双向交流的过程，既要说，又要听，在准确接收对方话语的基础上，要正确理解和领悟对方的基本意思和言外之意，同时做出有针对性的反馈。

8. 明确的对象意识和语境意识

如果不分场合，不看对象，夸夸其谈，滔滔不绝，这种“能说会道”的行为只会引起人们的反感甚至厌恶，不能称之为有口才。荀子在《劝学》中指出："未可与言而言谓之傲，可与言而不言谓之隐，不观气色而言谓之瞽。故君子不傲、不隐、不瞽，谨顺其身。"意思是，还不可以跟对方说却说了，叫作急躁；可以跟对方说却不说，叫作隐瞒；不观察对方的气色就和他说了，叫作盲目。所以君子不急躁、不隐瞒、不盲目，谨慎地顺着说话的对象来发言。这说明讲话应因人而异，随境而发，相机行事，学会"到什么山头唱什么歌，见什么人说什么话"。

第三节　演讲与口才的关系

一、演讲与口才的区别

在诸多演讲与口才教材以及其他研究文献中，一般只侧重谈演讲，有的把演讲等同于口才；有的对口才避而不谈；有的虽然论及演讲与口才的关系，但大都是泛泛而谈，没有切中要害。"演讲与口才"中的"与"是"和"的意思，表明两者是并列关系，而不是从属关系，所以在本教材中，既要谈演讲，也要谈口才。这里先谈演讲与口才的区别，我们认为演讲不等于口才，主要表现在以下几个方面。

首先，本质不同。演讲是语言交际活动，具体而直观；口才则是口语表达的才能，抽象而内敛。

其次，构成要素不同。演讲包括主体（演讲者）、受体（听众）、演讲内容、演讲目的、演讲时间和演讲地点六个构成要素；口才则由语言要素和非语言要素构成，具体地讲，包括高超的口语表达能力、渊博的知识、出众的智慧、敏捷的思维、清晰的思路、机警的反应、良好的心理素质等。

再次，过程不同。演讲的过程是演讲者说、听众听的过程，基本上是独白式的；施展口才的过程往往是对话式的。另外，演讲必须在特定的时间和地点进行；施展口才则可以在任何时间和地点进行。

最后，作用不同。演讲的作用在于宣传鼓动，口才的作用表现在两个方面：一方面，人们借助口才表现自我，实现自我；另一方面，口才全面地反映一个人的德、才、学、识，成为衡量现代人能力高低的重要尺度。

二、演讲与口才的联系

虽然演讲不等于口才，但二者也有着密切的联系，具体表现在以下方面。

（一）演讲是锻炼口才的重要途径

首先，演讲能增强人们的自信心，克服当众说话的紧张感和恐惧感。演讲者第一次登台演讲时，因为紧张，往往眼睛不敢看听众，说话会语无伦次。如果演讲者经常进行演讲练习，就可以逐渐消除紧张感和恐惧感，增强自信心，口语表达自然流畅。

其次，演讲能提高演讲者遣词造句、组段成篇的能力，使口语表达精练、生动、逻辑性强。演讲者要养成一种正确运用语言的习惯，积累一定的知识，用最生动的事例、最精练的语言、最严密的逻辑来感染听众。

（二）口才是做好演讲的重要保证

首先，口才是演讲的前提条件，演讲依赖于口才。良好的口才是顺利进行演讲的先决条件。

其次，口才是提高演讲效果的重要因素。吐词清晰准确，能使听众很好地理解演讲的内容；语音清晰，能使听众听得明明白白；声音圆润、旋律优美，能让听演讲成为一种享受；情节起伏跌宕、节奏快慢适中、停顿变化把握得好，能使演讲出神入化，让听众进入如痴如醉的状态。如果说这是演讲的最高境界，那么这种境界必须依靠口才来实现。

演练场

1. 试述演讲的定义。
2. 按照不同的标准分类，演讲有哪些类型？
3. 试述口才的定义。
4. 结合自身的体会，谈谈口才对于个人的成长和发展的作用。
5. 谈谈演讲与口才的关系。
6. 谈谈你印象最深刻的一次演讲。
7. 尽可能多地列举一些古今中外具有卓越口才的人，并说说他们的故事。
8. 找一些相关的资料，了解中外演讲发展的历史。

第二章 演讲稿

> 完全的准备，不是让你逐字逐句地将演讲稿背诵下来。如果犯了这种错误，便会花费很多精力和时间去背诵，这样会毁掉整个演讲。
>
> ——戴尔·卡耐基

演讲稿，好比说书人用的底本，是某些演讲得以顺利进行的主要依据，在命题演讲中发挥着重要的作用。本章着重介绍演讲稿的定义、特点和作用，演讲稿的结构，以及演讲稿的写作技巧。

第一节 演讲稿概述

一、演讲稿的定义

演讲稿，也叫演讲词，是演讲者发表演讲时用的文稿。演讲稿一般要根据特定的题目或范围提前起草，是某些演讲得以顺利进行的主要依据。演讲者为了保证演讲成功，常常要依据提纲的要求以及口语表达的需要，将所要讲的话原原本本地写出来，使演讲内容更明确、更具体。

演讲稿是人们在工作和生活中经常使用的一种应用文体。演讲稿主要用于命题演讲。

二、演讲稿的特点

演讲稿具有一般文章的共性，但又是为适应演讲需要而写作的一种实用文体，因此还有其自身的特点。与一般文章相比，演讲稿有以下特点。

1. 针对性

演讲是一种社会活动，是用于公众场合的宣传形式。演讲者要打动听众，在写作演讲稿时，必须根据场合（如党团集会、专业性会议、服务性俱乐部、学校、社会团体、宗教团体、各类竞赛场合等）和对象（如听众的文化程度、思想状况、职业特点、年龄、愿望、接受习惯等）的不同，有针对性地选择演讲内容和表达形式。所以，演讲稿具有针对性。

2. 可讲性

演讲以“讲”为主，以“演”为辅，由于演讲诉诸口头，演讲稿的思想和感情需要通过讲解，才能被听众接受。一篇好的演讲稿对演讲者来说要可讲。演讲稿写成之后，演讲者应通过试讲或默念的方式进行检查，凡是讲得不顺口或不精彩的地方，均应进行修改和调整。所以，演讲稿具有可讲性。

3. 可听性

在演讲中，听是讲的延续，如果听众不听或不爱听，讲就毫无意义了。一篇好的演讲稿对听众来说要可听。演讲稿讲究结构简明，语言明确、通俗、口语化，以适应“听得明白”的需要。优秀的演讲稿还应呈现出一种声韵美，从听觉上打动人。所以，演讲稿具有可听性。

4. 鼓动性

演讲是一门艺术，好的演讲自有一种能激发听众情绪、赢得听众好感的鼓动性。要做到这一点，演讲稿的思想内容要丰富、深刻，见解精辟，有独到之处，发人深省；语言表达要形象、生动，富有感染力。如果演讲稿写得平淡无味、毫无新意，即使在现场“演”得再卖力，效果也不会好，甚至适得其反。所以，演讲稿具有鼓动性。

三、演讲稿的作用

有些演讲是不需要写演讲稿的，如即兴演讲、列提纲演讲。但这些演讲都需要演讲者具有多方面的修养及丰富的演讲经验，特别是即兴演讲，演讲者必须具备快速“打腹稿”的能力，否则效果不佳。那些能做精彩即兴演讲的演讲家们，往往都有从写稿演讲到列提纲演讲再到即兴演讲的经历。为了确保万无一失，只要时间允许，他们在做重要的演讲前都要精心撰写演讲稿并反复推敲。具体地说，演讲稿有以下几点作用。

（一）保证演讲内容的完善

演讲稿是演讲内容正确、全面、深刻和具有逻辑性的基本保证。口语不像书面语，说者不能像写者那样有足够的时间来考虑思想内容、逻辑结构和表达方式等，更不可能三番五次地修改。口语从思想转化为语言的过程很短，因而演讲者在演讲时经常会出现思路模糊、内容凌乱、重复啰唆或者说话中断、难以为继等问题。演讲者通过写作演讲稿，修改、充实和完善演讲内容，从而有效地避免或减少上述问题的发生，保证演讲的质量。

（二）保证演讲者临场自如

如果说编列提纲是为演讲的语流疏通了河床，规定了流向，那么写作演讲稿则是具体地描绘了语流的全貌。演讲稿好比建筑工人手中的蓝图，有了演讲稿，演讲者对所讲的思想内容和表达形式胸有成竹，演讲时便可消除心理上的顾虑和紧张，从而轻松自如地进行演讲。在演讲的过程中，演讲者有时还会出现卡壳的现象，忘记要讲的内容，在有演讲稿的情况下，看一眼就能把演讲内容连贯起来，不至于使演讲中断。

（三）帮助演讲者掌握时间

没有演讲稿的演讲者，往往难以在演讲中掌握时间。有的人前半部分大肆发挥，发现时间所剩无几时，便大删大减，以致虎头蛇尾、意犹未尽；有的人前半部分讲得太简略，发现时间还很长时，便拖拖拉拉，以致画蛇添足、令人生厌。一般来说，演讲的平均速度是每分钟 220 个字左右。演讲者写好演讲稿，试讲时发现问题就能及时调整，从而在限定的时间内从容不迫地完成演讲。

第二节　演讲稿的结构

一般来讲，文章主要是供人们阅读的，读者有思考的余地，在层次结构上可以跌宕起伏、曲折多变，在内容安排上也可以盘根错节、错综复杂。但是演讲稿是口头表达，演讲语言稍纵即逝，听众对演讲中每一句话的含义，几乎没有思考和玩味的余地。因此，演讲稿应特别注重结构清晰、层次简明。通常，文章都采用“开头”“主体”和“结尾”这种三段式的结构，演讲稿尤其要突出这种简明的结构方式，并在各个部分做足文章，使演讲稿的开头如凤头般斑斓夺目，主体像猪肚那样饱满丰富，结尾则像豹尾一样漂亮有力。

一、开头

人们常说，“善于始者，成功已半”。演讲稿的开头在通篇演讲中处于领先的特殊位置，是演讲者留给听众的第一印象，其好坏直接关系到能否让演讲者获得成功。好的开头，能产生巨大的吸引力，激起听众的兴趣和求知欲；好的开头，能为整个演讲定下基调，或庄重，或欢快，或诙谐，开篇就能把听众带入特定的氛围；好的开头，提纲挈领，高屋建瓴，能自然顺畅地引领下文，使听众形成有利于接受演讲者观点的思维定式。

设计和安排演讲的开头，取决于演讲的内容、环境和听众的情况。演讲稿的开头有多种形式，常用的主要有以下几种。

（一）提问式开头

从演讲一开始，就提出一个或几个问题，促使听众神经亢奋，唤起听众的兴趣和注意力，引发听众的思考，激发听众的参与欲望，有效地缩短演讲者与听众的心理距离，使两者的思想感情在短时间内迅速找到交会点并产生碰撞。这样的提问式开头新颖别致、出人意料、让人耳目一新。例如，演讲稿《讲真话》就采用了这种开场白：

同志们，首先请允许我冒昧地提个问题：在座的各位都讲真话吗？

此问让人为之一振，也切中正题。又如，演讲稿《人才在哪里?》的开头：

人才在哪里？人才在960万平方千米的土地上，在12亿人民中间，在当今改革的激流里，在你们——我尊敬的听众之中。

这个开头既有很强的吸引力和感染力，又缩短了演讲者与听众的心理距离，在二者之间建立了进一步沟通和交流的桥梁。

采用提问式开头，关键在于问题要提得好，提得恰当。提问的信息要与对象、场合相适应，讲究内容的合理性和新颖性，使听众感到新鲜、出乎意料，能激发听众积极思考，而且能与后面阐述的问题紧密联系，能巧妙而自然地引出演讲的主体内容。如果泛泛地为提问而提问，问题设计不当，或者故弄玄虚，就会弄巧成拙，让人觉得浅陋俗套。

（二）叙事式开头

演讲者一开始就讲述情节生动、内容新奇的故事，能激起听众的兴趣，造成悬念，赢得听众的关注。听众尤其喜欢听演讲者述说自己亲身经历的故事。例如，福楼拜曾把他的那篇《遍地黄金》演说了6000多次，获得了几百万元的收益。其开头就是他自己1870年沿底格里斯河而下的一个游记，听众非常想知道后面发生了什么事，他们在整个演讲过程中聚精会神，听得很认真。

在叙事式开头中，需要注意以下几个方面的问题：一是叙事力求简明扼要、短小精悍；二是故事本身要有针对性，耐人寻味，能激发听众的兴趣；三是讲故事只是实现演讲的手段，所叙事情要与中心论题密切相关。如果忽略了这些，开头云天雾地，就会使听众不得要领，不知所云。

（三）解题式开头

演讲者从演讲一开始，就简明扼要地解释、说明演讲题目的含义，再自然地转入主体的论述。解题式开头往往单刀直入，让听众马上明了演讲的主题。例如，演讲稿《万一登月失败》的开头：

踏足太空，登陆月球的人们命中注定要留在月球，享有永恒的宁静。尽管这些勇士——尼尔·阿姆斯特朗、埃德温·奥尔德林深知自己无生还的希望，但他们相信，人们将从他们的牺牲中获得新的启示。他们为人类最崇高的追求——对真理和理想的追求献出了生命，不仅亲人和朋友会缅怀他们，全国以至全世界人民也同样如此，甚至于我们的地球母亲也为敢于闯荡未知宇宙的儿女骄傲。他们巨大的牺牲，激发了全世界人民团结如一的思想感情，使各民族之间的感情纽带紧紧相连。

1969 年，美国“太阳神 11 号”升空前，美国政府为这一历史性飞行做了两手准备，上文是为假如登月失败而写的演讲稿。值得庆幸的是，1969 年 7 月 20 日，“太阳神 11 号”登月成功，这篇演讲稿没有被公布于众，而是被收入美国国家档案馆。

又如，演讲稿《下一个》的开头：

“下一个!”当球王贝利踢进一千个球，有位记者问他哪一个最精彩时，贝利这样回答：努力追求“下一个”，是优秀运动员和各行各业先进人物的共同品格。

（四）名言式开头

演讲者从演讲一开始，就引用名人名言、格言、谚语、诗词名句等，直接让听众陷入沉思，具有精辟凝练的特点。演讲者将名人名言等与现实生活中的事情联系在一起，不仅可以使老观点穿上新衣服，使其新意盎然，而且可以增加演讲稿内容的深度，使演讲稿平中见奇，引人入胜。例如演讲稿《走自己的路》的开头：

路漫漫其修远兮，吾将上下而求索。

演讲开头引用屈原《离骚》中的名句，含义深邃而又顺其自然地引出下文。

又如，演讲稿《教育家的自家田地》的开头：

孔子屡次自白，说自己没有别的过人之处，不过是“学而不厌，诲人不倦”。他的门生公西华听了这两句话便赞叹道：“正惟弟子不能及也。”我们从小就读这章书，都以为两句平淡无奇的话，何以见得便是一般人所不能及呢？我年来积些经验，把这章书越读越有味，觉得：学不难，不厌却难；诲人不难，不倦却难。孔子特别过人处和他一生受用处，的确就在这两句话。

适当地引用名言开头，可以达到良好的效果。但引用那些司空见惯、为人们所熟知的名言，就有落入俗套之感，听众会觉得演讲者无非就是会背些名人名言而已，不仅不能起到吸引人的作用，还可能使全场嘘声四起。引用名言要让听众有回味、咀嚼的余地。哲理性要强，但不要太深奥，甚至晦涩难懂，应当注意语言的通俗性。

除上述方式外，演讲稿的开头还有其他的方式，如赞扬式、幽默式、悬念式等。一篇好的演讲稿可以吸引听众一步步紧跟演讲者的思路、情感，然而在使用各种技巧、方法的同时，同样要注意避免哗众取宠，不能为博众人一笑，将一些与演讲主题无关的笑料生硬地添加进来；或者为引起人们的注意，故作高深“卖关子”，最终只会引起听众的反感。

二、主体

演讲稿在开头后要迅速转入主体，主体是演讲稿的主干部分，篇幅较大，也是演讲稿的高潮所在。演讲稿的主体直接关系到演讲的质量和效果。要使演讲的观点站得住，立得稳，就必须做到内容充实丰满，有血有肉；要围绕中心论点，处理好论点与论据间的关系；要合乎逻辑地逐层展开论述，做到结构合理、层次清楚、过渡自然。在这一部分，要组织和安排好演讲的高潮，使演讲者和听众在情感上产生强烈的共鸣，使“快者掀髯，愤者扼腕，悲者掩泣，羡者色飞（高兴的人捋着胡须大笑，气愤的人扼腕叹息，悲痛的人掩面而泣，羡慕的人神采飞扬）”，达到出神入化的境界。演讲稿主体的写作，应注意以下几个问题。

（一）安排层次

演讲者的思想总是按一定的先后顺序来表达的，表现在演讲稿中，就是演讲稿的层次。演讲者要根据客观事物内部联系的特征和共性来合理安排演讲稿的层次。例如，事件一般都要经历发生、发展、结局等几个阶段；问题一般有提出、分析和解决等几个过程；人物有成长变化的历史；场景有空间位置的转换等。层次安排通常以时空为序，以逻辑线索为序，或以认识过程为序，形成时空结构层次、逻辑结构层次和心理结构层次。层次安排要注意通篇格局，统筹安排，给人以全局感；要主次分明，详略得当，给人以疏密感；要互相照应，过渡自然，给人以流畅感。同时，演讲稿主要是用来讲给人听的，转瞬即逝，结构层次不能太复杂，要给人以清晰感。以下几种常用的格式可用于安排演讲稿的层次。

1. 并列式

并列式是在提出总论点后，从几个不同的角度进行论述的结构层次。这种层次的最大特点是简练、明快。例如演讲稿《长城颂》的结构层次：

历史可以做证——在外来侵略者面前，我们的长城是一道不可逾越的铜墙铁壁，奔上了振国威、壮军威、保和平的战场……

人民可以做证——在自然灾害面前，我们的长城是抢险救灾，扶助危难的中流砥柱……

共和国可以做证——在国际资本主义和国内外敌对势力面前，我们的长城是抗击八面来风、防止“和平演变”的无产阶级专政的坚强柱石……

这篇演讲稿用“历史可以做证”“人民可以做证”“共和国可以做证”三个并列排比段，分别论述了“在外来侵略者面前”“在自然灾害面前”“在国际资本主义和国内外敌对势力面前”，中国人民解放军——这座当代长城所发挥的作用和做出的贡献。这种并列排比造就了恢宏的气势，感情充沛，具有很强的感染力。

2. 递进式

递进式是围绕主题，层层深入，由已知到未知、由浅入深地进行论述的结构层次。这种结构说理透彻，说服力强。例如，演讲稿《高原女兵的奉献》在开场白后，紧接着写高原女兵在氧气不足的世界屋脊上工作以及生活的艰辛；然后写她们在“老西藏”“老边防”精神鼓励下如何坚强地挺了下来；再写她们为建设西藏、保卫边疆所做出的贡献；最后写她们在感情上的默默奉献。全篇层层深入，发人深省。

3. 对比式

对比式是采用正反比较的方法来进行论述的结构层次。在分论点与分论点之间、段落与段落之间形成一正一反的对照，让听众从两种事物的对比中认识演讲的主题。例如演讲稿《党旗永远在我心中飘扬》，在开头部分提出中心论点后，做了几个鲜明的对比：《党旗下的报告》中的共产党员形象同少数党员在金钱、权力面前腐化堕落的现象相比较；优秀共产党员张景韬几次放弃出国定居的机会立志献身国防事业的模范事迹，同一些人为出国不遗余力的行为相比较；身边共产党员群体同个别腐败分子相比较。通过对比，听众认清了党的本质和主流，增强了对党的信念。

4. 总分式

总分式是先提出问题、观点或主张，然后分层加以阐述，或先分层阐述观点、主张，然后进行概括总结的结构层次。值得注意的是，分层阐述时一般要采用并列结构，因为这种方式比较适合集中阐述问题。

例如，戴高乐在 1944 年 10 月 14 日发表的《广播演说》，就采用了总分式的结构层次，第一段是总说，直接表明自己的观点。

由于盟国和法国的陆海空军的奋勇作战，敌人从我国绝大部分领土上被赶走已经好几个星期了。解放的欢欣和骄傲并不妨碍全国人民勇敢地去考虑他们面临的艰苦的现实，清晰地分析一下救国的条件。

后面是分说，使用“首先”“其次”“最后”统率各部分，目的是要进一步阐明自己的观点。

首先，法国人知道，他们在第一线进行了 49 个月以上的战争，还要继续下去……

其次，全国的力量必须完全用在国家事务上……

最后，我们必须团结起来……

（二）注意衔接

衔接是使演讲稿条理清楚、前后连贯、层次清晰所采用的手段。随着演讲的展开、中间环节的出现，演讲稿的结构和内容变得复杂起来，有必要采用有效的衔接手段，使演讲稿思路连贯，给人浑然一体的感觉。演讲稿的衔接包括演讲稿内容的过渡与照应。

过渡是指层次与层次、段落与段落之间的衔接转换。在下列情况下，演讲稿需要过渡。

（1）讲述的问题由总到分或由分到总时需要过渡。

（2）由一层意思转到另一层意思时需要过渡。

（3）由议论转为叙述，或由叙述转为议论时需要过渡。

（4）由一件事转到另一件事时需要过渡。

上述几种情况的过渡，有的需用过渡词，有的需用过渡句，有的需用过渡段。

照应是指前后内容的关照和呼应。在下列情况下，演讲稿需要照应。

（1）内容和演讲题目的照应。

（2）论点和表现中心思想的关键词语的照应。

（3）提出问题和解决问题的照应。

（4）内容之间的前后照应。

（5）开头与结尾的照应。

（三）设计高潮

演讲的高潮既是演讲者感情最激昂、气势最雄劲的时刻，也是听众情绪最激动、精神最振奋的地方。在演讲中，若能出现一次或几次高潮，说明演讲者与听众之间在感情上产生了强烈的共鸣，也表明演讲者所宣传的观点和主张得到了听众发自内心的赞同。对于如何设计演讲的高潮，当代著名演讲家李燕杰教授曾经有过精深的论述："一次演讲，怎样达到高潮？这需要演讲者在感情上一步一步地抓住听众，在理论上一步一步地说服听众，在内容上一步一步地吸引听众，使听众的内心激情逐渐地燃烧起来，演讲将自然地推向高潮。"组织和安排演讲高潮时需要遵循以下原则。

（1）那些体现高潮的名言、警句或简短的议论，要从可靠的事实或充分的事理中自然而然地生发出来，切忌牵强附会、生涩难懂。

（2）演讲的高潮要切实体现出情感浓烈、哲理丰富、令人回味无穷的特征；要像磁石那样，紧紧地吸引住听众，让听众欲罢不能，台上台下达到高度的和谐统一。

（3）演讲者要用简洁明了的语句、亲切得体的方式，生动有力地将自己与听众的思想感情推向高潮，切忌拖泥带水、冗长啰唆。

（4）一般来说，一次较短的演讲，将高潮安排在结尾前比较得体。至于篇幅较长的演讲，则要根据具体情况做出具体的安排，以在演讲的中间和结尾前出现几次高潮为宜。

三、结尾

结尾是演讲稿的自然收束。俗话说，“编筐编篓，重在收口；描龙画凤，难在点睛”。明代学者黄政枢说：“好的结尾，有如咀嚼干果，品尝香茗，令人回味再三。”美国作家约翰·沃尔夫认为，演讲最好在听众意犹未尽时戛然而止，由此可见结尾的重要性。如果演讲的开头和主体都很精彩，结尾也发人深省、耐人寻味，就能使整个演讲锦上添花，给听众带来美的享受。常见的结尾方式有以下几种。

（一）总结式结尾

以归纳总结的方式结尾。这种结尾用凝练的语言，对演讲的内容和思想观点做出一个高度概括性的总结，起到突出中心、强化主题、首尾呼应、画龙点睛的作用，给听众留下完整的印象。例如演讲稿《永照华夏的太阳》的结尾：

我们是从哥白尼日心说中认识太阳的，我们又是从历史的迁徙中认识中国共产党的。八十年过去了，八十年斗转星移，日月变迁。太阳的辐射仍依托马列主义的热核放出它巨大的能量，从而去凝聚着属于它普照的民族和人民。月亮离不开地球，地球离不开太阳，人民离不开党。祖国的未来，中华的腾飞，需要中国共产党的领导，党就是永照华夏的太阳，也就是我们心中的太阳。

这个结尾在总览全篇的基础上，通过“月亮离不开地球，地球离不开太阳，人民离不开党”的巧妙类比，总结归纳出了“党就是永照华夏的太阳，也就是我们心中的太阳”的结论，字里行间洋溢着对党的歌颂与赞扬，给听众留下了深刻的印象。

（二）感召式结尾

用提出希望或发出号召的方式结尾。这种结尾是演讲者用慷慨激昂的语言，提希望、发号召、表决心、立誓言、祝喜庆、贺成就，使听众的精神为之一振，具有动人情、促人行的作用。例如演讲稿《斥腓力演说》的结尾：

敌人正在对我们铺罗设网，四面合围，而我们却还呆坐着不求应付。同胞们，我们究竟要到什么时候才能采取行动？当雅典的航船尚未覆灭之时，船上的人无论大小都应该动手救亡。一旦巨浪翻上船舷，那就一切都会同归于尽……即使所有民族同意忍受奴役，就在那个时候我们也要为自己而战斗。辞令的灵魂就是行动！行动！再行动！

名篇演示

这篇演讲稿在结尾处慷慨陈词，号召人们行动起来，坚决反抗马其顿国王腓力二世的入侵。

（三）抒情式结尾

以抒情怀、发感慨的方式结尾。这种结尾常常是演讲者在叙述典型事例和生动事理后，把油然而生的感情抒发在结尾处，从而激起听众心中感情的浪花。例如演讲稿《奉献之歌》的结尾：

啊！奉献，这支朴实的歌，这支壮烈的歌，这支深远的歌，这支永远属于母亲——我们的祖国的歌，让我们每一个中华儿女都来唱这支歌吧！

这篇演讲稿在结尾处通过诗化的语言，抒发了愿为祖国奉献的真挚情怀，给听众以极大的鼓舞和力量。

（四）名言式结尾

用哲理名言、警句做结尾。这种结尾言简意明，可以使演讲的内容得以升华，具有哲理性和启发性，同时还给人一种生动活泼、别开生面的感觉。例如演讲稿《谈毅力》的结尾：

毅力是攀登智慧高峰的手杖；毅力是漂越苦海的舟楫；毅力是理想的春雨催出的鲜花。朋友，或许你正在向成功努力，那么，运用你的毅力吧。这法宝可以推动你不断地前进，可以扶持你度过一切苦难。记住："顽强的毅力可以征服世界上任何一座高峰！"

这篇演讲稿在结尾处引用狄更斯的名言结尾，能给演讲者的思想提供有力的支持，增加演讲的可信度，使演讲具有较强的说服力和鼓舞作用。

（五）点题式结尾

用扼要的话点明演讲主题的方式结尾。在演讲结束时，如果明确地揭示主题，就能加深听众对演讲的印象，使听众产生强烈的共鸣。例如演讲稿《我爱长城，我爱中华》的结尾：

雄伟啊长城，伟大啊中华！我登上崇山峻岭的高峰之巅，我站在万里长城耸入云端的城楼之上，我昂首挺立在世界的东方，在祖国的山川大地，向世界的大洲、大洋，向天外的星球宇宙，纵声呼喊："我爱长城！我爱中华！"

这种结尾方式既实现了表达主题的需要，同时又对听众产生振聋发聩的冲击力。

其他结尾方式还有很多，如议论式结尾、象征式结尾、呼告式结尾、幽默诙谐式结尾等，需要演讲者视具体情况灵活运用。有些人在结尾时要么草草收兵，要么画蛇添足，要么套用陈词滥调，更有些人在讲完后，又故作谦虚地唠叨几句"我讲得不好，请大家批评指正"之类的话，让人倒胃口。这都是不可取的。

第三节　演讲稿的写作技巧

演讲稿与普通文章的写作有较大的不同，要想写出较好的演讲稿，为演讲的成功奠定基础，需要掌握以下写作技巧。

一、了解对象，有的放矢

演讲稿是讲给人听的。这就要求演讲者在写作演讲稿的过程中，首先要了解听众，了解他们的思想水平、文化程度、职业和修养等；了解他们关心和迫切需要解决的问题；了解他们的感情和真实感受等。演讲者只有了解了听众，才能有的放矢，才能在演讲中有针对性地提出自己的思想和主张。如果不了解听众，那么无论花费多少时间来写作演讲稿，无论话说得多么漂亮，都有可能出现演讲者唱独角戏，而听众感到索然无味，无动于衷的情况。这样的演讲就达不到宣传、鼓动和教育的目的。

例如，盘庚为迁都所作的三次演说，都是在充分了解演说对象后做的有针对性的演说。第一次演说旨在告谕宗室贵戚，规劝他们不要浮言惑众、阻挠迁都，并要求他们在迁都后听从谋划，治理好各自管辖的地区。第二次演说针对即将迁徙的府民，说明迁都正是为了他们的利益，而反对迁都是坐以待毙，并警告他们迁都后如果行为不端，就要严加惩处，不让其子孙后代在新邑繁衍生息。第三次演说发表于迁都以后，旨在向公卿大臣和各级官吏说明自己的志向，称不惜兴师动众迁往新都是为了复兴先王的事业，并要求他们不要聚敛财宝，而要为庶民谋生计。

二、观点鲜明，感情真挚

演讲稿必须观点鲜明，演讲者赞同什么，反对什么，喜欢什么，憎恶什么，在写作演讲稿的过程中，必须旗帜鲜明地表达出来。演讲稿观点鲜明，能让听众准确地把握演讲者的思想和主张，产生信任感，并最终接受演讲者的观点。如果演讲稿观点不鲜明，就会缺乏说服力，也就失去了宣传、鼓动和教育的作用。例如，罗斯福总统在《要求对日本宣战》的演讲末尾斩钉截铁地呼吁：

我要求国会宣布：鉴于日本于 1941 年 12 月 7 日星期日无故对我国进行卑鄙怯懦的袭击，美国自此同日本已处于交战状态。

此外，演讲稿还要有真挚的感情，唯有真情实感才能感染听众、打动听众。在写作演讲稿时，作者需要把说理和抒情结合起来，既要有冷静的分析，又要有热情的鼓动；既要有所怒，又要有所喜；既要有所憎，又要有所爱。这种真挚的感情必须源自生活，发自肺腑，就像泉水一样自然地喷涌而出，切忌无病呻吟、忸怩作态。例如，马丁·路德·金在《我有一个梦想》的演讲中连用几个“我梦想有一天”，把黑人渴望获得平等权利的感情和对未来美好生活的展望，描写得淋漓尽致。

我梦想有一天，这个国家会奋起，真正实现其立国信条的真谛：“我们认为这些真理是不言而喻的——人人生而平等。”

我梦想有一天，在佐治亚州的红色山冈上，昔日奴隶的儿子能够和昔日奴隶主的儿子同席而坐，亲如手足。

我梦想有一天，甚至连密西西比州这个正义匿迹、压迫成风，如同沙漠般的地方，也将变成自由和正义的绿洲。

我梦想有一天，我的四个孩子将生活在一个不是以皮肤的颜色，而是以品格的优劣作为评判标准的国家里。

我今天怀有一个梦想。

我梦想有一天，亚拉巴马州会有所改变，尽管该州州长现在仍然满口异议，反对联邦法令，但有朝一日，那里的黑人男孩和女孩将能与白人男孩和女孩情同骨肉，携手并进。

我今天怀有一个梦想。

我梦想有一天，幽谷上升，高山下降，坎坷曲折之路成坦途，圣光披露，满照人间。

三、口语表达，句式要短

演讲语言不同于书面语言，演讲语言稍纵即逝，听众不可能有时间去猜测某些生僻的词语和隐晦的思想，更不可能像阅读书面文章那样多次反复。“上口”“入耳”是对演讲语言的基本要求，也就是说，演讲的语言要口语化，要中听。演讲者说出来的是一连串的句子，听众听到的是一连串的声音。听众能否听懂演讲，要看演讲者能否说得好，更要看演讲稿是否写得好。如果演讲稿不“上口”，那么演讲的内容再好，也不能使听众“入耳”，完全听懂。有些喜欢咬文嚼字的演讲者，在写作演讲稿时经常会犯过于书面化的毛病。为实现口语化的要求，演讲者在写作演讲稿时要注意以下两点。

(1) 尽量选用简短的句子，少用或不用多层附加成分和并列成分，保证句子之间有足够的停顿。例如闻一多先生的演讲：

你们杀死一个李公朴，会有千百万个李公朴站起来！你们将失去千百万的人民！你们看着我们人少，没有力量？告诉你们，我们的力量大得很，强得很！看，今天来的这些人都是我们的人，都是我们的力量！

上面的演讲，采用的都是较短的句式，传达出来的却是雷霆般的力量。

（2）尽量使用通俗易懂的词语，少用或不用生僻晦涩的古语词、书面语词和生造词。例如毛泽东同志的《矛盾论》中有这样一段话：

为什么鸡蛋能够转化为鸡子，而石头不能够转化为鸡子呢？为什么战争与和平有同一性，而战争与石头却没有同一性呢？为什么人能生人不能生出其他的东西呢？没有别的，就是因为矛盾的同一性要在一定的必要的条件之下，缺乏一定的必要的条件，就没有任何的同一性。

毛泽东选用了最普通、最常见的词语，使深奥的哲学问题变得十分清楚明白。

被誉为中国语言大师的著名作家老舍曾经说过："世界上最好的著作差不多也就是文字清浅简练的著作。"老舍的结论对演讲稿同样适用。

四、通俗易懂，准确朴素

演讲首先要让听众听懂。如果讲出来的话谁也听不懂，那么就失去了演讲的意义和价值。为此，演讲稿的语言要力求做到通俗易懂。列宁说过："应当善于用简单明了、群众易懂的语言讲话，应当坚决抛弃晦涩难懂的术语和外来的字眼，抛弃记得烂熟的、现成的但是群众还不懂的、还不熟悉的口号、决定和结论。"鲁迅也说过："为了大众力求易懂。"

准确是指演讲稿使用的语言能够确切地表现讲述的对象——事物和道理，揭示它们的本质及相互关系。演讲者要做到这一点，首先，必须熟悉和了解要表达的内容。其次，要做到概念明确，判断恰当，用词贴切，句子组织结构合理。朴素是指用普普通通的语言，明晰、通畅地表达演讲的思想内容，而不刻意在形式上追求辞藻的华丽。如果过分地追求文辞的华美，就可能弄巧成拙，失去朴素美的感染力。

五、生动感人，注意修辞

好的演讲稿，语言一定要生动感人。再好的思想内容，如果用干巴巴的语言去表达，也不会是一篇好的演讲稿。鲁迅、闻一多等的演讲，无一例外都是既有丰富深刻的思想内容，又有生动感人的语言表达。语言大师老舍说得好："我们的最好的思想，最深厚的感情，只能被最美妙的语言表达出来。若是表达不出来，谁能知道那思想与感情怎样好呢？"

要使语言生动感人，需要注意以下几点。

（1）使用形象化的语言，运用比喻、比拟、夸张等手法增强语言的形象色彩，把抽象化为具体，深奥化为浅显，枯燥化为有趣。例如，蔡顺华的演讲《小狗也要大声叫》：

各位青年朋友，到这个讲坛演讲的，应该是曲啸、李燕杰、邵守义那样的大人物。我这个嘴上无毛的青年人站在这里，很不般配哟。不过，我很欣赏契诃夫的一句名言："世界上有大狗也有小狗，小狗不应该因为大狗的存在而慌乱不安，所有的狗都要叫！"小狗也要大声叫——就按上帝给的嗓门叫好了！今天，我这个自信的"小狗"，就来大胆地叫几声。

演讲者把自己比喻成自信的"小狗"，语言生动形象，效果很好。

（2）运用幽默、风趣的语言，增强演讲稿的表现力。这样既能深化主题，又能使演讲的气氛轻松和谐；既可调整演讲的节奏，又可使听众消除疲劳。美国人约翰·哈斯灵在《演讲入门》一书中写道："幽默是演讲者与听众建立友好关系的最有效的手段之一。当你讲得听众眉开眼笑时，他们也就主动参与了思想交流过程。"里根总统曾在竞选演讲中这样抨击物价上涨：

夫人们，你们都知道，最近，当你们站在超级市场卖芦笋的柜台前，你们就会感到，吃钞票比吃芦笋还便宜一些。你们还记得当初你们曾经认为没有什么东西可以代替美元吗？而今天美元却真的几乎代替不了什么东西了！

里根总统通过幽默风趣的语言来描写美元贬值和物价上涨，从而激起广大选民对当政者的不满。

（3）发挥语言音乐性的特点，注意声调的和谐和节奏的变化。例如林肯的《葛底斯堡演讲词》，被誉为美国历史上最优秀的演讲词之一。这篇演讲词在形式上达到了炉火纯青的地步，其结构严谨，声调和谐；句式错落有致，富于节奏变化，充分地体现了语言的音乐美。

六、语言简练，控制篇幅

演讲稿不宜过长，要适当控制时间。德国著名的演讲学家海茵兹·雷德曼在《演讲内容的要素》一文中指出："在一次演讲中不要期望得到太多。宁可只有一个给人印象深刻的思想，也不要五十个让人前听后忘的思想。宁可牢牢地敲进一根钉子，也不要松松地按上几十个一拔即出的图钉。"有人曾经问美国作家马克·吐温："演讲词是长篇大论好呢，还是短小精悍好？"马克·吐温就讲了一个故事：

有个礼拜天，我到礼拜堂去，适逢一位传教士在那里用令人哀怜的语言讲述非洲传教士苦难的生活。当他说了 5 分钟后，我马上决定对这件有意义的事情捐助 50 美元；当他接着讲了 10 分钟后，我就决定把捐助的数目减至 25 美元；当他继续滔滔不绝地讲了半小时后，我又在心里减到 5 美元；最后，当他讲了 1 个小时，拿起钵子向听众哀求捐助并从我面前走过的时候，我却反而从钵子里偷走了 2 美元。

这个幽默故事告诉我们，演讲稿还是短一点、实在一点好，长篇大论、泛泛而谈容易引起听众的反感，效果反而不好。

演讲稿不在乎长，而在乎精。演讲语言的冗长和啰唆主要是由以下原因造成的。

（一）重复论证过多

有些演讲者口若悬河、滔滔不绝，专门找些琐碎的事例来重复论证主题，结果造成马拉松式的演讲。例如，1933 年，美国一位叫爱兰德尔的参议员为了反对通过“私刑拷打黑人的案件归联邦法院审判”的法案，在参议院发表了长达 5 天的马拉松式的演讲。据一位记者统计，爱兰德尔在讲台前踱步 75 千米，做手势 1 万个，吃夹肉面包 300 个，喝饮料 46 升。一个演讲者如果养成说话啰唆的习惯，难免会把这种恶习带到演讲稿的写作中来。

（二）官场话过多

有些演讲者自身素质低，担心在大庭广众下说错话，久而久之，养成了说套话、打官腔的恶习。这种演讲看似洋洋洒洒，实则空洞无物，不痛不痒。作家王蒙曾入木三分地刻画了这种官僚式的演讲：

同志们，对于我们过去的工作，我们一定要肯定那些应该肯定的东西，同时，也应该否定那些应该否定的东西。我们不能只知道应该肯定的东西，而忘记了应该否定的东西。更不能本来应该否定的东西却要去肯定它，也不能本来应该肯定的东西，却要去否定它。

这种听起来似乎逻辑清晰、充满哲理的演讲，实则空洞无物，丝毫不能解决实际生活中的问题。

（三）客套话过多

谦虚固然是一种美德，但在几百、几千人面前翻来覆去地表示“我没有准备好，讲得不好的地方请大家多多谅解”等，只能是大煞风景，使听众生厌。演讲初学者最容易犯这种毛病。孟德斯鸠曾经说过：“人类的思考越少，演讲时的废话就越多。”此语真可谓一针见血。一个成熟的演讲者是没有时间来说废话的。

七、认真修改，精益求精

与写作其他文章一样，好的演讲稿总是经反复修改后形成的。修改是演讲稿写作过程中必不可少的一环，是提高演讲稿质量的必经之路。林肯在发表第一次就职演讲前，对演讲稿精心琢磨、反复修改。原稿结尾有这样几句：

你们能容忍对政府的攻击，我却不能从捍卫它的立场上后退。“和平还是战争”——这个严肃的问题得由你们而不是由我来回答。

国务卿西华德坦率地指出这种结尾充满了火药味。西华德认为，结尾应该用一些亲切的语言，既要显示个人的镇定自若，又要能振奋人心，这样才会收到较好的效果。于是，林肯把西华德提出的一段文字稍加修改，充当结尾。

不满意的同胞们，内战这个重大问题的关键掌握在你们手中，而不掌握在我手中，政府不会对你们发动攻击。你们不当挑衅者，就不会面临冲突。你们没有对天发誓要毁灭政府，而我却要立下最庄严的誓言："坚守、维护和捍卫合众国宪法。"我不愿意就此结束演说。我们不是敌人，而是朋友。我们一定不要成为敌人。尽管情绪紧张，但也绝不应割断我们之间的感情纽带。记忆的神秘琴弦，从每一个战场和爱国志士的坟墓伸向这片广阔土地上每一颗跳动的心和家庭，必将再度被我们善良的天性所拨响，那时就会高奏起联邦大团结的乐章。

最后，林肯的就职演讲获得了巨大的成功。

又如，1883 年 3 月 14 日，马克思与世长辞。恩格斯著名的《在马克思墓前的讲话》演讲草稿是这样开头的：

就在 15 个月以前，我们中间大部分人曾聚集在这座坟墓周围，当时，这里将是一位高贵的崇高的妇女最后安息的地方。今天，我们又要掘开这座坟墓，把她丈夫的遗体放在里边。

恩格斯再三考虑后进行了修改：

3 月 14 日下午两点三刻，当代最伟大的思想家停止了思想。让他一个人留在房里还不到两分钟，当我们进去的时候，便发现他在安乐椅上安静地睡着了——但已经永远地睡着了。

修改后的文稿开头入题较快，演讲一开始就抒发了作者对逝者无限敬爱和万分惋惜之情，使现场的人们也沉浸在对马克思的崇敬与缅怀之中。正是这种认真的态度和精心的修改，为恩格斯演讲的成功提供了有力的保证。

演 练 场

1. 试述演讲稿的定义。
2. 与其他文章相比较，演讲稿具有哪些特点？
3. 演讲稿的作用表现在哪些方面？
4. 演讲稿有哪些开头方式？
5. 演讲稿有哪些结尾方式？
6. 写作演讲稿时，要注意哪些写作技巧？
7. 以下是一位同学在全校学生大会上演讲所用的演讲稿，请分析这篇演讲稿在开头、主体和结尾部分的特点，并根据演讲稿的要求和写作技巧进行修改。（提示：可从标点、字词、句式、语义、修辞、语法等方面考虑）

各位老师，各位同学：

下午好。

转眼间，半学期在我们忙碌的身影中匆匆闪过。期中考试结束了，虽然成绩并不能代表一切，但它却是比较客观地反映出我们这段时期的学习状况。它犹如一个标点符号为这半个学期的学习作了一个收尾，或残缺，或圆满。都是一个不可改变的事实。

我觉得要想学习好先要对学习感兴趣。俗话说："兴趣是最好的老师。"有了兴趣才会对学习有动力，自然会越学越好。第二，要想搞好学习，必须掌握好正确的学习方法，学会融会贯通，举一反三，这才是最重要的。在学习当中，我们的脑子里必须有三个字——"为什么"！牛顿被树上掉下来的苹果砸到，他问了个"为什么"，于是他发现了万有引力；瓦特看到水开后，壶盖跳了起来，他问了个"为什么"，于是他发明了蒸汽机……所以说聪明的人懂得说；智慧的人懂得听；高明的人懂得问。

注意要多独立思考，不懂就要问，要锻炼自己的思维能力。要认真细致地做好老师布置的作业，绝不能马虎。要做好笔记，课前最好预习，先对课文有初步的了解，这对于接下来的课能更容易地吸收。课后也要进行复习，巩固好老师所讲的知识，打下坚实的基础。古人曾曰："温故而知新，可以为师矣。"不也是这道理吗？

自信是学习的原动力，是提高学习水平的基本条件。在学习过程中，自信所迸发出来的勇气和毅力，可以帮助克服学习中的种种困难和障碍，可以最大限度地帮助挖掘自身的潜力，去完成学习任务。

"我能行""我要拼搏""我一定超过他"，经常给自己这种积极暗示，你就会充满活力、朝气蓬勃，学习成绩就会得到快速提高。

自信不是盲目的，同学们应学会冷静分析自己的学习情况，分析总分成绩名次的高低、稳定性，分析特长学科的成功经验，分析短腿学科、成绩不稳学科的形成原因，分析学习状态、学习潜力、投入时间等情况。

在此基础上根据自己的实际水平，正确定位自己的奋斗目标，制订清晰的学习计划，并持之以恒地督促自己执行落实。

著名的数学家华罗庚曾经说过一句很富有哲理的话："勤能补拙是良训，一分辛劳一分才。"试看古今中外成名成家的人，哪一位不是勤学苦练才有成就的呢？在他们走过的道路上闪烁着勤奋的光芒。伟大的发明家爱迪生，上小学时，老师说他脑子笨，难有成就。可是爱迪生毫不气馁，刻苦钻研，勤奋求学，经过不懈的努力，终于成为一个伟大的发明家。成名以后，有人认为他是一个天才，可是他却笑着说："天才等于百分之九十九的汗水加百分之一的灵感。"从这句话里我们看出：勤奋，刻苦才是成功的要素。天才在于勤奋，知识在于积累，天性固然重要，但后天的努力才是最关键的。

正处于学习阶段的我们，应该具有刻苦努力、不懈追求的精神，因为只有这样，我们才能实现自己的目标，在追逐梦想的舞台上一显身手。在学习的道路上我们只有勤奋踏实地将一点一滴的知识掌握，才能最终走向成功。一分耕耘一分收获，在耕耘的时候，我们就应该付出辛勤的劳动，收获的时候才会有满意的果实，学海无涯苦作舟，只有不间断地耕耘才会有收获。

高处并不可怕，可怕的是斜坡。有人在逆境中奋起，获得了成功。也有人没有勇气去正视人生，沉沦下去。然而，生活是位严肃的长者，他绝不会可怜懦夫，相反，只会欢迎那些面对挫折，永不言弃的人。考试失败了记得绝对不能轻易放弃，因为在逆境中，无论在哪个方面，都是对人的挑战，所以这个时候，只要学会坚持，再坚持，就一定能够从逆境中顺利走出来。

考完试后总结固然重要，但是更重要的是找到新的起点。失败后就应该静下心来重新找到自己的起点，但是，找到了起点后绝不能停在起点不动，而要奋斗、前进。对待学习，我们要有坚定的毅力，明天是美好的，但美好的明天不会从天上掉下来，它要靠今天我们每个人的智慧和勤劳去创造，只有今天的努力，才能换来明天的美好。暴风雨过后不一定会见彩虹，但是至少会万里晴空，让我们用一个好的心情，用一颗平常的心态去投入到下一轮的学习中去吧。

现在除了努力奋斗，我们别无选择。奋斗中允许有失败，但不能丧失战胜失败的勇气，奋斗中允许有泪水，但不能像决堤的河水绵延无休。让我们带着这份信念，用一颗平常的心态驾驶着人生之船战胜惊涛骇浪，共同到达成功的彼岸吧。

8. 就大学生关心的社会热点问题，自选题目，写一篇 1500 字左右的演讲稿，经过演练后在班上正式演讲。

第三章 即兴演讲

> 演说就是讲故事，就是通过吸引人的故事来说明观点。
>
> ——亚伯拉罕·林肯

作为一种最能反映人们思维敏捷程度和语言组织能力的口语表达形式，即兴演讲已经渗透到社会生活各个领域，发挥着巨大作用。本章着重介绍即兴演讲的定义、特点和分类，即兴演讲的准备和技巧。

第一节 即兴演讲概述

一、即兴演讲的定义

即兴演讲，又叫作即席演讲，是指演讲者事先无准备，受某些因素的触发，有感而发，临时发表的演讲。“即”本是指“接近、靠近”，这里可理解为“根据”；“兴”是指“兴致（兴趣点）”。“即兴”，就是“根据某种具体的兴致（兴趣点）”，“即兴演讲”强调的是“有感而发”。“即席”有“当场”的意思，“即席演讲”强调的是“临时发表”。

随着社会的发展，人际交往日益频繁，即兴演讲的运用也越来越广泛。如主持会议、答记者问、介绍来宾、婚事贺喜、丧事悼念、宴会祝酒，以及迎送宾客等都少不了即兴演讲。即兴演讲成为人们工作和生活中使用频率较高、最受欢迎的一种演讲形式。

二、即兴演讲的特点

即兴演讲有着与其他演讲不同的特点，主要表现在以下几个方面。

1. 临时性

由于事前没有任何准备，即兴演讲者需要在特定的场景下临时发挥。话题是临时确定的，材料是临时筛选的，语言是临时组织的。即兴演讲既不能像命题演讲那样事先拟好演讲稿，进行试讲后再发表演讲；也不能像论辩演讲那样，对有关情况事先进行准备，经过模拟训练后再发表演讲。所以，即兴演讲具有临时性的特点。临时性也是即兴演讲最主要的特点。

2. 触发性

只有在某些因素的触发下，即兴演讲者才会主动或被动地进行演讲。这就好比条件反射，如果没有相应的条件，反射就不会发生。同样地，如果没有相应的触发因素，即兴演讲者就会无话可说，无感可发。所以，即兴演讲具有触发性的特点。

3. 针对性

由于即兴演讲触发性的特点，即兴演讲者必须针对眼前的人、事、物发表自己的看法和主张，表达自己的思想感情。所以，即兴演讲具有针对性的特点。

4. 短暂性

由于即兴演讲临时性的特点，可供即兴演讲者准备的时间非常短，往往只有1~3分钟，演讲时间也一般不超过15分钟。所以，即兴演讲具有短暂性的特点。

5. 灵活性

从内容到形式，都没有对即兴演讲做出约束。即兴演讲者兴之所至，有感而发，讲什么、怎么讲，完全依赖演讲者个人的意愿和喜好。所以，即兴演讲具有灵活性的特点。

三、即兴演讲的分类

（一）根据演讲时场景的不同分类

1. 生活式即兴演讲

生活式即兴演讲，是演讲者针对日常生活中的场景（身边的人、事和物），即兴发表的演讲。它是人们在各种社交活动中最常见、最普遍的一种演讲形式，如竞选演讲、就职演讲、欢迎致辞、送别致辞、哀悼致辞、寿庆致辞、答谢致辞、婚礼致辞等。

2. 赛场式即兴演讲

赛场式即兴演讲，是演讲者在比赛过程中，根据抽签选题，即兴发表的演讲。由于题目对演讲的范围或主题做出了明确的限制，演讲者对所选的题目可能不太熟悉，甚至很陌生，因此赛场式即兴演讲的难度较大，更具有挑战性，需要演讲者具有较强的应变和表达能力。在赛场式即兴演讲中，演讲者必须准确审题、快速取材，在规定的时间内完成即兴演讲。

（二）根据演讲者态度的不同分类

1. 主动式即兴演讲

主动式即兴演讲是演讲者受现场情景的触发而主动发表的演讲。主动式即兴演讲往往是演讲者有感而发，有强烈的表达欲望，不吐不快。例如，1861 年 2 月 11 日，刚当选为美国总统的林肯，在家乡斯普林菲尔德的车站上，面对热烈送行的乡亲们，触景生情，发表了简短而意味深长的告别词，就属于主动式即兴演讲。

2. 被动式即兴演讲

被动式即兴演讲是演讲者本无演讲的思想准备，临时被他人邀请所发表的演讲。被动式即兴演讲往往给人措手不及的感觉，需要演讲者具有较强的演讲能力。例如，1944 年 12 月 25 日，丘吉尔出访美国。在白宫举行的酒会上，罗斯福总统发言之后，丘吉尔应邀发表了对现场众将士的祝词，就属于被动式即兴演讲。

第二节　即兴演讲的准备

即兴演讲不是信口开河。戴尔·卡耐基认为："演讲应该是一段有目的的旅程，必须事先绘好行程图。"美国纽约交际学院院长达尔·卡尼基也认为无准备演讲不是即兴演讲，那是信口漫话，或者叫信口开河。即兴演讲应该有所准备，但是，即兴演讲并不能像其他演讲那样有足够的时间来准备。因此，如何进行即兴演讲前的准备工作，是每一位演讲者必须认真考虑的问题。

一、平时准备

俗话说，"巧妇难为无米之炊"，由于即兴演讲是临时性的，因此演讲者要想取得较好的演讲效果，平时需要有所准备。许多演讲者在进行即兴演讲时有窘迫感，尽管搜肠刮肚，依然无话可说。他们普遍认为即兴演讲最大的困难在于没有演讲材料，该用的词语想不起来，该引的名言记不起来，该讲的故事连不起来，该发的感想说不出来。这就要求演讲者平时要做有心人，家事、国事、天下事，事事关心，广泛地阅读、收集和积累材料，同时加强自身思想、道德、情感等方面的修养。

（1）多收集历史资料，对那些重要的历史事件、人物的有关情况要熟记，并分门别类地进行整理。例如，当我们读到韩信"胯下之辱"、勾践"卧薪尝胆"之类的历史故事时，就应该识记其中的部分细节，并注意二者之间的区别和联系，前者表示人在成长过程中要学会忍辱负重，后者表示人在奋斗过程中要学会刻苦自励、发愤图强。如果有一天需要发表相关的即兴演讲，这些历史故事就可以信手拈来，并借题发挥。

（2）多收集现实资料，对当今国内外政治、经济、文化、科技等领域发生的重大事件和最新动态要了如指掌，并有所思考。人是现实生活中的人，如果对身边正在发生的事情一无所知，在进行即兴演讲时不能联系实际，听众会感觉说话空洞。毕竟听众更关心的是身边的人和事，如果话题与自己完全不相干，就不会对演讲内容产生兴趣。

（3）加强记忆，多记名人名言、俗语谚语、古典诗词、经典文学、寓言故事、时文政评等。有些人说话没有文采，而且前言不搭后语；有些人说话则很有内涵，富有文采。原因很简单，后者积累了大量的词汇和相关信息，表达起来自然得心应手。

（4）感受生活，提升思想情感，做一个有情人。说话和写文章一样，最怕空洞无物、感情苍白。能打动人的话，都是有真情实感的话。然而，人的思想感情源自生活，只有用心去生活、认真去感受的人，才能拥有成熟的思想和真挚的感情，才能在演讲中感染和打动听众。

总之，精彩的即兴演讲绝非一日之功。俗话说，“台上一分钟，台下十年功”，要想获得较强的即兴演讲能力，需要长期积累知识，不断提高自己的认识能力、联想能力和应变能力。

二、预测性准备

（一）心理准备

在参加一个会议或活动之前，可以先设想一下：自己是否有可能被邀请讲话？如果被邀请，将要讲些什么？该怎么讲？这些在心理上要做好准备。有了这种心理准备，就可以避免突然被“点将”后那种惊慌和恐惧的心理，也可以避免因为没有心理准备而陷入尴尬之中。有了这种心理准备，演讲者可以轻松地实现角色转换，由配角转向主角，由听众变成演讲者，从而快速进入演讲状态。

（二）材料准备

如果事先已经知道会议或活动的内容和主题，可以简单地翻阅一下相关资料，把可能用到的信息快速地储存到大脑中。这样，演讲者在即兴演讲时就不至于那么紧张，对自己要表达的观点和问题能适当地展开，并运用相关材料来支撑自己的观点。有些优秀的演讲者往往能够旁征博引、深入浅出，让听众刮目相看、咋舌称赞。

三、现场准备

（一）收集信息

在参加会议或活动的过程中，要有意识地观察、熟悉演讲现场，密切关注现场的所见所闻，包括现场环境（时间、地点、场景布置）、听众、其他演讲者的演讲等。此外，演讲者要及时捕捉思维的瞬间，进而确定自己的话题，增加演讲的即兴因素，不至于在发表演讲时说一些不着边际的套话。

（二）酝酿腹稿

如果预计自己可能被邀请发表演讲，演讲者首先可以酝酿一下腹稿，形成一个大体的框架；其次可以迅速概括演讲的主题，搞清楚自己要讲的问题，先讲什么，后讲什么，如何结尾；再次设计演讲的结构，把要讲的内容有条理、有层次地组织起来。需要注意的是，这个腹稿只是指导性的，随着现场的变化和演讲的逐步深入，演讲者可以随时改变或打乱原先的设计。

（三）临场准备

如果有幸被邀请发表即兴演讲，这时不管临场时间多么短暂，即使只有一两分钟时间，演讲者也应该进行积极的准备，这就是临场准备。有时候，演讲者可能是在毫无思想准备的情况下突然被“点将”，这时就要尽量争取临场准备时间。如何争取时间，可以参考下节内容中的“延宕的技巧”。

第三节　即兴演讲的技巧

由于即兴演讲有临时性和短暂性的特点，即兴演讲的技巧主要有即兴的技巧、延宕的技巧、开头的技巧和展开的技巧等。

一、即兴的技巧

既然是即兴演讲，首先得解决一个问题，也就是“兴”从何来。没有“兴”，演讲者就无从说起。此外，“兴”与演讲者要表达的主题思想密切相关。所以，演讲者必须把握即兴的技巧。

（一）即时得兴

会议或活动总是在特定的时间里进行的，有时会议或活动讨论的议题和特定的时间有着密切的关联，演讲者可以选择特定的时间作为“兴”。如建党节、国庆节、元旦等重大节日；又如鸦片战争爆发、五四运动、“九一八”事变等重大历史事件；再如看似普通但对演讲者来说有特殊意义的时间，如孩子的生日、结婚纪念日、分别的日子等。例如，一位大学班主任在同新生见面时，就以时间为兴，发表了如下演讲：

今天是9月15日，看到你们，让我想起了10年前的今天，我也和你们一样，背着行囊来到了这所学校……

这位老师现身说法，在客观分析同学们思想状况的基础上，进行了有效的教育工作。

（二）即景得兴

会议或活动总是在特定的场景里进行的，触景生情是人之常情。即兴演讲者可以选择眼前的场景作为“兴”。例如，红军在抢渡大渡河时，毛主席想起石达开在大渡河失败的历史，就以大渡河为兴，发表演讲，提出了“红军绝不做第二个石达开”的战斗口号，极大地鼓舞了战士们的斗志，最终渡河成功。

（三）即人得兴

会议或活动总是由人来参与的，并和特定的人紧密联系在一起，即兴演讲者可以选择眼前的人作为“兴”。例如，某高校邀请郑毓芝（话剧《光绪政变记》中慈禧太后的扮演者）来演讲，主持人就以郑毓芝为兴，做了以下的开场白：

同学们，今天，我们好不容易把“老佛爷慈禧太后”请来了。“老佛爷”郑毓芝同志在戏台上盛气凌人，皇帝、太监、大臣见了都诺诺连声、磕头下跪，在台下却和蔼可亲、热情诚恳。她方才和我谈起，自己还曾扮演过《秦王李世民》中的贵妃娘娘，话剧《孙中山与宋庆龄》中的宋庆龄。她是怎样把这些截然不同的人物演得栩栩如生的呢？下面就请听她的演讲。

这段开场白紧紧围绕被邀请者做文章，获得了很好的即兴演讲效果。

（四）即物得兴

会议或活动现场的物品，也可以被即兴演讲者选择来作为“兴”，从而达到借用某种具体物品暗喻深刻事理的目的。例如，某部首长在欢迎新分配到部队来的大学生时，以窗台上的一盆鲜花为兴，发表了如下演讲：

这种花有一个特点，就是花的花蕾期特别长。一个小小的花蕾能在那里静静地睡上一个月。然而当它一旦孕育成熟，就突然开放出朵朵鲜花。各位以前的学生生活，就像这花蕾含苞待放的孕育期，而现在将是绽放鲜花的时刻。希望你们迅速扎根，迅速成长，早日开出鲜艳的花朵。

这种即兴方式贴切、自然，演讲也就能抓住听众的心。

（五）即事得兴

会议或活动总是围绕一定的议题进行的，也就是与会者要讨论或解决的

“事”，即兴演讲者可以事为“兴”。例如，第四十七届国际笔会在东京召开，大会的总议题是“核时代的文学和作家的关系”。巴金先生以大会的议题为兴，发表了如下演讲：

在广岛原子弹爆炸10年后，一个12岁的小姑娘发了病，她相信传说，以为自己折好一千只纸鹤就能够恢复健康。她躺在病床上一天天地折下去，她不仅折了一千只，还多折了三百只，但是她死了。人们为她在和平公园里建立了“千纸鹤纪念碑”，碑下挂着全国儿童送来的无数只纸鹤。我曾经取了一只用蓝色硬纸折成的鹤带回上海。我没有见过她，可是这个想活下去的小姑娘的形象，经常在我眼前出现，好像她在要求我保护她，不让死亡把她带走。倘使可能，我真愿意用我的生命换回她的幸福！这个时候，我才明白什么是作家的勇气和责任心。

巴老的演讲，深深地打动了台下的听众。

（六）即言得兴

会议或活动进行过程中，总有一些人说的话会让演讲者留下深刻的印象，这时，演讲者也可以言为“兴”。例如，郭沫若在萧红墓前，以前面演讲者的发言为兴，发表了如下演讲：

本来我可以这么开始我的讲演的，但是当我听了刚才×先生两分钟的讲演，太漂亮了！他说：“人民的作家萧红女士一生为人民解放事业奔走，到头来死在这南国的海边，伙伴们把她埋在这浅水湾上。今天，围绕在她周围的都是年轻人，今后的日子里，不知有多少年轻人来围绕着她。朋友们！我们是年轻人，我们没有悲伤，我们没有感慨，请大家向萧红女士鼓掌！”太好了，我的5分钟讲演只好改变计划了，让我把年轻人引申来说一下吧！

这种顺着前面演讲者的话发表演讲的技巧，在即兴演讲中经常用到。

二、延宕的技巧

延宕，也就是拖延。即兴演讲前要尽量争取临场准备时间，而争取时间的方法就是延宕。其实延宕不仅可以用于临场准备过程中，而且可以用于即兴演讲的过程中。延宕的技巧包括以下两种情况。

（一）利用肢体动作延宕

即兴演讲者在演讲过程中，如果事先没有准备好，可以利用肢体动作来拖延时间，在做这些动作的同时，大脑高速运转，进行相关的思考。例如，有意地端起茶杯喝水，清清嗓门，拉拉椅子，向听众点头或招手致意等，这就很好地避免了无话可说的窘迫和尴尬。

（二）利用语言表达延宕

即兴演讲者在临场准备过程中，可以先说一些无须深入思考、易于表达的套话，同时在脑子里快速确定演讲的话题，并组织相关材料，完成思考后再顺势切入正题。例如，在一次即兴演讲当中，演讲者事先没有任何准备，被点上台的时候，发表了如下演讲：

同志们，大家好，我很高兴有这样的机会和大家交流。先声明一下，这只是我个人的看法，说得不好，或者不中听的地方，请大家谅解。我今天想说的是……

上面的套话避免了因不知从何说起造成冷场，又争取了思考的时间，等这段话说完了，演讲者真正想说的话也组织得差不多了。

在演讲的过程中，利用语言表达延宕，则表现在放慢语速、重复语句等方面。放慢语速，一字一顿，或者重复刚才的语句，不仅可以起到强调的效果，而且可以为演讲者争取思考的时间，从而使演讲得以持续进行。

三、开头的技巧

俗话说，“万事开头难”，对于即兴演讲来说，由于没有充足的准备，怎么开头，的确是个难题。以下是几种常见的开头技巧。

（一）开门见山式

开门见山就是少说空话、套话，少浪费时间，直接进入正题。例如，闻一多先生在《最后一次讲演》中就采用了这种开头的方式，发表了如下演讲：

名篇演示

这几天，大家晓得，在昆明出现了历史上最卑劣、最无耻的事情！李先生究竟犯了什么罪，竟遭如此毒手？他只不过是用笔写写文章，用嘴说说话，而他所写的、所说的，都无非是一个没有失掉良心的中国人的话！大家都有一支笔，有一张嘴，有什么理由拿出来讲啊！有事实拿出来说啊！为什么要打要杀，而且不敢光明正大地来打来杀，而是偷偷摸摸地来暗杀，这成什么话？

今天，这里有没有特务？你站出来！是好汉的站出来！你出来讲！凭什么要杀死李先生？杀死了人，又不敢承认，还要诬蔑人，说什么“桃色事件”，说什么共产党杀共产党，无耻啊！无耻啊！这是某集团的无耻，恰是李先生的光荣！李先生在昆明被暗杀是李先生留给昆明的光荣！也是昆明人的光荣！

对于《最后一次讲演》的开头语，闻一多先生没有做任何铺垫，一开始就把话题直接引到李公朴先生被暗杀这一事件上来，激昂和愤慨的语言给听众一种畅快淋漓的感觉。

（二）举例式

即兴演讲者一开始就先举一个自己熟悉的事例，这样有两个好处：一是可以为演讲争取时间，从而思索后面需要讲什么；二是通过事例吸引听众的注意力。例如，某单位举行“我与安全”演讲赛，单位领导发表了即兴讲话：

一位女工早晨上班，走得匆忙，忘了关煤气的阀门。中午下班回家闻到一股浓烈的煤气味，才想起自己忘了关煤气的阀门。她一边去关阀门，一边顺手抽了一下脖子上的尼龙纱巾，谁知这一抽不要紧，产生的静电火花竟然引起一场大爆炸，可怜这位年轻女工被炸得血肉横飞……

对于安全问题，如果仅仅是限于老生常谈式的理论宣传，可能不会有多少人听。但是，此处演讲者通过叙述身边故事的方式，吸引了听众的注意力，引起了大家对安全问题的高度关注。

（三）引用式

即兴演讲可以从引用演讲者熟悉的名人名言、格言、谚语等开始，然后逐步展开。吕元礼在发表《祖国——母亲》的演讲时，就采用了这种开头方式：

人们常说，第一次把美人比作花的是天才，第二次把美人比作花的是庸才，第三次把美人比作花的是蠢材。不错，如果人云亦云，鹦鹉学舌，那么，就是再美妙的比喻也会失去光彩。但是在生活中却有这样一个比喻，即使你用它一百次、一千次、一万次，也同样具有强大的感染力。同志们或许会问，这是个什么样的比喻呢？那就是，当你怀着赤子之心，想到我们祖国的时候，你一定会把祖国比作母亲。

吕元礼在演讲的开头，引用了一个例子，说明人们对重复单调的厌烦，再美的比喻用多了也会失去光彩。然后话锋一转，强调有一种比喻可以被人们不厌其烦地使用，从而引出了演讲的主题：祖国——母亲。

（四）提问式

在即兴演讲开始时，演讲者通过提出一个与自己所要表达的主题密切相关的问题，引起听众的兴趣和思考，也是一种较好的开头方式。如即兴演讲《什么决定命运》，是这样开头的：

有些人天生一副福薄相，命运坎坷；有些人看似平庸，实则才华横溢。自古以来，命运就是一个热点论题。推动命运的力量在哪里？什么可以决定一个人的命运？对于这个问题，我的理解是：态度决定命运。

演讲者通过提问来激发听众的兴趣，再用自问自答的形式来阐述自己的观点，这样就给听众留下了清晰的印象。

（五）示物式

在即兴演讲开始时，演讲者向听众展示某件实物，如一幅画、一张照片、一张图表、一件衣服等。通过展示实物，首先让听众获得一个感性的直观印象，然后借助具体实物，提出和阐述自己的见解。这样的开头增强了演讲的直观性和实体感，有利于内容的表达和逐步深化。例如，《拼搏——永恒的旋律》是这样开头的：

今天我给大家带来了一件礼物。（举起一个小铜盒）我珍藏它已五年多了。它不仅使我改变了自己的命运，更使我明白了自己肩上的重担不止千斤。你们一定想知道它是什么，那就请听一个关于我自己的真实的故事……

这种示物式开头能很自然地给听众留下悬念。接着，演讲者便以小铜盒为线索讲下去，讲到关键处时，激动地打开小铜盒，里面装着写有“拼搏到底”四个字的血书，使听众产生强烈的思想共鸣。

开头的方式还有很多，如可以设置悬念、进行自我介绍、介绍背景缘由、回答听众关心的问题等，如何运用依具体情况而定。

四、展开的技巧

即兴演讲有了开头以后，还要顺势展开，以下是经常用到的展开技巧。

（一）借题发挥

借题发挥是在前面即兴的基础上引出话题，顺势发挥。演讲者往往能出口成章，一气呵成。例如，1945 年 5 月 4 日，云南大学、中法大学等校的大学生在云南大学的操场上举行纪念五四运动的大会，大会开始不久，突降暴雨。一些学生离开会场去避雨，会场秩序大乱。这时，闻一多先生迎着暴雨站在台上，通过借题发挥，发表了如下的即兴演讲：

热血的青年们过来！继承五四精神的热血青年站起来！怕雨吗？我来讲个故事：今天是天洗兵！武王伐纣那天，陈师牧野的时候，军队正要出发，天下大雨，于是领头人说，“此天洗兵”。把蒙在甲胄上的灰尘洗干净，好上战场攻打敌人。今天，我们集合起来纪念五四运动，天下雨了，这也是天洗兵，不怯懦的人上来，走近来！勇敢的人走拢来！

闻一多先生这段即兴演讲，成功地使用了借题发挥，由“下雨”顺势指出这是“天洗兵”，通过武王伐纣的故事，号召青年们继承五四运动的光荣传统，要禁得起暴风雨的洗礼，做一个坚强的民主革命战士。演讲颇具鼓动性和号召力。

（二）连点法

即兴演讲者在找不到突出的思维起点的情况下，将头脑中闪现的人、事、物按照一定的顺序和结构连缀成篇的方法，称为连点法。例如，上海市新闻工作者协会时任主席王维同志曾经发表了如下的即兴演讲：

我来参加会议，没有想到有这么好的会场，这个会场不要说是上海市企业报记者协会成立大会，就是上海市记协成立大会也可以在这里召开。没有想到有这么多的企业报记者、编辑参加这个大会，它说明企业报的同仁是热爱自己的组织，支持这个组织的。没有想到，今天摆在主席台上的杜鹃花这么美丽。鲜花盛开标志着企业报记者协会也会像这杜鹃花一样兴旺、发达……

在演讲中，王维同志用三个“没有想到”巧妙地把会场、出席人员、杜鹃花连缀在一起，既表明了上海市企业报记者协会成立大会声势浩大、实力雄厚，也赞扬了协会成员们的凝聚力，还表达了对上海市企业报记者协会的美好祝愿。

（三）联想法

从哲学的角度讲，万事万物都处于这样或那样的联系之中，因此在日常生活中，人们经常会由某一事物联想到另一事物。苏联心理学家哥洛万和斯塔林次的研究证明，任何两个概念，即使是看起来毫不相干的两个概念，都可以经过几个阶段的联想建立联系。例如，“木质”和“皮球”，人们可以通过以下的联想建立二者之间的联系：木质——树林；树林——田野；田野——足球场；足球场——皮球。在即兴演讲过程中，演讲者可以通过联想展开演讲。例如，在上海市“钻石表杯”业余书评授奖会上，《书讯报》主编贲伟发表了如下的即兴演讲：

今天，我参加“钻石表杯”业余书评授奖会，我想说的一句话是，钻石代表坚韧，手表意味时间，时间显示效率。坚韧与效率的结合，这是一个人读书的成功所在，一个人的希望所在。谢谢大家。

贲伟以“钻石表杯”作为思维的起点，由钻石联想到坚韧，由手表联想到时间，由时间联想到效率，最后由坚韧与效率的结合联想到一个人读书的成功所在。演讲如同行云流水，流畅自然。

（四）三步法

三步法中的“三步”就是日常生活中经常用到的提出问题、分析问题和解决问题三个步骤。即兴演讲过程中，演讲者可以按照这三个步骤展开演讲。例如，在谈精神文明建设的即兴演讲中，演讲者可以按照以下三个部分来展开演讲：

第一部分：什么是精神文明建设？（提出问题）

第二部分：为什么要进行精神文明建设？（分析问题）

第三部分：怎么开展精神文明建设？（解决问题）

（五）四部曲

美国公共演讲专家理查德总结了一个结构精选模式，认为即兴演讲者应该用四句话来提醒自己，称为即兴演讲的“四部曲”。理查德的这四句话实际上提示了即兴演讲的四个步骤。

第一步：“喂，喂!”提示演讲者必须用精彩的开头来吸引听众。理查德认为，在发表交通安全方面的即兴演讲时，不应该这样开头：

今天，我要讲的内容是保障行人生命安全……

而应该这样开头：

上星期四，特地购买的450具晶莹闪亮的棺材已运到了我们的城市……

这种开头虽然有悖于人们的忌讳心理，但它无疑能激起听众的好奇心，使听众想继续听下去。

第二步：“为什么要费这个口舌?”理查德认为，接下来的演讲应该使听众明白听这个演讲的原因。为此，演讲可以这样进行：

不讲交通安全，那订购的450具棺材也许在等待着我，等待着你，等待着我们的亲人……

这样的演讲让听众明白交通安全既联系着“我”（演讲者），又联系着“你”（听众），还联系着场外与你我有关系的千千万万的“亲人”，从而使听众内心产生强烈的共鸣。

第三步：举例说明。理查德认为，接下来应该用活生生的事例来说明不注意交通安全所带来的可怕后果，而不是说些干巴巴的道路交通法规。为此，演讲可以这样进行：

就在前几天，我目睹了一起惨不忍睹的交通事故，一名身怀六甲的妇女艰难地穿过马路，一辆重型卡车疾驰而过，孕妇躲闪不及，被撞倒在地。随着一声惨叫，她在车轮下丧生，躺在血泊中的还有她未出生的、已是血肉模糊的胎儿。闻讯赶来的丈夫一手搂着死去的妻子，一手托着没有一丝气息的胎儿，当场昏死了过去。在场的人无不捶胸顿足，扼腕叹息。据调查，这是一起由司机酒后驾车造成的恶性交通事故。

由于有鲜血淋漓、催人泪下的交通事故为证，听众内心产生强烈的震撼，演讲效果明显。

第四步：“怎么办?”告诉听众，在日常生活中，应该怎么做才能使自己远离交通事故，讲解可以具体点。例如，行人应走斑马线，让大家了解斑马线的作用，遵守交通规则；司机则应礼让行人，宁停三分，不抢一秒。

第四节　即兴演讲实录

奥林匹克生涯已经结束

【背景】

1993年10月6日，美国篮球巨星、被称为一个时代的王者的迈克尔·乔丹第一次宣布退出篮球运动生涯，理由是在篮球界没有什么可以证明的了。为此，他发表了《奥林匹克生涯已经结束》的即兴演讲。

【演讲正文】

朋友们：

我经常强调说，一旦我失去动力或不需要再证明什么了，我就应该退役。现在是我离开的时候了。这并不是我不爱这项运动，我只是觉得我已经达到了自己事业的顶峰，我没有什么可再证明的了。

我不知是否会复出，退役的意思就是从今天开始我想干什么，就可以干什么。如果这意味着今后要复出，我也许会的。我不把这扇门关死。如果公牛队还需要我，我也许会重归赛场。如果我日后复出，也不会效力于另一支球队，因为我的心已经属于它了。

我的奥林匹克生涯已经结束了。

我第一次得NBA总冠军后，我父亲就劝我退役。我们当时的看法有很多不同，因为我认为，作为球员我还有许多东西要去证明。第三次夺得总冠军后，我们又谈了一次，我却被你们说服了。

我时刻在承受着新闻媒体所带来的压力，我不会因为他们而离开球场的，这是我自己的抉择。即使我父亲没有去世，我也会做出同样的决定。父亲的去世使我看到了自己的未来，但痛苦会一天天地淡漠下去的。是他的不幸提醒了我，人的一生是何等短暂，该如何珍惜。我不能太自私，要用更多的时间去陪我的亲人，包括我的妻子、孩子。我需要过一种正常的生活。

我退役以后，很多朋友对公牛队的实力表示怀疑，但我并不担心，这好像父亲送儿子上大学。当然，我不是他的父亲，我告诉他们要相信自己。我认为我们有很多获胜的机会。我也坚信，肯定会有更多的球星诞生的。

我需要一份工作吗？我从来没有考虑过，现在也不想要，我现在要看一看小草是如何成长的，然后再把它们割掉。我当然要经常去看公牛队的比赛，可我不会告诉伙伴们我什么时候去看。我想，我不会完全过一种正常的生活，只不过公众的关注比以往少一些。我会怀念篮球比赛的，我会怀念夺取冠军辉煌的时刻，会怀念每年与队友们待在一起的八个月的美好时光。

【评析】

迈克尔·乔丹在即兴演讲之前并未拟定草稿，但他的演讲语言流畅、饱含深情，深深地感染着每一位听众。他的思路非常清晰。作为一代篮球巨星，他首先回答了亿万球迷们十分关心的问题，明确地告诉大家自己要退役了。顺着球迷们的思路，对于以后还会不会复出，乔丹也给出了答案，即“不把这扇门关死”。然后，他回顾了自己做出退役决定的心路历程，从自己第一次获得 NBA 总冠军，到父亲的去世，并明确地告诉球迷们，“要用更多的时间去陪我的亲人”，“我需要过一种正常的生活”。

接着，他回答了球迷们的担忧，即自己的退役会不会影响到公牛队的实力。乔丹使用了一个生动的比喻，“这好像父亲送儿子上大学”，告诉大家不必为公牛队担心，并且相信会有更多的球星诞生。最后，乔丹对自己退役以后是否需要工作做了说明，并对未来的生活做了一些展望。

选择一件事就要做完它

【背景】

2010 年 12 月 2 日，本年度“自强之星”活动在清华大学启动。新东方教育科技集团董事长兼首席执行官俞敏洪、短道速滑世界冠军叶乔波、“中国十大杰出青年”金晶出席启动仪式，并与历届“中国大学生自强之星标兵”代表、来自全国近 30 所高校的校园媒体主编进行对话，共同探讨当代大学生自强的话题。俞敏洪发表了《选择一件事就要做完它》的即兴演讲。

【演讲正文】

清华大学的老师、同学们，来自各个高校的老师、同学们：

大家下午好！

首先我想说明一下，我没带讲稿，因为我是个喜欢自由发挥的人。“自强之星”的起源比较简单，因为我觉得人在某一个阶段总是需要有人推一把。我认为自强有两个概念：首先，自己要强，清华大学的校训“自强不息，厚德载物”，就是说明自己要强；其次，在自我强大的同时，在关键时刻要有人能够帮助你，和你一起共同强大，这也是我们拿出 5000 万元设立团中央“新东方自强基金”的初衷。

大家都知道，一个人走可以走得很快，但是不一定走得很远，因为一个人太孤单，走到一定程度的时候不愿意再往前走，也不一定有人看得到你，所以就容易停止进步。如果是一帮人一起走，有两个好处。第一，会愿意走下去，因为别人都往前走，你不走，就掉队了。掉队以后会很孤单，人是社会群体性动物，愿意待在一群人中间，这群人都往远方走，你一个人不走就很难受。第二，会受到鼓励，因为团队的作用是当发现有一个人落下来的时候，大家可以帮助你一起往前走。

在新东方有这样一个活动：凡是新东方的老师和员工，都要参加 50 公里徒步活动。头一天下午开始走，一直走到晚上，举行篝火晚会住帐篷，第二天继续走。第一天走得很兴奋，第二天走得很辛苦，但是很少有人掉队，除非真的受伤了或者膝盖出问题走不下去，否则的话一定没有人掉队。我属于暴走型的人，走到半路即使脚上走出泡了，也会把泡里的水放出来继续走。只要是走到终点的人，最后谈体会都有两个感受：第一，从来没想到自己能走这么远，因为 50 公里不是短的距离；第二，从来没想到这样有成就感。

一个人干活，某种意义上是为了得到尊严和自尊，尊严是被别人尊敬，自尊是看得起自己。你自己真的把事情做得很好，就会感受到一种自尊。但有时你自己觉得好，别人不一定觉得好，你打游戏第一，别人不一定看好你，按照社会评价标准、社会价值体系，大家都说你做得好才能赢得尊敬。比如陈景润一辈子待在家里研究数学，一走出门就撞上电线杆，因为眼睛高度近视，但他得到了全世界的尊重。即便一个人单干的时候，也要考虑做的事情对自己和社会是否有价值，考虑社会价值，有的时候是我们做事情的一个标准。

我们一旦选择做一件事情，原则上是必须做完的，因为做不完，最后会导致一种失败、失落的心态，一种挫折痛苦的心态，甚至是一种自卑的心态。当然，我们可以选择过一种安逸的生活，没有人强迫你一定要考清华大学，没有人强迫你考试考高分，这个世界永远有选择。往前走会有痛苦，没有人不说高考是痛苦的，但痛苦为什么还要选择往前走？因为人为了未来某一个点，这个点可能是幸福点，也可能是成就点，愿意在现在付出。这就是我们人区别于动物的地方，人愿意为了未来在今天更加地努力。为什么我们愿意忍受今天的痛苦？就是因为我们知道如果不付出的话，人生的未来会更加痛苦。幸福永远是一个点，而奋斗和痛苦是一条线，只有走完那一条线，才能到达那个点。

比如爬山，从山脚往山顶攀登的过程其实是个痛苦的过程，因为会累，爬到山顶看山下的风景时就会感觉到幸福。当你站在山顶，看到远处有更高的山，你是飞不过去的，一定要再下山，再上山，又经历一个痛苦的过程。中国两个喜欢登山的企业家都登上了珠穆朗玛峰，一是王石，还有一个是我的校友黄怒波。他们每次下山回来，都暗下决心这辈子再也不爬山了。但休息一段时间后，他们一定会再爬，他们征服的不是山头。人来或者不来，山依然是一座山，山有自己的尊严，不需要人去征服。人为什么要征服山呢？其实征服的不是山，人是在征服自己，只有征服自己才会产生一种生而为人、生而为赢的自信和骄傲感。

我经常带新东方人到周边没有人烟的地方去徒步 50 公里，一般人走到 25 公里时就不想走了，这时有三个选择：第一是走回起点，是 25 公里；第二是坐在那里不走了，方圆 25 公里都没有人烟，不是饿死就是渴死，或者迷茫而死；第三是可以选择走向终点，也是 25 公里，还有香喷喷的烤全羊等着你，所以人生最好的选择就是走向终点。

人生的 25 公里出现在什么时候？就在你们这个时候。你们这个时候，奋斗到考进大学，往回走走不回去，在大学不能不进步，唯一的选择就是往前走。每个人的生命目标不一样，你的生命目标是什么，你的生命对你来说是不是付出了努力，是不是得到了精神享受，是不是得到了心灵满足，这是非常重要的。关于未来，你可以是希望挣钱，希望出名，希望做企业，哪怕说想做和尚，都可以成为自己的志向。真正做成像弘一法师那样的和尚是很了不起的，前半生享尽世俗生活，后半辈子穿破袈裟吃蔬菜，成为中国宗教界最伟大的人物之一。

其实这也是我们判断自强的一个标准。像金晶这样腿有残疾还能把中国的火炬传到世界，用最英雄的形象展示我们中国人顽强不屈的一面叫自强。人最怕的就是心灵残废了，人生才会可怕。比如说我，我身体很健康，但坐在金晶和叶乔波边上，我觉得很惭愧，跟她们相比我的心灵可能还不如她们健全。当身体健康，却心灵残废、精神残废的时候，才是最悲惨的时候。

对于自强结果的评判，不是未来拥有多高的社会地位、多么安逸的生活，而是在所有这些的背后，我们选择的事业对自己的意义和对社会的意义。自己做的事情是心灵满足的，对得起社会良知，对得起社会的普世价值标准，这就是属于心灵的满足，就是对于自己所存在的意义的肯定。从社会判断标准来说，做一个对社会至少无害，最好有用的人，是最低标准。做持续的英雄式的人物是需要修炼的，我们至少可以努力做到让自己变得更好，这应该是每个人可以做到的。

当我们已经在社会上获得了一定的成功，不管是财富上的还是其他方面的，我们都要有愿意付出的心态。大家都读过这样一个故事：一个亿万富翁到教堂捐一百万想进天堂，被上帝挡住了；而有一个老太太捐了一毛钱就进了天堂。这个亿万富翁非常生气：我为什么捐了一百万不能进天堂，上帝为什么这么不公平？上帝说，你捐了一百万是你的百分之一，老太太捐一毛是她的百分之百，所以你进不了天堂，她能够进天堂，当然公平。我想我不会带着我的财富走进坟墓，我会把这个钱交给社会上最需要的人。当我想进天堂的时候，我希望上帝会说你没拿出百分之百，但是你拿出了百分之九十，够了，你进去吧。

谢谢大家！

【评析】

俞敏洪的即兴演讲比较长，但他娓娓道来，不会让听众觉得累。

首先，演讲的开头很自然，俞敏洪抓住“自强之星”活动的主题，说明了“自强之星”的起源。同时指出自强包括两个概念：一是“自我强大”，二是“共同强大”。

其次，有生动的事例为证。俞敏洪详细地介绍了新东方的50公里徒步活动，激起了听众的极大兴趣，那些对新东方不了解或者对新东方内部培训方式抱有神秘感的人，一定会听得津津有味，而其中的道理自然易于也乐于接受。

再次，把深刻的道理蕴含在对具体事例的描述中。俞敏洪讲新东方的50公里徒步活动，让听众学会了怎样自强。俞敏洪讲徒步活动的前25公里和后25公里，并提出人生的25公里，让听众明白，做任何事情都应该有始有终。

最后，有现场互动环节。俞敏洪提到金晶在腿有残疾的情况下还能把中国的火炬传到世界，并且说自己虽然身体很健康，但坐在金晶和叶乔波边上觉得很惭愧。这种结合现场的演讲，很能活跃气氛。

演练场

1. 即兴演讲的含义是什么？它有哪些特点？

2. 即兴演讲有哪些类型？

3. 如何进行即兴演讲前的准备工作？

4. 结合实际，谈谈你对即兴演讲技巧的理解和看法。

5. 假定你的朋友举行婚礼，在婚礼进行过程中，酒店突然停电，全场一片喧哗，这时，主持人急中生智，说了一番话，引起现场一片叫好声。三分钟后，终于来电了。请帮主持人设计三分钟讲话稿。

6. 在毕业生联欢会上，请以老师或同学的身份即兴发言。

7. 请组织几位同学轮流发表即兴演讲，内容不限，然后互相评论即兴演讲的效果。

8. 一组若干人，共同说完一个故事。方法是，每人依次说一分钟，铃声响起，下一位必须把故事接着说下去。

第四章 命题演讲

> 演讲，不仅仅是一种职业，而且是一种事业，一种伟大的事业。演讲，不仅仅是一种科学，而且是一种艺术，一种卓越的艺术。
>
> ——李燕杰

命题演讲是有准备的演讲，对演讲者的要求比较全面。目前，我国举办的演讲比赛大多数采用命题演讲的形式。本章着重介绍命题演讲的定义、特点和分类，命题演讲的演练和技巧。

第一节 命题演讲概述

一、命题演讲的定义

命题演讲是根据事先规定的命题或限定的范围，在有准备的基础上做出的内容系统、结构完整、要求全面的演讲。命题演讲者事先都有充分的准备，一般都要撰写演讲稿，有的甚至还要通过记忆、练习等充分准备，然后才上台演讲。命题演讲的成败在很大程度上取决于演讲者准备工作的充分与否。

命题演讲被党政机关、企事业单位、社会团体广泛使用，成为宣传思想道德、传播文化知识的重要手段。

二、命题演讲的特点

1. 准备的充分性

命题演讲有较充分的准备，无论是主题的确定、材料的选择、演讲稿的撰写，还是演讲的过程，都是事先经过周密安排的。即兴演讲无法事先选题，也不能做充分的准备；论辩演讲虽然可以事先对某些内容进行准备，但是论辩过程充满变数，所以论辩演讲在很大程度上还是得依靠临场发挥。

2. 内容的确定性

命题演讲的内容是事先确定的。在演讲过程中，演讲者一般都要按照准备好的演讲稿演讲，它受时空、环境的影响和限制较小，内容在演讲过程中发生变化的可能性也相对要小一些。即兴演讲和论辩演讲的内容则有很大的弹性。

3. 结构的完整性

命题演讲在结构方面要求完整，它对演讲的层次和段落、过渡和照应、开头和结尾等方面都有较为全面的要求。即兴演讲和论辩演讲的结构则较为随意。

4. 主题的针对性

命题演讲的“题”总是有针对性的。演讲组织单位所规定的命题或限定的范围，总是和听众所关心的热点问题紧密联系在一起的。演讲者不能脱离主题的要求，在演讲的过程中，确凿的论据、有力的论证都是紧紧围绕主题的。即兴演讲的主题是不明确的，往往因人而异；论辩演讲的主题，也就是论点，虽然是明确的，但谁是“正方”谁是“反方”，有很大的偶然性。

三、命题演讲的分类

（一）根据题目的来源分类

1. 自拟题目演讲

自拟题目演讲，也叫半命题演讲，是演讲者根据演讲活动组织单位所限定的范围，自己拟定题目而进行的演讲。这种演讲可以选择自己熟悉的材料，根据自己的认识和理解来写作演讲稿，所以有一定的灵活性和自由度。例如，2021 年 6 月，某单位联合电视台举办“党在我心中”主题演讲，要求以“庆祝建党 100 周年”为范围，具体题目自拟。这就属于自拟题目演讲。

2. 规定题目演讲

规定题目演讲，也叫全命题演讲，是演讲者根据演讲活动组织者事先规定的题目而进行的演讲。演讲者根据规定的题目做好准备，写好演讲稿，然后进行演讲。这种演讲的优点是针对性强，主题集中、鲜明。例如，某单位组织“党旗在我心中”的主题演讲，为了有所侧重，规定了“伟大光荣的党”“为民服务”“心中不落的太阳”三个题目，用抽签的方式分给三位演讲者，要求根据题目组织材料，准备演讲。这就属于规定题目演讲。

（二）根据演讲的方式分类

1. 宣读式演讲

宣读式演讲是演讲者用事先准备好的演讲稿，一字不改、一句不漏地在台上宣读所进行的演讲。

宣读式演讲的优点是准确、省时，不易出错，防止因缺少应变力和自控力而出现跑题、失言、语塞等现象。这种演讲对演讲者没有太多的要求，只要能读清楚，读准确，仪表庄重大方就行了。在一些重要的场合，一般采用这种演讲方式。这种演讲的缺点是演讲者专注于宣读演讲稿，目光较少与听众接触，情感交流不够，演讲因程式化而显得呆板、乏味。如果没有重大政治背景或特殊的要求，一般不宜采用这种演讲方式。

2. 背诵式演讲

背诵式演讲是演讲者对演讲稿的内容反复诵读，默记在心，在台上完全脱稿所进行的演讲。

这种演讲方式除了具备宣读式演讲所具备的优点以外，还能增加与听众进行情感交流的机会，引起听众的注意，增强演讲效果。一般情况下，只有赛场命题演讲会采用这种演讲方式。这种演讲的缺点是演讲者集中精力背诵演讲稿，而无暇顾及听众的感受，特别是如果遇到特殊情况，一旦卡壳还可能引起听众的嘲笑和起哄，导致演讲失败。

3. 提纲式演讲

提纲式演讲是演讲者将演讲内容按先后顺序写成多级提纲，用关键词语提示演讲的主要内容，先打好腹稿，然后登台进行的演讲。

这种演讲的优点是克服了宣读式和背诵式演讲的各种缺点，有较大的灵活性。提纲式演讲是一种高级演讲形式，经验丰富的演讲家们经常采用这种形式。他们思维敏捷、严谨，掌握了丰富的材料，按照提纲和腹稿就能临场发挥，并根据听众反馈的信息不断调整演讲的内容和方法，使演讲达到最佳效果。这种演讲的缺点是由于没有完整的演讲稿，许多词句需要演讲者边讲边想，斟酌的时间不多，词不达意的情况时有发生。因此，在一些庄重的场合一般不采用这种演讲方式。

第二节　命题演讲的演练

演讲稿是用来讲的，演讲者只有通过演练，大声朗诵演讲稿，才能很容易发现各种问题，如语句不通，词语不美等，从而对演讲稿进行修改和润色，使演讲变得更加生动感人。演练是命题演讲准备工作中的一个重要环节。实践证明，演讲的成功往往是靠反复演练获得的。

一、钻研演讲稿，熟读成诵

在进行演讲前，演讲者必须钻研演讲稿，熟读成诵。美国口才训练专家桑迪·林弗女士说："凡演讲，99%都无须拿稿。一个人拿起演讲稿来'读'时，人们对他相信的程度也随之降低了。听众越是感到你在与他们交谈，你演讲的效果就越好。"由此可见脱稿演讲的重要性。

钻研演讲稿，熟读成诵，并不是要求演讲者死记硬背演讲稿，而是要求演讲者搞清演讲题目的真实含义，中心论点是什么，论据有哪些，层次怎么安排，开头和结尾的方式怎么样，甚至连字的读音、词的含义都要十分清楚，并在此基础上，深刻体会和理解演讲稿的内容，使每句话都成为自己心声的自然流露，真正做到言为心声。有些人自己不亲自动手写演讲稿，演讲前把别人写的稿子临时背一下，演讲时言不由衷；有些人尽管自己写演讲稿，但是并没有深刻领会演讲稿的内容，演讲时不得要领，以上做法都不可取。只有自己写演讲稿，钻研演讲稿，并熟读成诵，演讲时才能“忘掉”演讲稿，既以它为依据，又不受它的束缚，得心应手，运用自如。

二、精心设计

（一）设计演讲的结构

主要设计演讲的开头、主体和结尾，使演讲呈现出凤头、猪肚和豹尾的完美格局；安排演讲的高潮，恰到好处地安排一个或数个高潮；设计演讲的层次、衔接和过渡，在层次转换之处应适当增加有总结性、引导性和启发性的过渡语，在段末和演讲结尾处要对关键词做必要的重复和强调。

（二）设计演讲的时间

要设计从演讲开始到演讲结束所用的时间，避免前松后紧或者前紧后松。要按照演讲时正常的语速安排时间，一般为每分钟 220 个字左右，适当留出几分钟时间以备不测。

（三）设计演讲的语言

高尔基说过：“语言是一切事物和思想的外衣。”演讲者的思想需要语言作为外衣，才能得到彰显。设计演讲的语言，首先，要反复推敲语言是否准确贴切、通畅流利；是否简洁明快、通俗质朴；是否生动形象、幽默诙谐；是否言之有据、言之有理、言之有物、言之有味。其次，要体会语言是否口语化，是否上口入耳。要反复练习、揣摩、感悟发声技巧，充分考虑语速、语调、节奏、层次感。演讲时，要做到发音准确，吐字清晰，声音洪亮，音色优美；重音、停顿、升降恰当；语气亲切自然，语势豪迈；鼓动性强，有感染力。特别需要注意的是，要尽量使用普通话演讲，使听众能更好地理解和接受演讲者的思想和观点。当然，在条件合适的情况下，适当穿插一些听众熟悉的方言，能拉近演讲者和听众的距离，收到良好的表达效果。

演讲语言十戒：一戒连篇累牍、不着边际的废话；二戒混淆是非、文理不通的胡话；三戒子虚乌有、故作高深的玄话；四戒滥用辞藻、华而不实的俏话；五戒荒谬绝伦、含混其词的混话；六戒无病呻吟、附赘悬疣的空话；七戒挖苦讽刺、低级趣味的粗话；八戒陈词滥调、人云亦云的套话；九戒信口开河、大言不惭的大话；十戒捕风捉影、无中生有的假话。

（四）设计着装和体态

在演讲活动中，演讲者的着装至少有以下作用：一是能体现一个人的精神风貌和审美情趣；二是可以增强自身的感染力，赢得听众的信任和尊重；三是可以增强自尊心，提高自信心。着装也是演讲者风采的另一种体现。演讲者的着装要做到得体入时、整洁大方、搭配协调，既满足听众的审美要求，又不至于影响演讲效果。在衣着问题上，应该反对两种错误倾向：一是不修边幅，着装邋遢；二是追求时髦，花里胡哨。这两种倾向都有损演讲者的形象，都会招来听众的非议和嘲笑。

演讲者的体态应自然大方，动作幅度不宜过大或生硬、呆板；应适宜得体，不要龇牙咧嘴、手舞足蹈；应真实可靠，不要故作姿态、故弄玄虚，甚至手口不一；应生动活泼、富于变化，不要单调重复，甚至一成不变。尤其要注意避免一些不雅的小动作，如抠鼻孔、抓耳挠腮等。

总之，演讲者的着装、体态要符合演讲者的身份；要因场合、听众、主题而宜；要服从内容表达、情感表达的需要。

三、精心训练

（一）要训练稳定的情绪

心理学研究表明，恐惧是每个人都会有的一种生理、心理现象。恐惧感的形成来自外界和内心的压力。登台之前，演讲者难免会有紧张、慌乱的情绪体验。登台之后，演讲者面对无数双眼睛，便会有一种无形的压力，容易产生恐惧感。

当出现恐惧感时，演讲者的心跳加快，呼吸急促，掌心出汗，严重时会手发抖，腿发软，大脑一片空白，原来记得滚瓜烂熟的演讲词一个字也想不起来。演讲者要消除这种演讲恐惧症，首先要调节好自己的情绪，让自己进入特定的情境中，如同身临其境，陶醉其中。当你的情绪完全稳定下来时，思路就来了，自信也来了，演讲便可渐入佳境。

（二）要训练真挚的感情

演讲者必须饱含真挚的感情，在演讲过程中，面对高尚与卑鄙、进步与落后、美丽与丑恶，演讲者的感情要随演讲内容的变化而变化，时而热烈，时而愤怒，时而低沉，时而激昂。演讲者的感情要洋溢于演讲的字里行间，从而对听众产生强烈的感染作用。如果没有真挚的感情，无病呻吟，空洞说教，演讲就如同行尸走肉，没有灵魂，无法打动听众。

（三）要训练优雅的风度

演讲者要有优雅的风度。风度是演讲者所表现出来的言谈举止的品位，是演讲者思想道德、文化修养等因素的外化，是演讲者言谈举止的综合反映。演讲者一走上场，就会把自己的形象施加于听众的视觉，直接影响听众的评价和审美。演讲者上场时，务必仪表端庄、步履稳健、情绪饱满、精神抖擞，头不戴帽、手不插兜，给人一种沉稳冷静、胸有成竹的感觉。很多演讲初学者都不能把握好这第一印象，上台时缺乏控制，或跑步上台，或昂首上台，或弓腰上台，或漫不经心地上台，或转了一个弯才走上台，这都不雅观。有的给人一种盛气凌人的感觉，有的就显得胆怯和不自信。

上台后，应面带微笑，用亲切的目光平视在场听众，以示致意，也起到安定听众情绪的作用。同时，深吸一口气，平静一下自己的心情，待掌声停下来，听众的注意力集中起来，会场开始安静了，再慎重开篇。一般先加个“前言”，即称呼语，如“尊敬的领导、老师和同学们，大家好（鞠躬）！今天我演讲的题目是……”演讲者以此拉开序幕，可以拉近与听众的距离，创造出与听众进行交流的亲切氛围，然后再开始演讲。

演讲完之后，应该稍做停顿，收尾应谦恭有礼。一般应加一个礼貌性的“后语”（敬谢语），如“我的演讲完了，谢谢大家！”向听众鞠躬，然后从容自然地走下讲台。切不可如释重负，匆匆跑下；也不要漫不经心，大摇大摆地离开。

（四）要训练丰富的表情

面部表情是体态语中最传神的部分，演讲者要充分发挥面部表情的辅助作用。演讲时切忌面部毫无表情，摆出一副道貌岸然、不可一世的样子；或者是眼神乱晃，不敢正视听众；或者是两眼直直地看着桌面或天花板。眼睛是心灵的窗户，演讲者应当趁着停顿的间隙，用淡定而又不失热情的眼神和听众交流。

（五）要训练自己的声音

演讲者要训练自己的声音。声音是传递信息的一种物质载体，对提高演讲表达效果非常重要。声音响亮、吐字清晰、抑扬顿挫、语调自然、有声有色，是对演讲者声音的基本要求。优秀的演讲者之所以能演讲得跌宕起伏、张弛有度，无不是经过良好的发音训练。声若洪钟时，能激起听众感情的波澜，好比吹响了高亢激越的进军号角，声震大地；声音低沉时，娓娓道来，如泣如诉；声音悲愤时，凄婉哀怨，令人潸然泪下。这就是人们所说的“以声传情”。

演讲声音的大小，要根据会场的大小和听众的多少而定，同时适当利用扩音器。声音过大，既会扰人耳根，也会破坏演讲的内在意蕴；声音过小，听众听不到或听不清，演讲也就失去了意义。演讲者要根据自己的音量、音色，适当调整话筒的高低、位置和距离。

第三节　命题演讲的技巧

由于命题演讲事先要经过充分的准备，所以命题演讲与其他演讲形式在演讲过程中有了一些不同。本节主要是针对这些不同来谈一谈命题演讲的技巧。

一、构造结构的技巧

有了充分的准备做保证，命题演讲者完全有机会，也有必要构造完美的演讲结构。而这种完美的演讲结构，与演讲稿的结构也是一致的。

（一）凤头

所谓凤头，是指演讲的开头要漂亮。能在最短的时间里吸引听众的开头就是好的演讲开头，它在演讲中起着至关重要的作用。历来著名的演讲家都煞费苦心，希望在演讲的开头就能牢牢地抓住听众，为自己的演讲奠定成功的基础。例如恩格斯《在马克思墓前的讲话》的开头：

3 月 14 日下午两点三刻，当代最伟大的思想家停止思想了。让他一个人留在房里还不到两分钟，当我们进去的时候，便发现他在安乐椅上安静地睡着了——但已经永远地睡着了。

恩格斯从演讲一开始，就把自己和听众带进对马克思无限的哀思中去了。这个开头奠定了整个演讲的基调。

（二）猪肚

所谓猪肚，是指演讲的主体要激情饱满，有理有趣。演讲要求具有强烈的鼓动性，产生巨大的宣传效应。事例最能说服听众，所谓“事实胜于雄辩”。经典事例因其蕴含丰富、哲理深刻，往往只需一二例，就能打动听众。演讲高手往往就地取材，即兴发挥，利用身边切题的典型素材，借助现场氛围为自己的演讲服务。成功的演讲者总能借此强调观点、升华感情，将自己的思想感情表现得淋漓尽致，把听众的情感不断引向高潮。

（三）豹尾

所谓豹尾，是指演讲的结尾要刚劲有力，不能虎头蛇尾。好的结尾可以使演讲意味无穷，为演讲增添光彩。成功的演讲者都希望结尾时给听众留下一个精彩的印象，都会在结尾处狠下功夫，避免演讲功亏一篑。例如苏格拉底演讲的结尾：

分离的时刻到了，我们各自上路吧——我走向死亡，你们继续活下去。至于生死孰优孰劣，只有上帝才知道。

苏格拉底明确表达了自己愿意舍生取义，让人在为苏格拉底的死感到惋惜的同时，又不得不为他感到自豪。

二、运用例子的技巧

（一）指名道姓，使演讲个性化

鲁道夫·弗烈曲曾经说过：“没有什么比名字更能增添故事的真实性了，掩名隐姓，最虚假不过。且试想，故事里的主角没名没姓，会成为什么样子。”确实，在运用例子的过程中，如果不指名道姓，处处是“这个人”或“那个人”，演讲就会显得苍白无力，不可信。例如：

有的人满腹经纶，把自己的人生哲学倒背如流，凡事总有一个“我”字，只要对自己有利可图，便全然不去考虑对他人和国家是否有害，这样的人只会把自己引向绝灭。不是吗？在青年的队伍中，也有这样的败类。他原是北京大学的高才生，为了自己的私欲，竟用学到的知识去挖我国科研的墙脚，然后，把这些重要的资料出卖给外国人，连同他的良心、道德、人格一起出卖了。看吧，在这冠冕堂皇的外表下，却隐藏着怎样的自私和丑恶的灵魂……

上述例子讲到的事情很典型，但是由于没有真实的姓名，使得举例显得虚无缥缈、苍白无力。所以，在演讲过程中，如果不涉及侵犯他人的隐私，就应该尽可能地指名道姓，增强说服力。

（二）娓娓道来，使演讲细节化

在演讲的过程中，为了更好地吸引听众的注意，调动听众的情感，对于一些例子的讲述应该娓娓道来，要尽可能有细节地描述，使例子更具体、更真实、更感人。

例如，邹越先生的演讲《让生命充满爱》：

名篇演示

就在这次汶川大地震中，当我们的救援队员来到北川的时候，大家惊讶地发现，最严重的地方不是汶川而是北川。战士们在那里巡回着，突然听到废墟下发出微弱的声音。那是一个小女孩的声音：“救我！谁来救我！”战士们用千斤顶支撑起预制板才发现，里面有一个不到3岁的小女孩，她已经被压了一天一夜。天就要亮了，战士们辛苦地把孩子救了出来。小姑娘奄奄一息地说：“叔叔，快去救我爸爸妈妈。爸爸妈妈，解放军叔叔来了！”战士们听到以后，把预制板再撬起才发现，下面躺的是孩子的父亲、母亲。那一幕让所有的战士流泪：孩子的父母已经离开了人世，妈妈面朝上，两只手支撑一块预制板；父亲背朝下，像俯卧撑一样，背上压着一块预制板，就在父亲母亲二人手臂交叉的中间，那个小小的空隙里，这位小姑娘幸存了！

汶川大地震中那对父母在最危急的时刻用躯体顶起一片空间，给孩子留下了生存的希望。这样的细节描写生动地诠释了父爱和母爱的伟大。

（三）巧用对话，使演讲戏剧化

在演讲的过程中，借用舞台话剧的艺术手法，通过对话，可以惟妙惟肖地模仿人物的形象、表情和语调，使演讲更加生动形象、真实可信。例如：

他80多岁了，身体很健康，又热爱运动。有一天我在路上碰到他，我说："张老，我帮您提东西吧。"他笑着说："没事，这点东西我提得起，还可以锻炼身体呢。"

（四）巧用数字，使抽象具体化

在演讲的过程中，把难于直接感知的抽象形象转化成具体的数字，促使人们把形象思维与抽象思维结合起来，可以大大增强演讲的说服力和感染力。例如：

在兽性狂发的一个多月中，日本侵略者在南京屠杀了30万中国人！30万个人排起来，可以从杭州连到南京！30万个人的肉体，能堆成两座37层高的金陵饭店！30万人的血，有1200吨！

演讲者为了揭露日本侵略者所犯下的滔天罪行，用"从杭州到南京"的距离、"两座37层高的金陵饭店"和"1200吨血"解说了"日本侵略者在南京屠杀30万中国人"的事实，从而激起听众的愤慨。

三、抒情的技巧

（一）真情实感

好的演讲不能仅仅卖弄华丽的语言，必须具有真情实感。真情实感是联系演讲者和听众心灵的纽带。著名演讲家李燕杰说："在演讲和一切艺术活动中，唯真情，才能使人怒；唯真情，才能使人怜；唯真情，才能使人笑；唯真情，才能使听众信服。"1858年，林肯在一次竞选演讲中说："你能在所有的时候欺骗某些人，也能在某些时候欺骗所有的人，但不能在所有的时候欺骗所有的人。"这句著名的政治格言成了演讲者的座右铭。演讲者无哗众取宠之心，有实事求是之意，感情真切，才能取信于听众，使其接受自己的思想、观点。例如：

来中国吧！来看看一个真实的、完整的中国，一个很多西方媒体不会展现给你们的中国。来西藏吧！用你们的眼睛来见证那个所谓的"文化灭绝"，是否这种灭绝真的存在，是否藏语正在"消失"，那些喇嘛们是不是可以自由地信仰他们的宗教，西藏人是不是比在达赖的神权统治下过得更好！和那些上了年纪的西藏人聊聊，谈谈他们永远无法忘记的"佛教天堂"。我们需要直接的交流，更多的知识交换，我们会继续对此做出贡献！

演讲者用热烈的语言真诚地邀请西方人士来中国，亲眼见证西藏的发展和变化，指出中西方需要直接的交流，需要更多的知识交换。

（二）情感交流

在演讲的过程中，演讲者在情感上要和听众交流，从而使听众产生共鸣和响应。这是控制现场气氛、掌握听众情绪、打动听众、增强演讲效果的有效手段。例如：

在一次抗议国民党反动派屠杀爱国青年的大会上，闻一多在率众游行后，登上广场中央的升旗台，大声问群众："大家知道今天游行的有多少人？"众答："不知道。""我数过了，有一万多！"一阵热烈的掌声后，闻一多又问："特务到哪里去了？"众答："他们怕了！""跑了！"闻一多又问道："为什么他们不敢动？"众答："因为我们团结、有组织。"会场上无数声音喊道："对！对！对！"闻一多高呼："我们的明天更团结，更有组织！"

这一段问答式的演讲激动人心，把集会推到了最高潮。在演讲过程中，可以根据现场情况设想听众心理，想其所想，答其想问，说其想知，以达到与听众的情感交流。

（三）激情似火

在演讲的过程中，演讲者用满腔的热血、满怀的激情，点燃听众心中的火焰，用诗一般的语言激荡起听众的壮志豪情。例如马丁·路德·金发表的演讲：

让自由之声响彻纽约州的崇山峻岭！

让自由之声响彻宾夕法尼亚州的阿勒格尼高峰！

让自由之声响彻科罗拉多州冰雪皑皑的落基山！

让自由之声响彻加利福尼亚州的婀娜群峰！

不，不仅如此；让自由之声响彻佐治亚州的石山！

让自由之声响彻田纳西州的瞭望山！

让自由之声响彻密西西比州的一座座山峰，一个个土丘！

让自由之声响彻每一座山冈！

马丁·路德·金通过排比句，用激情似火的语言抒发了自己以及众多黑人对自由、平等的渴望。

（四）如泣如诉

在演讲的过程中，演讲者声泪俱下地倾诉肺腑之言，使听众为之感动，为之落泪，赢得强烈的感情共鸣。例如罗斯福发表的演讲：

日本昨天对夏威夷群岛的袭击，给美国海、陆军造成了严重的破坏。我遗憾地告诉你们：许许多多美国人被炸死。同时，据报告，若干艘美国船只在旧金山与火奴鲁鲁之间的公海上被水雷击中。

罗斯福为了让国会同意对日宣战，如泣如诉地向国会说明了日本无耻的行为和对美国所造成的伤害。

四、说理的技巧

（一）深入浅出

在演讲的过程中，演讲者利用人们思维中的推理功能，借助具体事例、故事传说等把抽象、深奥的道理用生动形象、浅显易懂的语言表达出来，做到雅俗共赏、深入浅出，使人感到合情合理。例如胡适的演讲：

当初若是没有主意，到了逢着困难时便要手足无措，所以读书可以解决问题，就是军事、政治、财政、思想等问题，也都可以解决，这就是读书的用处。我有一位朋友，有一次傍着洋灯看小说，洋灯装有油，但是不亮，因为灯芯短了。于是他想到《伊索寓言》里有一篇故事，说是一只老鸦要喝瓶中的水，因为瓶太小，得不到水，它就衔石投瓶中，水乃上来。这位朋友是懂得化学的，加水于灯中恐怕不亮，于是投以铜圆，油乃碰到灯芯。这是看《伊索寓言》、看小说给他的帮助。读书好像用兵，养兵求其能用，否则即使有十万、二十万的大兵也没有用处，有的时候还要兵变呢。

为了说明读书的用处，胡适举了生活中的例子来说明，使得演讲通俗易懂。

（二）比喻明理

在演讲的过程中，演讲者采用生动的比喻，使抽象的事理形象化，高深的道理通俗化，可以吸引听众，增强演讲的感染力和说服力。运用比喻要根据说明事理的需要，准确把握喻体的主要特征，并加以具体、逼真的描绘，使听众通过比喻明白深刻的事理。例如马丁·路德·金的演讲：

从某种意义上说，我们来到国家的首都是为了兑现一张支票。我们共和国的缔造者在拟写宪法和独立宣言的辉煌篇章时，就签署了一张每个美国人都能继承的期票。这张期票向所有人承诺——不论白人还是黑人——都享有不可让渡的生存权、自由权和追求幸福权。

马丁·路德·金把宪法、法律比喻成“支票”“期票”，在马丁·路德·金的演讲中，类似的比喻还有很多，大量的比喻使得演说优美动听，同时具有极强的说服力。

（三）提炼警句

在演讲的过程中，要学会提炼警句。很多演讲通常只有几句干脆利落的话，却能深入人心，广为传播并发挥巨大作用。警句就像美女头发上的珠花，令美女更添神韵；警句更像画龙点睛，一笔带出，神采飞扬，栩栩如生！警句是浓缩了的智慧，其作用不可替代。在演讲中提炼警句，能起到振聋发聩、引人深思的作用。例如帕特里克·亨利发表的演讲：

回避现实是毫无用处的。先生们会高喊：和平！和平！但和平安在？实际上，战争已经开始，从北方刮来的大风都会将武器的铿锵回响送进我们的耳鼓。我们的同胞已身在疆场了，我们为什么还要站在这袖手旁观呢？先生们希望的是什么？想要达到什么目的？生命就那么可贵？和平就那么甜美？甚至不惜以戴锁链、受奴役的代价来换取吗？全能的上帝啊，阻止这一切吧！在这场斗争中，我不知道别人会如何行事，至于我，不自由，毋宁死！

该演讲中的“不自由，毋宁死”，深入人心，并广为流传，已经成为人们用于表达反抗的口号。

五、控场的技巧

演讲时，常常会出现一些意想不到的事情，例如忘了演讲词、讲了错话、听众被其他的突发事件干扰而不再听演讲，或对演讲不满意、不感兴趣等。碰到这些情况，演讲者需要具有灵活机智的控场技巧，做到处乱不惊、转危为安，从窘迫的困境中解脱出来，使演讲继续进行下去。

（一）忘记台词

无论演讲者演讲前准备得多么充分，演讲时，难免会出现忘记台词的情况。一旦出现这种情况，千万不要紧张，也不要惊慌失措，而是要快速联想和回忆这部分演讲词。如果几秒钟后还是回忆不起来，就应该立刻放弃回忆，否则会造成演讲卡壳，听众就会有不满情绪，甚至起哄。这时，演讲者应该跳过那些忘记了的内容，用巧妙的衔接手法过渡到没有忘记的内容，使演讲得以继续进行。例如，重复刚才说过的话，或使用套话和过渡词语等。如果演讲者演讲不熟练，也可以持稿备用，万一忘记台词，瞥一眼就可以把内容接上来。当然，应该尽可能脱稿演讲。

（二）说错话

人人都有说错话的时候，更何况要面对那么多人发表演讲。如果在演讲过程中，演讲者发现说错了话，应该立刻纠正，毫不迟疑，用正确的话重复一遍即可。熟练的演讲者也可以通过其他方式加以掩饰。例如，李燕杰在一次讲话中，由于失误，说错了一句关键性的话，话音刚落，他就觉察到了，于是他自问自答：“这句话是对的吗？不对。”然后他按正确的说法说了一遍。这种纠正失误的办法，反映了演讲者的应变能力和综合素质。

（三）听众有情绪

在演讲过程中，演讲者有时会发现听众对自己的演讲不满意或不感兴趣，面对这种不利情况，千万不要着急，不要有埋怨心理，更不能因此失去信心。正确的做法是，演讲者在适当的位置临时穿插与演讲内容有关，同时能激起听众兴趣的“花絮”，例如刚发生的新闻、故事、笑话等，当听众再次有了兴趣，并集中精力听演讲的时候，再过渡到演讲稿的内容上来。

（四）互动环节

在演讲过程中，互动有两种情况，一种情况是听众主动与演讲者互动。这时演讲者就要被动地做出一些回应，例如一句话、一个动作，甚至是一个眼神，回应要快，要简洁，不能影响后面的演讲。例如，奥巴马在开罗大学演讲时，有观众突然说：

Barack Obama，we love you！（巴拉克·奥巴马，我们爱你！）

奥巴马回应了一句“谢谢”后，立马转入了后面的演讲：

Thank you. The fifth issue that we must address together is religious freedom.（谢谢。我要讲的第五个问题是宗教自由。）

另一种情况是演讲者要主动与听众互动。在演讲过程中，如果听众没有兴趣，提不起精神，演讲者可以适当地增加互动环节，吸引听众的注意，然后进入后面的演讲。这就好比演员在台上唱歌时，趁音乐间隙向观众问好，打个招呼之类。

第四节　命题演讲比赛

即兴演讲、命题演讲和论辩演讲这三种演讲形式，虽然都可运用于比赛，但即兴演讲因其准备时间短甚至根本没有准备时间，在正规的比赛中一般不采用，即使采用，也只是在即兴环节中用来考查选手灵活应变的能力，不作为比赛的主要评分项目（属于附加性质）。论辩演讲虽然有足够的准备时间，但如果不是出于论辩的需要，在正规的比赛中一般也不采用。正规比赛更广泛地采用命题演讲的形式。

一、命题演讲比赛的组织

为了弘扬文化，宣传思想，特定的社会团体或机构往往围绕某一主题专门组织命题演讲比赛。例如，在中国共产党建党 90 周年之际，各社会团体、各部门都在纷纷组织庆祝建党 90 周年的演讲比赛。大型的演讲比赛一般成立组委会，设主任 1 人，副主任 1~3 人，委员若干人，负责整个演讲比赛的领导和组织工作。组委会应该根据演讲比赛的宗旨和具体情况事先制订好计划，指派专人分别负责各项工作，确保演讲比赛的顺利进行。命题演讲比赛的计划和举办比赛的通知应一并下发，以便参赛者早做准备，从而提高演讲比赛的整体水平。

二、命题演讲比赛的评判

（一）评判标准

命题演讲比赛的评判，是对参赛选手演讲的认识和评价，是演讲比赛的重要环节。既然是比赛，就应该有一个统一的评判标准。

目前，由于演讲比赛的宗旨和评价角度不一，因此演讲比赛对参赛选手演讲的评价往往有多种多样的标准，归纳起来大致有三个方面。

一是思想内容，包括主题是否正确、鲜明，材料是否真实、典型、新颖。

二是表达技巧，包括语言是否生动，态势是否自然，结构是否严谨，条理是否清楚，情感是否真挚，手法是否得体。

三是演讲效果，包括演讲是否有感染力，参赛选手是否与听众有情感交流等。

（二）评判方法

有了明确的评判标准，还要有合理的评判方法，只有这样才能对参赛选手的演讲做出客观的评价。

首先，要求评委对评判标准有一个统一的认识，不能各搞一套。历来争议最大的是关于“演讲表演化”的问题，看法不一样，判的分数就有悬殊。我们主张演讲是演讲，表演是表演，不能把演讲引向表演化。只有评委们的看法一致了，才能做出合理的评判。

其次，要求评委要严格按照评分标准打分，不能只打个总分或印象分。所有评委在比赛过程中要注意前后松紧一致。

再次，要杜绝打感情分。有些评委给自己单位的人或自己认识的人打感情分，这就妨碍了比赛的公平和公正，对其他参赛选手是一种伤害。

三、命题演讲比赛的计划

命题演讲比赛的计划一般包括以下项目。

（1）比赛的宗旨、要求。

（2）比赛的题目或题目范围。

（3）比赛规则。

（4）评分标准和方法。

（5）评委会。

（6）奖励办法。

（7）主持人、记分员和报分员。

（8）比赛的时间、地点。

（9）比赛程序。

【案例】

湖北科技学院
庆祝建党100周年演讲赛
计　划　书

主办：湖北科技学院团委会、学生会

协办：人文学院分团委

　　　艺术学院分团委

一、宗旨

为了隆重纪念中国共产党成立100周年，讴歌党的光辉历程，弘扬时代主旋律，进一步激发广大师生坚定理想信念，促使广大师生学习中国共产党，热爱中国共产党，拥护中国共产党。

二、主题

建党100周年。

三、比赛规则

（1）此次大赛分为初赛和决赛两个部分。

（2）演讲时间为15分钟，在演讲到13分钟时会有一声哨声进行提示。演讲时间结束时会有两声哨声进行提示，并且要停止演讲。

（3）参赛选手必须脱稿。

（4）演讲内容要紧紧围绕主题“建党100周年”。

（5）在下一位选手演讲完后公布前一位选手的成绩。

四、评分标准（总分：10分）

（1）语言水平2分。

（2）演讲内容1.5分。

（3）语言应用2分。

（4）临场发挥2分。

（5）仪容仪表1分。

（6）内容创新1分。

（7）时间掌握0.5分。

五、评委会

评委共有7人，由团委会指派1人，人文学院和艺术学院各指派3名班主任。

六、奖项设置

（1）一等奖1名，奖金300元。

（2）二等奖2名，奖金200元。

（3）三等奖3名，奖金100元。

（4）优秀撰稿奖3名，奖金50元。

七、比赛时间及地点

预赛：4月11日19：00教八会议中心。

决赛：4月18日19：00教八会议中心。

八、比赛程序（初赛、决赛同）

（1）宣布比赛开始。

（2）全体起立，奏国歌。

（3）介绍来宾、评委及本次大赛情况。

（4）比赛开始。

（5）讲评。

（6）领导讲话。

（7）颁奖。

（8）领导、评委、老师退场。

（9）比赛结束。

演练场

1. 试述命题演讲的定义。
2. 与其他演讲相比，命题演讲有哪些特点？
3. 试述命题演讲的分类。
4. 结合历史上著名的演讲，谈谈命题演讲的技巧。
5. 谈谈命题演讲演练过程中应注意的问题。
6. 谈谈命题演讲过程中运用例子的技巧。
7. 谈谈命题演讲过程中的控场技巧。
8. 请以“兴趣是最好的老师”为主题，谈谈兴趣在英语学习中的作用。要求撰写演讲稿，并在全班发表演讲。

第五章 论辩演讲

一人之辩，重于九鼎之宝；三寸之舌，强于百万之师。

——刘勰

每个人的立场和观点都不尽相同，甚至相反，所以生活中，人们经常会对一些问题进行论辩。论辩演讲是陶冶情操、锻炼口才、增长知识、了解社会的有效形式。本章着重介绍论辩演讲的定义、特点和类型，论辩演讲的准备和技巧。

第一节 论辩演讲概述

口才故事

一、论辩演讲的定义

论辩演讲，简称论辩或辩论，是指立场或观点不同的双方，围绕同一个论题，面对面地进行争论和辩驳，试图说服或驳倒对方的语言行为。“论”和“辩”都与语言有关，“论”强调的是“用语言述说”，而“辩”强调的是“用语言争论”。同其他演讲相比，论辩演讲是一种较高层次的语言行为，是在语言对攻形式下的思想交锋。一场成功的论辩可以全方位地检验论辩者的思想品德、文化底蕴、语言表达、仪表仪态等方面，同时也是论辩双方综合素质的较量。人们常说“真理不辩不明”，论辩的目的就是明辨是非、批驳谬误和坚持真理。

二、论辩演讲的特点

1. 对抗性

论辩演讲的对抗性主要表现在以下两个方面：一是观点的对立。论辩双方的观点存在明显分歧，更多地表现为对立。论辩者一方面要千方百计地证明自己观点的正确性，另一方面要针锋相对地批驳对方观点的谬误性，并迫使对方放弃自己的观点。二是语言的对攻。论辩双方要面对面地进行争论和辩驳，语言表达咄咄逼人，具有强大的攻击力量。

2. 逻辑性

论辩的过程其实就是逻辑推理的过程。论辩双方需要摆事实、讲道理，用已知的概念进行判断和推理。逻辑是论辩的生命。严密的逻辑推理具有强大的说服力和杀伤力。如果论辩中有一方出现重大逻辑问题，其观点不攻自破。

3. 策略性

论辩好比打仗，打仗要讲战术，也就是要讲策略，同样论辩也要讲策略。论辩者要捍卫自己的观点、驳倒对方的观点，必须全盘考虑自己怎样进攻，对方可能从哪些方面防守；自己怎样防守，对方可能从哪些方面进攻等。论辩的过程是斗智斗勇的过程。

三、论辩演讲的分类

论辩演讲一般分为三大类：日常论辩、专题论辩和赛场论辩。

（一）日常论辩

日常论辩是指人们在日常生活中因对某一问题的看法不一致而产生的论辩。生活中，人们难免会在某些问题上产生矛盾和冲突，为了解决这些矛盾和冲突，就会运用论辩的手段，双方各执一词，据理力争，正所谓“公说公有理，婆说婆有理”。例如，夫妻之间因孩子教育问题引发的争论，婆媳之间因家庭琐事引发的争论，同事之间因对某一事情有不同主张而引发的争论等。

进行日常论辩时，要注意以下几点。

1. 论辩要有意义

日常论辩中，值得争辩的应该是一些带有原则性的问题，如果是一些生活琐事之类的非原则性问题，就没有论辩的必要了。

2. 论辩者胸襟要开阔

为了坚持自己的观点，论辩双方可以展开激烈的论辩，但论辩过程中，要互相尊重，不能采取冷嘲热讽、挖苦谩骂的方式，更不能进行人身攻击。论辩双方胸襟要开阔，要控制情绪、以理服人。对于非原则性问题，不妨主动让步。

3. 论辩要有分寸，注意礼仪

论辩中，要努力克制自己，彬彬有礼，避免言辞过激而引发肢体冲突；要就事论事，不进行人身攻击；要换位思考，不能伤害对方的自尊心；要点到为止，不能得理不饶人。

4. 表达要委婉

论辩中，为了不使矛盾激化、升级，应避免直接否定或反对对方的意见，可以穿插“我想”“假如”“也许”之类的词语，或者用第三者的口吻，委婉地表达自己的观点。

（二）专题论辩

专题论辩是指在正式场合下对特定议题展开的论辩。专题论辩中的特定议题，往往是比较重大的、涉及大是大非的原则性问题。论辩双方主要不是个人，而是不同的国家、政党、派别、社会团体或阶层。论辩的内容大多是与社会、政治、经济、哲学、法律、艺术等有关的理论或现实问题。

专题论辩是一种有组织、有程序、有目的的论辩，主要包括法庭论辩、外交论辩、竞选论辩、学术论辩和学术答辩等。法庭论辩是指原告和被告在法庭上就有争议的法律及现实相关问题展开的论辩。如苏格拉底在雅典法庭上为证明自己的清白与墨勒图斯之间的论辩。外交论辩是指国家或国际组织之间就政治、经济、军事、文化等专题展开的双边或多边论辩。如中国同西方某些国家之间就“人权问题”展开的论辩。竞选论辩是指竞选者为谋求某一职位而与竞选对手展开的论辩。如 1960 年 9 月 26 日，美国参议员约翰·F. 肯尼迪和美国副总统理查德·M. 尼克松之间进行的总统竞选论辩。学术论辩是指学术界就某一学科的学术问题，为阐述不同的观点和见解展开的论辩。学术答辩是一种特殊的学术论辩形式，是申请学位者同答辩委员会成员就学位论文中的某些问题展开的论辩。这里不再一一举例。

（三）赛场论辩

赛场论辩是指在比赛场合下对事先约定的论题展开的论辩。赛场论辩具有很强的表演性，可以说，赛场论辩是为辩而辩。赛场论辩是对日常论辩和专题论辩的模拟演练。赛场论辩有以下几个方面的特点。

（1）从论辩的目的来看，赛场论辩的主要目的不是寻求真理，而是要通过比赛来训练论辩的能力和技巧。胜方观点不一定代表真理，败方观点不一定代表谬误。

（2）从论辩的内容来看，赛场论辩一般选择比较开放的具有时代特色的热门话题，使正反双方都有话可说，有理可依。

（3）从论辩的形式来看，赛场论辩更注重论辩的策略和表达的技巧，赛场上经常是唇枪舌剑，针锋相对。

（4）从论辩的结果来看，胜利取决于多种因素，而不是由论辩双方自己说了算。论辩双方都想用充分的论据和有力的论证驳倒对方，同时用犀利的语言、优雅的台风、密切的配合等争取获得听众和评委的好感，最终获得胜利。

（5）从论辩的过程来看，赛场论辩必须严格按照组织程序和竞赛规则来进行。其他论辩演讲则比较随意，比较自由。

第二节　论辩演讲的准备

赛场论辩是以培养、训练和提高人们的论辩能力和技巧为目的，是对日常论辩和专题论辩的模拟演练。因此，赛场论辩最能体现论辩演讲的特色。本节以赛场论辩为例，谈谈论辩演讲的准备。

论辩是对立双方的正面交锋。论辩过程充满变数，其结果往往变幻莫测。一场有价值、能给人以启迪的论辩，一定具有较高的文化水平、深厚的理论素养、缜密的逻辑结构、翔实的事实资料，这就要求论辩者不仅要具有较高的知识底蕴和丰富的论辩经验，而且要在赛前做好充分的准备。

一、储备知识，梳理结构

古今中外，一切以能言善辩著称的人士，无一例外都拥有渊博的文化知识。在赛场论辩中，辩手文化知识的积累情况直接关系到论辩的水平，只有储备了渊博的文化知识，才能在论辩中旁征博引、左右逢源。广泛地讲，上至天文，下至地理，各个领域各个专业的知识，辩手在平时都应该有所涉猎。具体到辩题上，凡是与辩题相关的知识，辩手都要做全面深入的了解，并形成合理的知识结构，需要的时候信手拈来。

二、分析辩题，确立论点

辩题是双方论辩的对象，在论辩前要仔细分析辩题。分析辩题的作用表现在以下几个方面。

第一，有助于辩手深化对辩题的认识。只有把辩题分析清楚，才能知道所辩论的问题究竟是什么。例如针对“多读课外书利大于弊”这一辩题，辩手通过分析发现所要辩论的既不是多读课外书是否有利的问题，也不是是否有弊的问题，而是多读课外书究竟是利大还是弊大的问题。

第二，有助于弄清辩题本身给正反双方带来的利弊。一般而言，如果辩题利于本方，立论自然有优势，论辩起来也得心应手；如果辩题不利于本方，应运用一些技巧与方法，为本方创造优势，化不利为有利。具体而言，可以针对双方争论的焦点，依据趋利避害的原则，对辩题进行合理的限定或拓展。例如针对“周朴园对鲁侍萍有没有感情”这一辩题，辩手通过分析可以发现，此辩题对正方非常有利。在一次大学生辩论赛中，反方有意识地把“感情”限定为“爱情”，实际上就是把“周朴园对鲁侍萍有没有感情”偷换成了“周朴园对鲁侍萍有没有爱情”，使劣势得以消除，双方处于同一起跑线上。需要明确的是，于己方有利的辩题往往也会带来不利的影响：一是对手的立论会难以猜测；二是一些己方看来无须论证的东西，听众和评委不一定会先入为主地接受；三是由于对手立场的弱势，评委在无形之中会降低对其论证严谨性的要求。

第三，有助于辩手根据辩题进行立论和辩论。辩题是一切工作的基础，只有把辩题分析透彻，才能在此基础上确定本方的论点、论据和论证方法，才能预测对方的基本论点和基本论据，从而设计出辩论方案。

分析辩题包括分析辩题类型和分析辩题概念两个方面。

（一）分析辩题类型

分析辩题类型，对于论辩者准确把握辩题的逻辑含义，有针对性地运用辩论的技巧和方法有着重要的意义。

从表达形式上看，辩题是多种多样、丰富多彩的，但归根结底，都可以还原为“A是B”或“A不是B”的判断形式。有的辩题中并没有“是”这个词，例如辩题“大学生自主择业利大于弊”，在保持原意的情况下，也可以把它改成“大学生自主择业是利大于弊的”，仍然是判断形式。所有辩题可分为三种不同的判断形式：等同型，如辩题“现代化就是西方化”中“现代化”和“西方化”是等同的；归属型，如辩题“艾滋病是医学问题”中“艾滋病”是归属于“医学问题”的；条件型，如辩题“提高人口素质是实现现代化的先决条件”。由此可见，把握辩题中“是”的确切含义十分重要，对这个词的含义认识不清，就不可能完全领会整个辩题的基本精神。

此外，从逻辑上可以把辩题分为以下三种类型：必然型，如辩题“经济发展必然导致文化上的繁荣”；利弊型，如辩题“大学生自主择业利大于弊”；可能型，如辩题“21世纪将是华人的世纪”。

（二）分析辩题概念

即要对构成辩题的每一个概念进行分析。也就是说，可以先把辩题分解成一个个具有独立意义的小单位，对每一个小单位进行研究，确定每一个概念在辩题中的意义和作用；然后找出关键的词或词组，明确辩论的焦点；最后揭示概念间的有机联系，完成整体审题。以辩题“温饱是谈道德的必要条件”为例，可以进行以下分析。

温饱：人类的生存大致分为三种状态。第一种是贫困，勉强能够维持生存；第二种是温饱，生存状态较好，不再受冻挨饿；第三种是富裕，处于很优越的生存状态之中。

道德：调节人们的行为规范，通过社会舆论和良心得以维持。

谈：提倡、宣扬。

必要条件：其逻辑含义是“无之必不然，有之不必然”。

通过对这一辩题中四个概念的分析，可以发现正方在逻辑上最难跨越的关键词是“必要条件”这个概念，因为这个概念蕴含着“无之必不然”的意思。也就是说正方必须论证没有温饱就绝对不能谈道德。基于这一认识，反方可以这样立论：温饱不是谈道德的必要条件，有理性的人类存在才是谈道德的必要条件；温饱了能谈道德，不温饱照样能谈道德，从不温饱走向温饱的过程中更要谈道德。

三、准备材料，撰写辩词

（一）准备材料

大量占有材料是论辩成功的重要因素。一般来说，如果辩手准备的材料越充分，掌握的知识信息量越大，就越可能在论辩中占优势。材料的准备工作包括收集材料和加工材料。

首先是收集材料。一是收集理论材料，如与辩题有关的专业知识和经验，或有关的政策、法律、法规，或经典言论、名人名言，或历史典故、民谚歌谣等。二是收集事实材料，如与辩题有关的事实和统计数据等。在收集过程中要坚持多多益善的原则，尽可能涵盖辩题所涉及的范围，广取博采，有些材料宁可备而不用，不可用而不备。

其次是加工材料。在占有大量材料的基础上，还要对其进行加工，把它们改造成有直接使用价值的论据。要根据性质和用途的不同，将搜集来的材料进行归类整理，如支持本方立论的材料和反驳对方论点的材料。要从辩题和双方论点入手，找准切入点，分析材料和论点之间的关系。特别需要注意对一些存在分歧的材料进行取舍，这是因为虽然有些材料内涵丰富，但由于角度的不同，人们的理解和看法也各不相同，如果使用不当，这类材料可能会成为对方回击己方的武器。

（二）撰写辩词

撰写辩词是论辩演讲准备工作中必不可少的一个环节。撰写辩词既有助于梳理思路，熟悉辩论内容，为临场陈述和反驳打好基础，又可以及时发现准备过程中的不足，从而进行弥补和修正。辩词一般包括立论性辩词和驳论性辩词。

立论性辩词用于陈述本方论点，是撰写辩词的重点。在撰写过程中，要仔细推敲琢磨，注意结构、语言与论证的严密性和逻辑性，并形成完整的文字讲稿。

驳论性辩词用于在论辩交锋时反驳对方。由于无法准确预知对方的论点、论据、整体谋略，以及其他不可知因素的存在，因此辩手只能通过揣摩拟定一个大致的提纲，并根据提纲撰写部分驳论性辩词，在论辩过程中变通使用。

立论性辩词常见的结构方式是提出论点、论证论点、引出结论。撰写立论性辩词时，要把重点放在论证论点上，要围绕论点，运用大量理论材料和事实材料，选择恰当的论证方法进行论证阐述。立论性辩词由各辩手的辩词共同组成，各辩手的辩词既相对独立，又互相衔接，形成一个完整的体系。以 4 对 4 赛制为例，立论性辩词像是一篇分成四段的起承转合的文章，即一辩开题，说明本方立场和基本观点；二辩、三辩从特定角度演化本方立场、观点，就核心观点展开论述；四辩总结发言，反驳对方观点，综述本方观点。

四、合理分工，确立战略战术

赛场论辩是团队对团队的舌战，这和诸葛亮舌战群儒有很大的不同。论辩较量的过程，其实也是正反双方集体凝聚力较量的过程。

首先，需要团队成员合理分工。一辩是突击手，旗帜鲜明地表明本方立场观点，向对方发起首次进攻，为本方的后续论辩打好基础；二辩、三辩是攻击手、主力军，分别就不同的分论点进行强化，并在听取了对方的发言后进行驳辩；四辩是军中殿后的主帅，负责总结观点，包括全面立论——高屋建瓴地归纳本方队员的辩词，全面驳论——集中批驳对方观点和辩词中的疏忽失误。四位辩手既有分工也有合作，在论辩过程中，要观点一致、团结协作、首尾相连、浑然一体。

其次，确立战略战术。论辩与战争有某种相似之处，也有战略、战术的问题。一方面，要考虑双方的论点和论据，预测对方思路，选择攻击的突破口，决定重要材料运用的时机与条件，预设意外失误时的补救对策和摆脱困境的措施等；另一方面，要运用立论和驳论的各种方法与技巧，做好相应的战术准备。

第三节　论辩演讲的技巧

论辩是需要策略和技巧的，只有那些掌握并能娴熟运用各种论辩技巧的人，才能在论辩中得心应手、左右逢源。论辩演讲的技巧既反映了一个论辩者的综合能力，也是论辩者取得论辩成功的重要因素之一。下面介绍论辩演讲中常用的技巧。

一、提问的技巧

问答是日常交谈的重要组成部分，更是论辩的常见形式。在辩论中，精彩的提问往往能确立本方的主动进攻地位。然而，问什么，怎么问，何时问，谁来问都是很有讲究的。这里介绍论辩中常见的提问技巧。

（一）两难提问

两难提问是有意提出一个只有两种可能性的命题，让对方做出选择，对方无论做出何种回答都会出错，陷入两难推理、自己否定自己的尴尬境地。具体做法是在对方说法的基础上，虚构事实，提供两种选择，然后看对方如何反应。

明朝万历年间，海盐县有个女子还没有出嫁，有个恶少想要娶她，她的父亲不同意，恶少就诬告说他已娶了这个女子为妻。县令把女子叫到跟前，跟她谈话，而后突然问恶少："你既然是这个女子的丈夫，那么你说说，你妻子手上的疤痕是在左手还是在右手？"

恶少目瞪口呆答不上来。

县令以恶少"女子是自己的妻子"的说法为基础，虚构了"手上有疤痕"的事实，并列举了两种可能情况要恶少选择："左手有疤痕"还是"右手有疤痕"。如果恶少真是女子的丈夫，那么他就应知道妻子手上疤痕的情况。由于"手上有疤痕"是虚构的，恶少无论回答"在左手"还是"在右手"，或者回答不上来，都只能证明这个女子不是他的妻子。这就揭穿了恶少企图强占女子为妻的阴谋。

（二）陷阱提问

陷阱提问，也叫引诱提问，采用暗含前提的复杂问句提问，使对方在回答问题时落入陷阱。一般来说，这种提问方法很讲究时机，通常是在对方放松警惕时出其不意地发问。论辩中常用到这种提问方式。例如法庭论辩中，原告方律师向证人提问：

你当时不是看见被告在原告提出的单据上亲笔签名了吗？

这一提问就属于陷阱提问，其目的在于引诱证人对被告签名这一事实给予肯定性的答复，而证人可能什么也没看到，或者就算看到了被告在写字，也不知道是在什么东西上写字，写了什么。

（三）反诘提问

反诘提问，也叫明知故问。提问者采用问句的方式表达自己的观点，并不需要对方回答。反诘提问只是为了强化本方的论点或强调对方的矛盾。这种提问方式较多地用于辩护或反驳的场合，也可以用于陈词论述。例如：

你难道觉得愚公移山不应该吗？

（四）归谬发问

归谬发问即将对方论点或论据或其他问题引申归谬，陷对方于被动之中，无力自救。例如，为了反驳"核电站是肮脏的"这一观点，有人发问：

既然您说核电站因为有放射性，所以是肮脏的。那么大自然中也有微量放射性，大自然也是肮脏的吗？

大自然中有微量放射性，我们依然认为大自然是美的，而不是肮脏的。那么核电站有放射性，核电站是肮脏的结论就不能成立了。

（五）同题异问

即面对同一个问题，从不同的角度提问，使对方难以自圆其说，应接不暇。例如，在“成大事者要不要拘小节”的论辩中，反方围绕“小节”，从不同的角度发问：

什么是小节？小节和大节有什么区别？小节等不等于细节？

（六）异题同问

抓住对方的不同问题、不同表述加以归纳，概总而问，使其无法把握问题的深度与高度，无力应答。例如，在“环境保护应不应该以人为本”的论辩中，反方发问：

正方辩友说环境保护应该以人为本，而且举了很多例子强调以人为本的重要性，我想问一下，到底什么是“人本”思想？

（七）简问深涵

即问题很简单，但含义很深刻，与辩题密切相关。要答准确很难，但是答不出来就很丢人，估摸着回答又不准确，很容易陷入被动。例如，在“人性本善还是人性本恶”论辩中，正方紧扣“善”和“恶”二字做文章：

先抛开“人性本善”和“人性本恶”不谈，请问反方辩友，到底什么是“善”，什么是“恶”？

平时“人性本善”“人性本恶”挂在嘴边，但真要把什么是“善”，什么是“恶”这样看似常见而又简单的问题说清楚，并不容易。这些问题和辩题有着密切的联系，如果回答不出来，或者回答得不理想，都会很被动。

（八）多方追问

即从几个方向、几个侧面、几个层次上同时问一类问题。但是要注意的是，这类问题必须对准一个核心，即辩论的主要立场和观点以造成合围的阵势，使对方没有招架的能力，更没有还击的能力。例如，在“大学生谈恋爱是利大于弊，还是弊大于利”的论辩中，反方发问：

谈恋爱有不同的层次，如果仅限于柏拉图式的精神交流，是利大于弊，还是弊大于利呢？如果沉迷于卿卿我我，是利大于弊，还是弊大于利呢？如果生出儿女来，是利大于弊，还是弊大于利呢？

（九）夹击发问

即两个或多个人问同一类或一个问题，造成夹击态势，使对方顾此失彼。例如，在“强将手下有无弱兵”的论辩中，正方认为“强将手下有弱兵”，正方多位辩手来击反方，使反方疲于应付：

正方一辩：有个成语说，“强中更有强中手”，请问对方辩友如何理解？

……

正方二辩：俗话里也讲，“一娘生九子，九子九个样”，请问对方辩友如何理解？

……

正方三辩：何谓“良莠不齐”？

（十）反复逼问

对本方提出的对方非答不可的问题，对方闪避了，就可以反复逼问。例如，在“大学生创业是利大于弊，还是弊大于利”的论辩中，反方认为，创业需要一个人付出绝大部分的时间、精力和财力，大学生创业肯定无法保证顺利完成学业，因此弊大于利。而正方把摆地摊、卖报纸等社会实践活动等同于创业，说明正方根本就没有搞清楚什么是“创业”，于是反方辩手反复逼问：

反方一辩：请问对方辩友，什么是创业？

……

反方一辩：我方想再次问对方辩友，到底什么是创业？

需要注意的是，反复逼问一般不能超过三次，不可以无限发问，那样会产生令听众厌烦的负面效果。

二、回答的技巧

辩论中，从表面上看，“提问”是主动的，是进攻；“回答”是被动的，是防卫。但所有的回答都有一个共同的目的，那就是维护本方的观点，批驳对方的观点。巧妙的回答，从某种意义上来说，也是一种进攻。在论辩过程中，要掌握以下回答技巧。

（一）设定条件

有时对方提出的问题，在不同的条件下可能会有不同的答案，这时辩手就要弄清对方提问的目的，特别要警惕对方是否设有陷阱，然后设定对自己有利的条件作为前提，再回答相应的问题。例如，在首届国际大专辩论会关于“温饱是谈道德的必要条件”的论辩中，正方英国剑桥大学队提了一个很难回答的问题：

你不能用社会的需要去剥夺他就那么一点点的生存和温饱。人一生只有一次，你不能用社会逼人。假如我们现在十个人投票，赞成说将对方三辩的财富充公，来满足大家的需要。这是公认的，但这样是对的吗？谢谢。

这个问题的确不好回答，如果说将自己的全部财产充公的做法是对的，这显然有悖于常理；如果说这种做法是不对的，等于否定了己方“温饱不是谈道德的必要条件”的观点；如果避而不谈，又会显得己方理屈词穷。面对这种设有陷阱的攻略，一旦防守不严，就会被对方撕开防线，长驱直入，后果不堪设想。复旦大学队严嘉同学的回答，使形势转危为安：

谢谢主席，各位好。如果我的财产充公，能够为很多人谋福利的话，那我想，我会选择这样做的，因为人要做有道德的人。

严嘉同学先设定财产充公“能够为很多人谋福利”这一条件，然后作答，这样不但化解了对方的难题，而且顺势证明了己方的观点。

（二）以问代答

以问代答，顾名思义，就是不直接回答对方提出的问题，而是用提问来代替回答。在辩论中，对方常常提出一些敏感的或难以回答的问题，己方不愿或者不能正面回答，便可采用以问代答法，向对方提出一个与之相关，其实质内容却又背道而驰的问题，使对方无法回答，从而化被动为主动。例如，在1999年国际大专辩论会上香港大学队（正方）和新加坡南洋理工大学队（反方）之间的问答：

反方三辩：讲了这么久，对方连书本有什么功能都说不清，难怪看不出不会取代的理由了。那我就请问对方辩友，法律上的那本《圣经》你又如何取代呀？

正方三辩：那么对方同学，你今天讲的书本就是《圣经》吗？

反方一辩：对方辩友连《圣经》的例子都解决不了还要和我们谈其他！请问对方辩友，那本《圣经》如何取代？

正方一辩：对方辩友，我告诉你，现在已经有电子《圣经》出版了，这不是告诉大家电脑的普及化吗？

在此例中，双方都在发问，似乎都回答了对方的问题，但都没有作实质性的回答。当一方提出问题后，另一方采用一个不置可否的转折，马上过渡到回问对方问题，双方你来我往，如法炮制。因为他们明白，针对对方抛出的难题，回答稍有不慎，就会被对方打开缺口，陷入被动。

（三）模糊回答

对方提问不清楚，或直接回答对本方不利，但又不得不回答时，可以采用模糊回答法。模糊回答可用含义不清的语言或模糊不清的概念，使对方不得要领，却又无话可说。这种回答法有点像外交辞令，在外交场合使用比较多。一般辩论赛中不到万不得已的情况，不宜使用模糊回答法。例如辩题为“流动人口的增加有利于城市的发展”的论辩：

反方：请对方辩友正面回答，你们为城市的发展选择何种模式？

正方：健康的发展模式，而这个健康的模式就离不开流动人口的增加。我请问对方辩友，你们既不让流动人口增加又不让流动人口减少，你们到底让流动人口怎么办呢?

如果正方老老实实地回答对城市发展模式的选择，那就正中反方的下怀，最终受制于人。于是，正方辩手选择“健康的发展模式”这样的模糊语言，巧妙过关。

（四）釜底抽薪

刁钻的选择性提问是有预谋的，它能置人于两难境地，无论对方做哪种选择都于己不利。对付这种提问的一个具体做法：从对方的选择性提问中，抽出一个预设选项进行强有力的反诘，从根本上挫败对方的锐气，这种技法就是釜底抽薪。例如辩题为“思想道德应该适应（超越）市场经济”的论辩：

反方：我问雷锋精神到底是无私奉献精神还是等价交换精神?

正方：对方辩友这里错误地理解了等价交换，等价交换就是说，所有的交换都要等价，但并不是说所有的事情都是在交换，雷锋还没有想到交换，当然雷锋精神就谈不上等价了。

反方的提问有“请君入瓮”的意思。显然，如果以定式思维被动答问，就难以处理反方预设的“两难”：选择前者，则刚好证明了反方“思想道德应该超越市场经济”的观点；选择后者，则有悖事实。但是，正方辩手却跳出了反方“非此即彼”的框框设定，反过来单刀直入，从两个预设选项中抽出“等价交换”，以倒树寻根之势，彻底地推翻了它作为预设选项的正确性，语气从容，语锋犀利，其应变之灵活、技法之高明，令人叹为观止!

三、反驳的技巧

反驳是确定某一论题虚假或其论证不能成立的思维过程。与论证不同，反驳在于确定（对方的）立场不能成立，而不是证明（己方的）立场成立。反驳的作用：揭露错误，驳斥谬误，而不是阐明真理。然而，反驳与论证又是相辅相成的，你中有我、我中有你。反驳是论证的一种特殊形式，遵守与论证一样的规则。在论辩过程中，要掌握以下反驳技巧。

（一）直接反驳

直接反驳是直接揭露对方的论点、论据、推理过程或者概念等的错误，向对方的薄弱环节发起进攻的论辩方法。运用这种方法，要注意及时、准确地抓住对方的要害，置对方于窘境。例如，邻居指责王律师说：

你们律师专为犯罪分子说话，又会敲竹杠，有的是钱!

王律师很生气，他反驳道：

在民事和刑事案件中被控告的人，有的犯了法，有犯罪行为，则应受惩罚，但也有的并没有犯法，而是因某些假象冤枉了他。执法要以事实为根据，以法律为准绳，而为了弄清事实，正确运用法律，维护被告人的合法权益，就需要律师辩护。在您看来，被告往往是罪犯，是罪犯就不应为其辩护，对吗？您说我们律师事务所“会敲竹杠，有的是钱”，有何事实根据？

首先，王律师直接对邻居所用概念的内涵和外延进行反驳。从内涵上看，“被告”不等于“罪犯”；从外延上看，“被告”既包括“有罪”的，也包括“无罪”的。所以邻居说“律师专为犯罪分子说话”显然不对。接着王律师把矛头直接指向邻居的论据，对于“又会敲竹杠，有的是钱”的说法，他责问“有何事实根据”。

（二）归谬反驳

归谬反驳是不正面反驳对方的观点，而是假定其观点正确，并加以引申，进行合乎逻辑的推论，从而得出一个荒谬的结论，使对方的论题或论据不攻自破的论辩方法。这是一种以退为进、反戈一击的论辩方法。例如辩题为“外资是推动广东经济飞速发展的主要动力”的论辩：

反方：马克思早已指出，劳动决定价值，所以，廉价的劳动力才是推动广东经济飞速发展的主要动力。

正方：劳动决定价值适用于任何国家、任何地区，如果按照对方这种逻辑，世界上任何国家、任何地区的经济飞速发展的主要动力都是廉价劳动力喽？

反方引用马克思的观点作为论据，看似有理，正方以归谬反驳给予有力一击，使得反方的观点不攻自破。

（三）类比反驳

类比反驳是指用同类事物或具有共同点的两类事物进行比较分析，根据某事物已具有某同类事物的若干特性，从而推论出某事物也可能具有某同类事物其他特性的论辩方法。例如，在一次国际性会议中，一位西方外交人士挑衅地对我国代表说：

如果你们不向美国保证不用武力解决台湾问题，那么显然就是没有和平解决的诚意。

我国代表立刻还击：

台湾问题是中国内政，采取什么方式解决是中国人民自己的事，无须向他国做什么保证。请问，难道你们竞选总统也需要向我们做什么保证吗？

我国代表由外国竞选总统无须向中国保证什么，类比出中国解决台湾问题也无须向外国保证什么，因为二者都是两国的内政问题，别国无权干涉。我国代表的反驳干脆有力。

（四）反证反驳

反证反驳是指利用两个相互矛盾的命题来证明自己观点正确的论辩方法。两个相互矛盾的命题，如果能证明其中一个命题是假，那么另一个命题必然是真。例如，晋文公吃烤肉时发现肉上缠有毛发。晋文公大怒，唤来烤肉的厨子质问。厨子假装认罪说：

臣该死！臣的罪有三条：其一，我切肉的刀锋利如宝剑干将一样，肉被切断，可是竟然没有切断肉上的毛发；其二，我用铁锥穿起肉来烤，反复翻动，却没有发现毛发；其三，肉被烤得赤红，最后被烤熟，可肉上的毛发却不焦。

晋文公听后，猛然醒悟，后来发现是有人陷害厨子。厨子运用的就是反证反驳：如果肉上的毛发是我弄上去的，肉被锋利的刀切断，肉上的毛发也应该被锋利的刀切断；肉被赤红的火烤熟，肉上的毛发也应该被赤红的火烤焦。实际情况却是肉被锋利的刀切断，肉上的毛发却没有被锋利的刀切断；肉被赤红的火烤熟，肉上的毛发却没有被赤红的火烤焦。这就委婉地告诉晋文公，毛发不是自己弄上去的，自己是无罪的。

（五）两难反驳

两难反驳是指辩论的过程中，反驳的一方提出有两种可能的假言和选言判断，又由这两种可能引申出使对方难以接受的两种可能的结论，而这两种结论非此即彼，在逻辑上不允许存在第三种结论，使对方陷于进退维谷的困境。例如，隋文帝这样驳斥风水之说：

我家墓地，若云不吉，我当不贵为天子（当时隋文帝已是皇帝）；若云吉，我弟不当死（当时隋文帝的弟弟已战死沙场）。

按照风水之说，如果隋文帝家的墓地不吉祥，那么隋文帝就当不了皇帝，可是隋文帝当上了皇帝；如果隋文帝家的墓地吉祥，那么隋文帝的弟弟就不应该战死，可是隋文帝的弟弟已经战死。由此可见，风水之说是站不住脚的。

四、论证的技巧

辩论，首先要证明自己的主张、观点、立场、态度的正确性，使之无懈可击，这是辩论获胜的先决条件。辩论中的证明是十分复杂的，关键是论点的选择。论点的包容量要适中，太大证明不了，太小则无法展开。同时，论点要严密，既要符合客观实际，又要有一定的理论深度，切忌露出破绽。论据要充分，尽可能把论点所能包容的各个方面的材料都收集到，既有正面的，又有反面的；既有事实论据，又有理论论据。同时，论据要有力、典型、生动、有针对性、真实可靠，否则就容易被对方攻破。然而对于论证来说，除了要有逻辑性以外，还必须掌握以下技巧。

（一）自问自答

顾名思义，“自问自答”实际上就是自己向自己提问，自己做出回答，与反诘提问的不同之处在于，自问自答只是为了突出观点或加强论述的震撼力而采取的一种方法，常用于陈词、论述的开场白之中。例如辩题为“温饱是谈道德的必要条件”的陈词：

判断是非好坏的基础到底是什么，归根到底是它是否符合人的需要。我问对方同学，人要生存最基本的需要是什么？就是温饱；我再问对方同学，在温饱都达不到的时候，我们还要不要道德？当然不要。这就是说，温饱是谈道德的必要条件。

剑桥大学一辩的陈词就是由一连串的问题与相应的回答组成的，被评委称赞为气贯长虹。

（二）请君入瓮

请君入瓮即设置陷阱、诱敌深入的战术。己方通过诱导对方，使对方深入到预先设置的陷阱里，然后四面出击，穷追猛打，将对方置于死地。例如，从前，有个叫子车的人死了之后，其妻和管家商定，要用活人给他陪葬。子车的弟弟子亢得知此事，便规劝道：“活人陪葬，不合礼义，还是不这样吧！”他嫂子和管家不同意，说：“你哥死了，在阴间没人服侍，所以才用活人陪葬。”听了这话，子亢说：“嫂子和管家虑事周到，用心良苦，既然要这样做，那也好！不过，与其让别人去陪哥哥，倒不如叫嫂子和管家做陪葬的好，因为你们服侍他总比别人更加尽心尽职！”

子亢劝嫂子不要用活人为子车陪葬使用的就是请君入瓮法。既然死人要活人陪葬服侍，那么请嫂子和管家陪葬比别人更好。其嫂子和管家一听，无言以对，只好作罢。

（三）揭露矛盾

如果对方论证中存在矛盾，应该直接予以揭露。当命题本身包含着逻辑矛盾时称之为“悖论”。例如，有人对爱迪生说，他发明了一种万能溶液，可以溶解任何东西。爱迪生问他：“那么，用什么容器盛这种溶液呢？”

这其实就是以子之矛，攻子之盾。如果此人发明的溶液真像他所声称的那样能溶解一切东西，那么就没有容器能盛放这种溶液。

（四）以牙还牙

以牙还牙是指借助对方的话去攻击对方，以其人之道还治其人之身的论辩方法。这种方法刚劲有力，使论敌有口难言，无以应对。例如，苏联诗人马雅可夫斯基非常善于运用这种方法来反驳一些无赖之徒。他妙语连珠，辩论的语言蕴含着无可辩驳的力量。一次，马雅可夫斯基演讲刚完，一个胖子挤到讲台边嚷道："我应该提醒你，马雅可夫斯基同志，拿破仑有一句名言：'从伟大到可笑，只有一步之差。'"马雅可夫斯基一边用手指指自己，一边用手又指指那个胖子说："不错。从伟大到可笑，正是一步之差。"

那胖子的话意是，马雅可夫斯基的演讲有些可笑或者近似可笑。马雅可夫斯基面对这个无礼之徒，借用他的话，非常巧妙地向他反击：可笑的正是与我只有一步之差的你！这是借用对方的语言还击对方。

（五）顺水推舟

顺水推舟是指论辩者面对论敌的攻击，巧妙地利用对方的论据，使话题朝着有利于自己的方向发展，从而证明己方观点的论辩方法。例如辩题为"愚公应该移山还是应该搬家"的论辩：

反方：我们要请教对方辩友，愚公搬家解决了困难，保护了资源，节省了人力、财力，这究竟有什么不应该？

正方：愚公搬家不失为一种解决问题的好办法，可愚公所住的地方连门都难出去，家又怎么搬？……可见，搬家姑且可以考虑，也得在移完山之后再搬呀！

反方就事论事，论据充分，根基扎实。正方先顺势肯定"搬家不失为一种解决问题的好办法"，接着指出"愚公所住的地方连门都难出去"这一客观条件，自然而然地导出"家又怎么搬"的诘问，最后水到渠成，得出"先移山，后搬家"的结论，还击得相当精彩。

（六）直击漏洞

直击漏洞是在论辩中抓住对方语言中的漏洞或失误，当机立断进行反击，给对方当头一棒，使对方无可辩驳的论辩方法。漏洞或失误包括语言上的破绽。所谓语言上的破绽，是指口误、语无伦次、前言不搭后语等在语言表达上的漏洞，这种破绽浅显易见，但其出现带有很大的随机性，难以预料，因此需要辩手反应机敏并及时回击。例如辩题为"严厉惩处是纠正腐败现象的最好手段"的辩论：

青岛队：严厉惩处是必要的，这一点你们已经承认。但是，这并不是最好的手段，最好的手段是综合治理，也就是我们刚才举过的例子，综合治理恰似你们每个人的拳头，而严厉惩处只是其中一个指头。是一个拳头打人有力，还是一根指头打人有力？

成才队：请问一个拳头打人和一根指头打人有什么区别？

青岛队：这里我想请对方辩友自己来比较一下。

青岛队抓住对方的口误，及时给予回击。

"漏洞或失误"也包括逻辑上的漏洞。所谓逻辑上的漏洞，是指自相矛盾，因果关系、假设关系的错误，以及多个辩手配合中的逻辑混乱。这种漏洞出现时，给予及时反击，能给对方的论证以极大的杀伤力。例如辩题为“艾滋病是医学问题，不是社会问题”的辩论：

正方：我倒要问对方同学，如果我们发明了一种可以控制艾滋病的疫苗，那会有什么社会问题，请你说明。

反方：用一个如果的话，整个巴黎都可以装在一个瓶子里，如果人类不存在，艾滋病还有没有呢？

这是一个比较典型的抓逻辑漏洞的例子。辩论需要有说服人的理由，一般来说不用假设，正方没有意识到这一点，运用假设来论证己方观点。反方运用归谬法，将逻辑推到了极端，对方论证的荒谬便不言而喻。

（七）移花接木

移花接木是在论辩中剔除对方论据中有缺陷的部分，换上对己方有利的观点或材料，从而驳斥对方论点，证明己方观点的论辩方法。这种方法具有难度较大、对抗性很高、说服力极强的特点，往往可以收到“四两拨千斤”的奇效。这种方法在论辩理论中属于强攻，要求辩手勇于接招，敢于反击。例如辩题为“治愚比治贫更重要”的辩论：

正方：对方辩友以迫切性来衡量重要性，那我倒要告诉您，我现在肚子饿得很，十万火急地需要食物来充饥，但我还是要辩下去，因为我意识到辩论比充饥更重要。

反方：对方辩友，我认为“有饭不吃”和“无饭可吃”是两码事。比如我，我也在节食，但是我觉得我并不贫哪！

正方以“有饭不吃”来论证贫困不足以畏惧和治愚的相对重要性，反方立即从己方观点中归纳出“无饭可吃”的旨要，鲜明地比较出了两者本质上的天差地别，有效地扼制了对方偷换概念的倾向。

（八）反证法

反证法是通过证明与自己的论题相矛盾的反论题是错误的，从而明确自己的论题是正确的论辩方法。例如：

有一天，一个水手准备出海，他的一位朋友问他：“你的祖父死在哪里？”

“死在海里。”水手回答。

“那你的父亲呢？”

“也死在海洋的风暴中。”

“天哪！”朋友大声说：“你为什么还要当水手去远航呢？”

水手淡淡一笑。然后问他：“你祖父死在哪里？”

“死在床上。”朋友回答。

“那你的父亲呢？”

“也死在床上。”

“朋友，”水手说，“你为什么还要睡在床上呢？”

这位水手在这里故意混淆了概念。“死在海里”的确切含义是因为大海的危险，而在海里丧生；而“死在床上”的含义仅仅是死的时候躺在床上。这二者之间的含义有着本质的区别，而水手故意混淆，通过论证与自己观点相矛盾的反命题的错误，来确定自己的观点的正确。

第四节　论辩演讲实录

在雅典法庭上

【背景】

公元前399年，雅典举行了一场轰动一时的审判。被告人是古希腊伟大的哲学家和思想家苏格拉底，他劝导人们虚心求知，同时也毫不客气地批评当时社会的弊病和达官贵人的腐化堕落，为此，他得罪了雅典的上层社会。

雅典公民墨勒图斯等三人对苏格拉底提出起诉，指控他危害社会。罪状有二：一是信奉异端邪说，二是腐蚀青年人的心灵。雅典公众组织为此组织了500人的庞大陪审团来审判此案。当时，苏格拉底已是70岁高龄，他完全有机会离开雅典从而保全自己。但他认为，那是可耻的，他必须为自己辩护。原告在起诉书中对苏格拉底进行了指责。苏格拉底指出，这种指责纯属“谎言”“几乎没有一句符合事实”。

【论辩过程】

苏格拉底问墨勒图斯：“你认为应尽量给予我们的青年人以好的影响，这是最主要的事，是吗？”

“是的。”

“那么，请告诉这些尊敬的陪审员，谁给予了青年们比较好的影响？”

墨勒图斯犹豫片刻：“是……法律。”

苏格拉底要他说出具体的人名。

“就是这些尊敬的陪审员，苏格拉底。”

苏格拉底追问道：“这一回答是对陪审团所有成员都适用呢，还是只对部分成员适用?”

“对所有陪审团成员都适用。”

“好极了！多么大方的回答。”苏格拉底接着追问，“现在在法庭上的这些旁观者是否也对青年们有好的影响?”

“对，他们对青年人也有好的影响。”

“500人会议成员呢？他们是否也对青年们有好的影响?”

“对，500人会议成员也对青年们有好的影响。”

“墨勒图斯，公民大会成员肯定不会腐蚀青年人吧？他们也都对青年人施加好影响吧?”

“当然也对青年人有好的影响。”

“那么，看来除我之外，所有雅典人都在使青年人变好，只有我在使他们道德败坏。你的意思是这样吧?”

“非常正确。”墨勒图斯回答。

全社会只有一个人对青年有害，其余的人竟都对青年有益，这显然是荒谬的。在苏格拉底的紧逼下，墨勒图斯暴露了自己的不诚实。苏格拉底讽刺道：“至少，墨勒图斯从来没有关心过青年人的问题。因为即使是关于马，人们也知道只有少数人（如驯马师）对之有益，而大多数人对马有害（因为他们只会骑马)。”苏格拉底又向墨勒图斯发问：“是不是坏人会对经常接触他的人产生坏的影响，好人则会对经常接触他的人产生好的影响?”

“当然没有。”

“那么，当你说我诱惑青年人，败坏了他们的品质……。你认为我是有意这样做的，还是无意这样做的?”

“我认为你是有意的。”

墨勒图斯又一次上钩。苏格拉底义正词严地责问他：“墨勒图斯，你以为我老糊涂了吗？你已经指出，坏人总是对最接近他们的人有坏的影响，好人总是对最接近他们的人有好的影响。我总不至于愚蠢到有意去犯如此严重的罪行的地步。我不相信我会这么蠢，我想任何人也不会相信的。我说没有对青年人施加坏影响，也不会有意伤害他们，所以你对我在这两方面的指控都不属实。如果我无意中对青年人产生了坏的影响，对这种无意的犯罪，正确的法律程序不是把犯罪者召到法庭，而是私下对他们进行教育的斥责……。要知道，法庭是为惩罚而设立的，而不是为教化设立的。”

在苏格拉底的质问下，墨勒图斯进退两难，非常尴尬。此时，苏格拉底仿佛有意给他个台阶：“你在起诉书中说得很清楚，说我教唆青年人相信新的神而不信国家所供奉的神；正是这种教唆造成了腐蚀青年的不良后果吧？”

墨勒图斯如获救命稻草：“这正是我的意思。”

“那么，墨勒图斯，以我们共同信奉的神起誓，请你再向我和陪审团把你的意思说得稍清楚一点儿，因为我不清楚你的观点究竟是什么。”

“我认为你根本不信神。”

“你的回答真让我吃惊，墨勒图斯，你这么说的目的是什么呢？奉太阳和月亮为神是人类的共同信仰，你是否认为我连日神和月神都不相信呢？”

“尊敬的陪审员们，他当然不信，因为他说太阳是石头，月亮是一团土。”

“你是不是在告发阿那克萨哥拉呀？”苏格拉底不无嘲笑地说，“可爱的墨勒图斯，你也太轻视这些陪审员了吧！难道你以为他们如此孤陋寡闻，以至于不知道克拉佐墨奈的阿那克萨哥拉的著作中充斥了这些理论吗？……。老实告诉我，墨勒图斯，这就是你对我的看法吗？我真的根本不信神吗？”

“对，你根本不信神。”

“你根本证明不了我有罪……。墨勒图斯，世界上有这样的人吗，他只相信人类的活动，而不相信人类的存在？……。我再问，会有这样的人吗，他不相信有马，却相信马的活动？或者他不相信有音乐家，却相信作曲和演奏？显然没有这样的人，尊贵的朋友。如果你不想回答，我可以为你，也为这些尊敬的陪审员做出回答。但下一个问题必须由你来回答：会有这样的人吗，他相信神奇的活动而不相信神奇的存在物？”

在苏格拉底咄咄逼人的攻势下，墨勒图斯木然回答：“没有这样的人。”

苏格拉底：“在法庭的强制下你做出了一个多么简明的回答！好，那么你不是断言我相信并教唆他人也相信神奇的活动吗？……在你的证词中你就是这样郑重宣称的。但如果我相信神奇的活动，我必定也会相信神奇的存在物。难道不是这样吗？既然你不回答，我就认为你默认了。我们不是认为神奇的存在物就是神的后裔吗？这么说你同意吗？”

墨勒图斯：“当然同意。”

苏格拉底：“那么，如果你断言我相信神奇的存在物，如果这些神奇的存在物就是神，我们将得出这样的结论，即首先说我不信神，然后又说我信神，因为我相信神奇的存在物。另外，如果像人们通常所说的那样，这些神奇的存在物是众神与山林水泽的仙女们或其他母亲们的私生子，世界上有谁会只相信神的子女而不相信神本身呢？这就会像只相信有马驹或驴驹而不相信有马或驴一样可笑。那么，墨勒图斯，不可避免的结论是，或者是作为对我的智力测验，或者是再也找不到可指控我的真正罪名，你才对我提出这样的控告。你说我相信神奇的和神的活动而不相信神奇的存在物和神的存在，你想以这个极为愚蠢的理由来说服任何稍有理智的人，是绝对不可能的。”

墨勒图斯哑口无言。

苏格拉底说：“尊敬的陪审员们，事实上，我感到无须就墨勒图斯的控告再为自己辩护了，以上所做的辩护已足够充分了。你们很清楚这样一个事实，这我在前面的辩护中已经说到过，即我招致了大量的敌对情绪。如果说有什么东西能毁灭我的话，既不是墨勒图斯，也不是安尼图斯，而是众人的诽谤和妒忌，正是这种敌对情绪能导致我的毁灭。诽谤和妒忌已经给很多无辜的人带来了不幸，我想，这种情况还会继续下去，我不会是最后一个受害者。”

苏格拉底宣称：“一个人只要找到了他在生活中的位置，无论这是出于对自己有利还是出于服从命令，我相信为了荣誉，他会正视危险，不惜付出生命和一切。”

然而，陪审团表决的结果却是，苏格拉底有罪，判处死刑。

【评析】

苏格拉底是哲学家，他的法庭论辩充满了哲学思辨的色彩。

对于判罪，对于死，他毫不畏惧，大义凛然。面对各种指控，苏格拉底进行了反驳，手法高明，具有极强的逻辑性和说服力，在论辩方法和语言上也有独到之处。有罪和无罪这两个概念是抽象的，只有先从具体事实出发，才能得出具体的结论。于是苏格拉底首先弄清控告自己的究竟是何罪名，这样反驳就有了明确的目标。然后在反驳对手的指控时，他不急于从指控本身入手，而是先从浅显的、人人皆知的道理入手，并用人们熟悉的事物来类比引喻，使得论辩说理生动鲜明。在与墨勒图斯对辩时，苏格拉底往往从一些双方可共同接受的前提出发，逐层分析，不断让对方得出必然如此的结论，最后概括归纳出对方立场的不一致和荒谬之处，使对方在大庭广众面前理屈词穷、窘态百出。苏格拉底的这种诱导术，在后来的法庭辩论中常为人们所采用。苏格拉底在雅典法庭上的精彩论辩，为他光辉的一生画上了一个完美的句号。他独具风格的法庭辩护，意义重大，影响深远。

冯玉祥怒斥洋人

名篇演示

【背景】

爱国将领冯玉祥任陕西督军时，有一次，他得知外国人安德思和高士林私自闯入终南山打猎，捕获两头珍贵的野牛。冯将军马上把他们召到西安问罪。

【论辩过程】

冯玉祥将军责问："你们到终南山打猎，曾和谁打过招呼？领到许可证没有？"

这两个外国人耸耸肩，狡辩说："我们打的是无主野牛，所以用不着通知任何人。"

冯将军一听非常气愤，严厉地说："终南山是陕西的辖地，野牛是中国领土内的东西，怎么会是无主的呢？你们不经批准私自打猎，就是犯法行为。"

这两个外国人振振有词地说："我们这次到陕西，贵国外交部发给的护照上不是写着准许携带猎枪吗？可见我们行猎已得到贵国政府的准许，怎么是私自行猎呢？"

冯将军马上反问："准许你们携带猎枪，就是准许你们任意行猎吗？若是准许你们携带手枪，难道你们就可以在中国境内随意杀人吗？"

两个外国人还继续狡辩："我在中国15年，所到的地方从来没有不准打猎的，再说，中国的法律也没有不准外国人在境内打猎的条文。"

冯将军又据理驳斥："中国法律上难道有准许外国人打猎的条文吗？你15年没有遇到官府的禁止，那是他们睡着了。现在我身为陕西的地方官，我却没有睡着。我负有国家和人民交托的保土卫权之责，我就非禁止不可！"

【评析】

在这场针锋相对，事关祖国权益、民族尊严的论辩中，冯玉祥将军先发制人，一开始就通过质问亮出自己的观点：不经中国政府允许，私自行猎是错误的。外国人对冯将军的斥责进行了三次反驳，但每一次都被冯将军义正词严地驳回。

第一次他们提出打的是无主野牛，用不着通知任何人。冯将军立刻抓住“无主”二字，指出野牛是中国领土内的动物，主人就是中国，不能说是无主。

第二次他们提出护照上写着准许携带猎枪，等于准许打猎。冯将军用类比的方法反诘，若是准许携带手枪，难道就准许杀人吗？

第三次他们提出中国法律没有不准外国人在境内打猎的条文，等于准许他们打猎。冯将军紧紧抓住他们推理上的错误，据理驳斥中国也没有准许外国人在境内打猎的条文！

冯将军机智灵敏、言辞犀利，针对对方的强词夺理，以牙还牙，终于驳倒了对方的无理狡辩，伸张了正义，维护了国家权益和民族尊严。

演练场

1. 试述论辩演讲的定义。

2. 与其他演讲相比，论辩演讲有哪些特点？

3. 论辩演讲过程中，需要把握哪些技巧？

4. 在与他人论辩时，如何有效地发起提问？

5. 面对咄咄逼人的语言攻势，如何有效地进行防卫？

6. 生活中，我们经常会对一些事情展开论辩，谈谈你印象深刻的一次论辩。

7. 下列辩论题目，假设你是正方或反方，准备怎样组队参赛？

（1）逆境出人才。

（2）知足常乐。

（3）失败是好事。

（4）广告不可信。

（5）只有“埋头”才能“出头”。

8. 以4人为一组，各自设计一方（正方或反方）一、二、三、四辩的辩词提纲，然后组内交流评析。各组推荐出优秀的辩词提纲，然后正、反方成对地在班里交流、评析。

第六章 求职口才

> 不要怕推销自己，只要你认为自己有才华，你就应该认为自己有资格担任这个或那个职务。
>
> ——戴尔·卡耐基

随着我国经济建设的发展和人事制度改革的深化，人才选拔对科学性和公平性提出了更高的要求。一方面，用人单位希望通过有效的人事选拔方式，将年轻有为的人才补充到自己的队伍中来；另一方面，应聘者也希望通过公平的竞争机制充分展示自己的才华，找到称心如意的工作。在这样的背景下，求职面试成为人才选拔过程中的重要手段，而口才是求职者在求职面试过程中脱颖而出的制胜法宝。本章着重介绍求职面试的定义，口才在求职面试中的作用，求职面试常见问题分析，以及求职面试的表达技巧。

第一节 求职面试与口才

口才故事

一、求职面试的定义

求职面试是一种经过用人单位精心设计，在特定场景下，通过用人单位主考官与求职者之间面对面的交流，对求职者的知识、能力和经验等进行测评，从而最终确定职位人选的活动。

首先，求职面试具有相对的单向性。就业本身是双向选择的过程，但作为就业过程中重要一环的求职面试，具有相对的单向性。说它是单向的，是因为在求职面试中，处于主动地位的一方是用人单位，而求职者往往处于被动地位。用人单位主考官提出问题，求职者需要针对问题做出相应的回答；求职者最终受聘与否，决定权在用人单位。说它有相对的单向性，是因为求职者在面试之前，主动挑选了用人单位，体现了就业的双向选择性。

其次，求职面试具有明显的现场性。求职面试的过程也是现场表演的过程，求职者需要在有限的时间内，通过与用人单位主考官之间的问答，充分展示自己的才华和长处，成功与否，得看有限时间内自己的“表演”如何。有些人自身的能力和素质都不错，由于没有表现好，失败了；有些人自身的能力和素质稍差，由于临场发挥得很好，胜出了。

再次，求职面试具有潜在的竞争性。求职面试是一场没有硝烟的战争，求职者逐一进行面试，表面上波澜不惊，实则暗藏激流险滩。求职面试，本身就是一个优胜劣汰、优中选优的过程，正所谓个个都是“武林高手”。求职者如果自以为是，不重视面试过程，最终只能感叹“山外有山，人外有人”。随着就业压力的增大，一些职位竞争激烈，百里、千里，甚至万里挑一的情况也屡见不鲜，竞争的残酷性由此可见一斑。

二、口才在求职面试中的作用

南京工业大学外国语言与国际交流学院就 2005 年高校毕业生就业情况进行了一次调查，其中一个问题是“如今的劳动力市场和用人单位最关心毕业生的哪些条件”。根据列举的 12 种素质要求，调查人员随机采访了 98 家用人单位的人事部门负责人。结果显示，排在前五位的分别为：表达能力（97.41%）、个人实际能力（97.03%）、社会实践经验（85.93%）、专业方向（83.33%）、其他道德水准（78.52%）。个人学习成绩仅名列第八。

部分深圳媒体记者也就此问题专门展开了一次随机抽样的问卷调查，调查对象为在深圳市人才大市场的求职者，问卷重点提问：“根据你自己的求职经历，你认为求职的成败与交际和口才能力有没有关系?”统计数据显示，认为“很有关系”的占 60.7%，回答“有一点关系”的占 37.1%，而认为“关系不大”和“一点关系也没有”的仅占 2.2%。

这两次调查传递了同一个重要信息，在新形势下，用人单位普遍青睐综合素质高、实践能力强的毕业生，道德素质也被高度重视，高学历已不再那么诱人。尤其值得关注的是，“表达能力”位居榜首，这意味着与学历和工作经历相比，交际和口才因素在求职过程中发挥着更重要的作用。求职者如果不能成功地与主考官进行沟通，在人潮汹涌的求职市场，要想得到用人单位的赏识，不是一件容易的事。因此，求职口才在求职面试中发挥着极为重要的作用。

第二节　求职面试常见问题分析

一、自我介绍

求职面试通常是以自我介绍作为开端。很多人错误地认为，自我介绍只是形式，走走过场，不必给予足够的重视。其实，自我介绍给人的是第一印象，在面试过程中，主考官可能戴上有色眼镜来对求职者做出判断。求职者在回答这类问题时，心中应该牢记如下要点。

（1）开门见山，简明扼要，不要超过3分钟。

（2）实事求是，不可吹得天花乱坠。

（3）突出长处，但也不隐瞒短处。

（4）所突出的长处要与申请的职位有关。

（5）善于用具体生动的实例来证明自己，说明问题，不要泛泛而谈。

（6）介绍完之后，要询问主考官是否还想了解自己其他方面的情况。

问题示例一：**请谈谈你自己。**

错误回答示例：我叫吴××，来自山东，毕业于湖北大学，我学的专业是汉语言文学专业。我性格比较乐观、外向，喜欢体育运动，经常踢足球。我还热爱文学，喜欢阅读。我还喜欢旅游，目前到过全国一些主要城市。我为人诚实，乐于结交朋友。

名篇演示

评价：这种回答显得很随意，像拉家常，泛泛而论，既没有突出重点，也没有把自己的情况与正在申请的职位联系起来。

正确回答示例：我叫王××，毕业于华中师范大学汉语言文学专业。我热爱文学，喜欢阅读，在校期间是校报的记者，目前发表有各类文学作品近30篇。我觉得这对我申请编辑的职位有很大的帮助。我还喜欢参加各种社团活动，因为能够锻炼我的能力，增长我的见闻。不知您是否还对我别的方面感兴趣？

评价：这种回答效果很好，既介绍了自己的部分情况，又强调了自己的专业、文学爱好、发表作品与申请职位的关系。最后还礼貌地询问对方是否想了解其他方面的情况。

类似的问题还有：

（1）请谈谈你自己的一些情况。

（2）你的好朋友怎样形容你？

（3）你觉得你自己的性格怎么样？

有些人虽然在求职面试前做了些准备工作，但死记硬背台词，甚至有些人对主考官介绍道："我叫吴××，男，毕业于……" 难道主考官分辨不出男女？自我介绍绝非形式化的走过场，求职者应在自我介绍上下足功夫。《西厢记》中张生与红娘会见，张生的自我介绍就非常值得求职者学习：

小生姓张，名珙，字君瑞，本贯西洛人也。年方二十三岁，正月十七日子时建生，并不曾娶妻。

从社交礼仪来说，初次见面，连婚姻状况都和盘托出，张生的自我介绍似乎有些唐突，所以遭到红娘的取笑："谁问你来？"但也正是这样一段自我介绍，使一个憨厚又多情的书生形象跃然纸上。张生的自我介绍可谓煞费苦心，他太想和崔小姐牵手了，希望借红娘之口，让小姐了解到自己没有娶妻的事实。

二、兴趣爱好

"萝卜白菜，各有所爱"，每个人都会有自己的兴趣爱好，甚至会有些兴趣爱好与众不同。求职面试中，主考官通过询问求职者的兴趣爱好，可以获取一些有助于判断求职者是否适合当前职位的信息。个人的兴趣爱好其实主要体现在业余活动和业余爱好上。在回答问题时，应尽可能如实地反映自己的兴趣爱好。以下是一些常见的兴趣爱好与申请职位之间的联系。

（1）喜欢篮球、足球、排球：具有团队精神，适于大多数职位。

（2）喜欢下围棋、国际象棋：具有战略意识，适于市场类或者高端职位。

（3）喜欢阅读，爱好古典音乐：情趣高雅，适于文职类职位。

（4）喜欢旅游：具有适应不同环境的能力和快速学习的能力，适于销售业务类职位，特别是某些需要经常出差的职位。

（5）喜欢跆拳道：有坚强的意志，适于管理类、市场类职位。

（6）喜欢演讲、辩论：沟通能力强，适于市场类、销售业务类职位。

（7）喜欢舞蹈：性格外向，易于沟通，适于公关类、市场类职位。

问题示例二：**请问你有哪些方面的兴趣爱好？**

错误回答示例：我的兴趣很广泛，几乎什么都喜欢。

评价：这种回答等于没有回答，既不具体，也不能给主考官提供任何有用信息。

正确回答示例：我喜欢打篮球，从中学开始，我就一直是校篮球队队员。在大学二年级的时候，我们还代表学校参加过省级篮球比赛，获得了第二名的好成绩。因为经常打篮球，我的身体也非常健康。

评价：这种回答非常详细、具体。主考官也从回答中获得了一些有用信息，如长期和队员合作，具有团队精神；获得过较好的名次，篮球技能不错；身体健康。曾经有个小伙子在求职时，因为自己成绩等各方面都比较平庸，有些灰心丧气。就在他转身欲放弃的时候，主考官将他叫住，指着简历上"兴趣爱好"一栏问他："你喜欢打篮球？打得怎样？"小伙子如实回答："我从小就喜欢打篮球，从初中到大学，一直在校队。"结果小伙子意外地被录用了。事后才知道，公司所在的系统每年都要举行篮球友谊赛，单位领导都很重视这一比赛，要求新进员工会打篮球。

类似的问题还有：

（1）你现在最感兴趣的是什么？

（2）你对设计有兴趣吗？

（3）你觉得你的兴趣爱好与现在要申请的职位有什么样的联系？

（4）你有什么与别人不大相同的兴趣爱好？

三、优点缺点

人无完人，每个人都有自己的优点和缺点。要求求职者回答自身的优点和缺点，这是面试中最常见也最棘手的问题。回答此类问题时，应尽可能突出自己的长处，但切忌急于推销自己，无限夸大，给人吹嘘的感觉。在无法回避弱点的情况下，应该反思弱点给自己带来的启示或者说明给自己的长处所带来的互补作用。在回答优点时，应当首先强调自己的适应能力或已具有的技能。如"学习能力、适应能力很强""人际关系很好"等都是可以提出的优点。在对自己的缺点进行评价时，最好的答案就是那些就工作而言可以成为优点的弱点。例如，"我一专心工作就无法停止，一直到完成而且令人满意为止。"借此，求职者告诉主考官，自己不完成目标绝不罢手，而且为自己的工作感到骄傲。对于别人认为的缺点，求职者觉得有些牵强时，可以做出说明："朋友们认为我有些浮躁，我不知道这样的批评是否正确，但我的确希望自己以后能再稳重一点，多听听别人的建议。任何长处到了极限也会成为短处。比方说，我能和别人合作得很好，这无疑是个优点。但我特别需要别人的帮助，不善于单独工作，现在我意识到了这个缺点，并努力克服。我可以高兴地告诉您，我已经在这些方面取得了一些进步。"

问题示例三：**你最大的长处和弱点分别是什么？这些长处和弱点对你在企业的业绩会有怎样的影响？**

错误回答示例：从长处来说，我实在找不出什么突出的方面，我认为我的技能是非常广泛的。至于弱点，我想，如果某个项目时间拖得太久，我可能会感到厌倦。

评价：这种回答的最大问题在于，求职者实际上是拒绝回答问题的第一部分。对第二部分的回答，暗示了求职者可能缺乏热情。另外，基于对这一问题的回答，求职者对后面的问题很难再做出令人满意的回答。

正确回答示例：我认为我最大的长处是拥有一个较为理性的头脑，能够从混乱中整理出头绪来。我最大的弱点是，对那些没有秩序感的人，可能缺乏足够的耐心。我相信我的组织才能可以帮助企业更快地实现目标，而且有时我处理复杂问题的能力能对我的同事产生积极的影响。

评价：这个回答起到了“一箭三雕”的作用。首先，它确实表明了求职者的最大长处。其次，它所表达的弱点实际上很容易被理解为长处。再次，它指出了这个求职者的长处和弱点对企业和其他员工的好处。

类似的问题还有：

（1）你如何评价自己的优缺点？

（2）你的朋友认为你有些什么样的弱点？

（3）请谈谈你的优点。

（4）你认为自己最大的缺点是什么？

四、学习成绩

对于毕业生而言，学业成绩当然很重要。学习成绩是衡量一个学生在校期间学习状况和学习结果的重要依据，也是毕业生求职面试的基本条件之一。当然，随着社会的发展，越来越多的用人单位不再把成绩当作录用求职者的唯一标准，而是更加注重学生各方面的能力。

问题示例四：**你的学习成绩如何？**

错误回答示例：我的成绩素来在班上是名列前茅的，在班上我担任学习委员，并且每年都因成绩优秀而获得奖学金。我对自己的成绩是最有信心的。

评价：也许成绩好是事实，但成绩并不能决定一切。求职者急于炫耀自己的成绩，言谈之间表现出骄傲之心的做法并不可取。

正确回答示例：我的学习成绩一般。但我在学校里除了学习课堂知识外，还比较喜欢扩充其他方面的知识，阅读了不少文学类的作品。另外，由于我自己喜欢计算机，平时对这方面的书关注也比较多。

评价：因为毕业生求职材料中有一份学校出具的成绩证明材料，这是客观的，所以当求职者被问及成绩时应该如实回答。如果成绩优秀，应该用平和的口气，实事求是地介绍，绝不可自我炫耀，让人觉得轻浮；如果成绩不好，则应说明理由，或者哪门课程不好，隐瞒或欺骗只会暴露自己的不良品行。总之，求职者应表现出认真的学习态度，对成绩又看得比较客观。这样即使求职者的成绩不太理想，主考官的反应也不会太强烈。

类似的问题还有：

（1）你为什么选择现在的学校和专业？

（2）你的成绩并不好，叫我如何有信心录用你呢？

（3）你觉得你的专业和现在要申请的职位对口吗？

（4）你如何看待成绩和能力之间的关系问题？

五、工作能力

工作能力是用人单位非常关注的问题。这是一个相当宽泛的问题，它为求职者提供了一个很好的机会，可以让求职者充分地展示自己所具备的能力和工作热情。对于此类问题的回答，求职者必须提供足够多的信息，供主考官判断求职者是否适合目前所申请的职位。

问题示例五：**你为什么觉得自己能够在这个职位上取得成就？**

错误回答示例：我不知道。我擅长做很多事情。如果我能得到并且决定接受这份工作，我确信自己可以把它做得相当好，因为我过去一直都很成功。

评价：尽管表面听起来这种回答可以接受，但是它在几个方面都有欠缺。首先，这种语言很苍白无力。像“擅长做很多事情”以及“相当好”之类的话，都无法反映你的进取心，而如果不能表现出足够的进取心，求职者就很难进入最好的企业。另外，将过去做过的所有事情同这个职位联系起来，意味着求职者对这一特定职位没有足够的成就欲望和真正的热情。

正确回答示例：从我的经历来看，这是我的职业生涯中最适合我的一份工作。几年来，我一直在研究这个领域并且关注贵公司，一直希望能有这样的面试机会。我拥有必备的技能（简单讲述一个故事来加以说明），我非常适合这一职位，也确实能做好这份工作。

评价：这是一个很有说服力的回答，因为它可以告诉主考官，这个求职者拥有足够的技能和知识来完成这项工作。所讲的故事表明了求职者的技能，也验证了他最初的陈述。最后，求职者表示了“做好这份工作”的愿望，这证明了他具备对这份工作的热情和进取心。

类似的问题还有：

（1）你有能力胜任应聘的职位吗？

（2）依你现在的水平，恐怕能找到比我们更好的公司吧？

（3）来面试的有 10 位候选人，如何证明你是最优秀的？

（4）从简历来看，你对销售很精通，不妨谈些你的看法。

六、工作经验

越来越多的用人单位重视求职者的实践能力，有相关工作经验的求职者往往在求职面试中容易胜出。对于毕业生而言，在学校期间，多多少少会参与和接触过一些学生社团组织的活动，有些学生进行过勤工俭学或社会调查之类的活动，还有一些学生则可能在商场、酒店或者企业等部门从事过一些具体的实际工作。求职者在回答问题时，应当尽可能地把自己的工作经验和工作感受告诉主考官。

问题示例六：**你曾经参加过哪些竞争活动？这些活动值得吗？**

错误回答示例：从本质上说，我是一个竞争性很强的人。我认为，在所有做过的事情中，我实际上都采取了一种竞争性的态度。毕竟，只有这样才能在竞争激烈的社会里生存。

评价：这样的求职者阅读了太多关于鲨鱼和汉斯之类的故事，他这样回答，让人感觉在社会里不是你死就是我活。尽管现代社会客观地存在着各种竞争，但是很多人憎恨别人把自己看成凶猛的梭子鱼。一味地强调竞争，而忽视合作，留给主考官的印象并不好。

正确回答示例：我喜欢小组运动，我一直都尽我所能参加这些活动。我过去经常打篮球，现在有时候也打。同小组一起工作，为实现共同目标而努力，在竞争中争取胜利……，这些事情确实非常令人兴奋。

评价：这种回答表明，求职者能够正确看待竞争。这意味着求职者能够利用自身力量在竞争中取胜，同时并不否认他人的力量和贡献。

类似的问题还有：

（1）你有什么社会实践经验？

（2）请你谈一下和本工作有关的工作经验。

（3）你如何看待自己缺少工作经验这个问题？

（4）你在学校期间参加过哪些社团活动？有怎样的收获？

七、工作态度

工作态度也是用人单位非常关注的一个方面。我们做一件事情的时候，成功与否通常取决于是否有积极主动的工作态度。因此，工作态度往往决定着一切。积极主动的工作态度表现在工作上就是具有强烈的责任感，具有爱岗敬业精神，具有良好的职业道德，能认真地对待自己的工作，做到干一行，爱一行，专一行。任何用人单位都喜欢这样的员工。回答此类问题，一定要将积极主动作为第一准则。

对待工作要有责任心。没有责任心，说要做好任何事情都是空谈。现在有一些员工存在这样一种想法，老板在的时候工作卖力一点，老板一走就偷奸耍滑。这是用人单位最不喜欢的一种工作态度，对工作完全没有责任心。求职者在面试过程中，一定要表现出自己的责任心来。另外，认真、细心永远是做好工作的法宝。所以，用人单位永远希望自己的员工在工作中能做到认真、细心。求职者在回答问题时应在这方面有所表现。

问题示例七：**你所应聘的职位已经不需要人了，我们准备把你调到其他部门去，你是怎么想的？**

错误回答示例：我比较喜欢这方面的工作，因为我的专业和这个比较对口，所以我希望我最好能留在这个职位上。当然，万一条件所限，我也愿意在别的部门工作。

评价：求职者一味强调自己专业对口问题，希望保留这个职位，殊不知在用人单位没有下定决心录用你之前，说这些都是奢谈。尽管求职者也表示愿意去其他部门，但回答得非常勉强。

正确回答示例：我会服从公司和领导的安排，无论在什么岗位工作，我都会尽我最大的努力将本职工作做到最好。我想无论哪个岗位都需要有人来做，只要我努力，就能找到实现自我价值的途径。因此，无论公司和领导将我安排在哪个岗位工作，我都会尽职尽责地完成自己的工作。

评价：这个回答显得比较灵活、机动。在激烈的人才竞争机制下，只要用人单位总体上符合自己的要求，一些岗位变数应该是可以接受的。人们常说，是金子总会发光的。

类似的问题还有：

（1）你对本公司（这份工作）有什么看法吗？

（2）如果因工作需要，有人要和你对调工作，你愿意吗？

（3）你最不喜欢的工作是什么？为什么？

（4）在一个地方挖井，若挖了两锹挖不出水，是换个地方再挖，还是只认准了这个地方，不管怎样艰难都坚持挖下去？

八、工作动机

对于工作动机问题，如果简单回答“喜欢贵公司”是行不通的，尽管这可能是你的心里话。回答这个问题，一定要紧紧围绕“公司提供的机会对于我来说很难得，比较适合我的兴趣、经历”这一点。要让主考官知道，求职者愿意效力于用人单位有充分的理由，而不是随便找一份工作。此时，求职者最好能够罗列出较为详细的材料，借以表示自己对用人单位的关注程度。例如，公司涉及的专业、生产线、经营地点，公司取得的最新成果，公司的财务状况等。

问题示例八：**你为什么希望到我们公司工作？**

错误回答示例：由于贵公司每周休息两天，劳动环境好，福利制度完善。

评价：这个问题其实是问求职者到公司工作的动机是什么，换句话说，求职者进公司想干什么，公司招聘新人，不是让新人来享受的。因此，这种回答根本不沾边，还易引起主考官的反感。

正确回答示例：我觉得贵公司实力雄厚，领导得力，上下一心，适于一切有才干的人发展。更主要的是，公司良好的协作精神能让我在这里施展我的才能，实现我的人生理想。

评价：回答问题时从对方入手，具体说明公司给求职者的良好印象，使主考官感觉到求职者尊重和关心公司的发展和需要，愿为公司的发展尽力。

类似的问题还有：

（1）你为什么想到本公司工作？

（2）你觉得这个职位最吸引你的地方是什么？最不吸引你的地方又是什么？

（3）请谈谈你选择这份工作的动机。

（4）你选择这个职位，是因为觉得薪资较高的缘故吗？

九、个人愿望

对于个人愿望，尤其是薪酬的问题，在不清楚行情的情况下，求职者往往很难做出正面的回答。如果求职者对薪酬的要求太低，那么求职者的能力就会受到怀疑；如果太高，公司受用不起。如果求职者此时不假思索报一个数字，无论合适与否都会让人觉得唐突。因此，求职者应先了解自己所希望从事工作的合理的市场价值，然后不慌不忙地回答："我听别人说这个职位的行情大概是……"这样借话回答，有回旋的余地。当然，礼貌性反问也不失为一种好的方法。

问题示例九：**你希望这个职位的薪水是多少？**

错误回答示例：我觉得，按我的工作能力和工作水平，月薪应该能达到5000元。

评价：这个回答显得太直接，如果对用人单位的薪资标准不太了解，直接给出数字，偏高或偏低都不太好。

正确回答示例：我希望贵公司能根据我的专业能力、工作经验、工作态度以及工作业绩来决定应付给我的薪水。我相信贵公司一定有一个完善的薪金制度。

评价：在不太确定对方薪酬标准的情况下，理性地做出回答，绝对比盲目地开出一个数字要好。这个回答表明求职者对薪水并没有特别高的要求，只要求公平、合理即可。

类似的问题还有：

（1）如果公司录用你，你最希望在哪个部门工作？

（2）你愿意被外派工作吗？你愿意经常出差吗？

（3）如果被录用，你最大的愿望是什么？

（4）你对要从事的职业有什么要求？

十、其他问题

求职面试过程比较灵活，面试问题因人、因时、因地都可能不同。上面列举的只是常见的面试问题，还有很多临时性的因素是不可预知的。求职者不应死记硬背所谓的面试标准答案，而是应该活学活用。下面这个求职面试的案例，很能引起大家的思考。

有一家商场招聘收银员，经过筛选有三位求职者进入复试。复试由老板主考，第一位求职者走进老板的办公室，老板拿出一张一百元的钞票，要她到楼下去为他买一包香烟。这位求职者觉得自己还没有被正式录用就被老板无端指使，将来的工作一定也会有很多麻烦事，于是很干脆地拒绝了老板的要求，气冲冲地离开了办公室。

第二位求职者走进办公室后，老板也拿出一张一百元的钞票要她去买一包香烟。这位求职者为了给老板留下好印象，就爽快地答应了。可是当她到楼下买香烟时，却被告知这张一百元的钞票是假的，没办法，她只好自己花了一百元买了香烟，又把找来的零钱全部给了老板，对假钞的事只字不提。

第三位求职者也同样被要求去买香烟。当她接过老板递过来的一百元钞票时，并没有直接转身离去，而是仔细地看了看钞票，发现这张钞票有点不大对劲，于是很客气地要求老板另外再给她一张钞票。老板微笑着拿回了那张一百元的钞票。最终，第三位求职者被录用了。

这就是说，在求职面试过程中，各种情况都有可能发生，有些“狡猾”的主考官可能还会故意出一些难题来“刁难”求职者，这都需要求职者具有较强的应变能力。

类似的问题还有：

（1）你怎样影响其他人接受你的看法？

（2）你为什么离开你以前的工作单位？

（3）你会在公司工作多久？

（4）为什么我们应该聘用你？

（5）为什么你还没有找到工作？

（6）假如接待的客人要你陪跳舞，你不想跳，怎么办？

第三节　求职面试的表达技巧

求职面试是有目的、有针对性的对话，求职者所说的每一句话都应该传达实质性的含义。求职者应该掌握一定的表达技巧，使用人单位在最短的时间里对自己有比较深入的了解，从而最终确定录用与否。

一、有问必答

在求职面试过程中，不管遇到什么样的问题都要做出回答，这是最基本的原则，也是出于礼貌的要求。主考官的问题有的虽然刁钻，但可能是要测试你的应变技巧、反应能力，不管求职者的反应能力如何，都得作答。如果拒绝回答或者说“这个问题很难回答……”，那么，求职者获胜的机会可能就很小了。例如，一家公司的一名女面试官询问一位女性求职者：

你的约会很多吗？

约会情况属于个人隐私，大多数人不愿意自己的隐私被人侵犯。但在面试的过程中，既然面试官提出来了，求职者就不能拒绝回答，更不能气愤之下拂袖离去。比较好的回答方式：

如果您担心我对私人生活的关注程度大于对工作的关注程度，那么我想向您保证，我对工作非常投入。同样，我努力保持平衡的生活，以各种各样的方式充实我的业余生活。

这样既回答了面试官提出的问题，同时也保证了自己的隐私没有受到侵犯。

二、确认提问内容，切忌答非所问

在求职面试过程中，主考官提出的问题过大，导致求职者不知从何答起，是常有的事。某互联网就业网站曾对1599名求职者进行了问卷调查，结果显示，有80.1%的人回答说“在面试时出现过失误”，在失误类型（多项选择）中，没能掌握面试官的提问要点，从而“答非所问”（42.2%）的情况最多，其余依次为“说话吞吞吐吐”（38.3%）、“说话声音小且颤抖”（35.4%）、“眼神尴尬不自然”（29.6%）、“没能回答出问题”（15.2%）、“手脚发抖等表现出不安的样子”（14.0%）。

求职者一定要采取恰当的方式搞清楚主考官的问题，或者请求主考官给予更加具体的提示。如果求职者只是想当然地回答对方所提出的问题，答非所问，可能就会错失机会。例如，某毕业生张某，应聘某化妆品公司品牌推广职位时，主考官让他描述一下自己最具特色的个性。张某以为大展口才与能力的机会来了，于是侃侃而谈，从自己优异的学业成绩到参加各种社团实践活动，再到自己乐于助人的高尚品质，竭尽所能地让主考官觉得自己是一个优秀的人才。其实，本案例中主考官是要考查求职者的个性是否与公司的要求相吻合，然而张某却误解了主考官的意思，长篇大论一番，既没有描述自己最具特色的个性，也没有将自身的特点与公司文化、岗位的要求联系起来。不着边际、答非所问，反而会让主考官感觉此人太啰唆，由此带来事与愿违的结果。

三、语气平和，语调恰当，音量适中

在求职面试过程中，求职者要注意语气、语调、音量。心理学家做过一项研究，将一段求职者回答主考官提问的录音进行技术上的处理，提高或降低音量，减慢或加快语速，但不影响声音的其他特性，然后让主考官听这段录音，并对求职者做出评价。结果，高音量的考生被认为软弱、不大真实、较神经质，而说话慢的考生被认为冷漠、被动、不太可靠。这表明一些语音属性在不知不觉地“泄露”考生的思想修养、思维能力、心理状态、人格特点等方面的状况。

语气就是说话时的口气。如果语气平和、舒缓，则表示谈话人稳重冷静，心情平和；如果语气短促，则表示谈话人急躁与不安。求职者在回答问题，特别是自我介绍时，最好用平和的陈述语气，不宜使用感叹语气或祈使语气。求职者只有在没听清问题需要询问时，才可以使用疑问语气。很多求职者语气做作，给人不自然的感觉。

语调即说话的腔调，就是一句话里声调高低、抑扬、轻重的配置和变化。打招呼时宜用上升语调，加重语气并带拖音，以引起对方的注意。

音量就是指声音的大小。声音过大令人厌烦，声音过小则难以听清。音量的大小要根据面试现场情况而定。两人面谈且距离较近时声音不宜过大，群体面试且场地开阔时声音不宜过小，以主考官能听清求职者的讲话为原则。

在求职面试过程中，求职者还要注意发音准确、吐字清晰，注意控制说话的速度，以免磕磕绊绊，影响语言的流畅性。为了增强语言的魅力，求职者在表达时还应注意运用恰当修辞，以显得文雅大方。

四、简洁明了，条理清楚，有理有据

在求职面试过程中，一般情况下回答问题要结论在先，议论在后，先将自己的中心意思表达清楚，然后再做叙述和论证。否则，长篇大论会让人不得要领。面试时间有限，求职者难免会精神紧张，一般是回答越简明越好。求职者最好先在脑子里梳理一下思路，然后再把要说的话讲出来。

五、“大”题“小”做

在求职面试过程中，主考官有时会问一些很“大”的题目，如“说说你自己”，至于说哪个方面，并没有限定，但主考官要的答案并不是求职者的全部。因此，求职者必须“大”题“小”做，不能不加选择地、毫无目的地说开来。“大”题“小”做的技巧是，围绕求职者应聘的职位来谈，以“说说你自己”为例，要想“小”做，可以说说与应聘岗位相关的知识、技能、经验方面的内容即可，主考官如果有兴趣再了解求职者的其他情况，一般会继续发问。这种“大”的问题往往出现在面试开始时，相当于主考官不出任何问题，而让求职者自己先打开话匣子。因此，求职者必须有意识地把话题拉到与自己的能力、性格、优点、学识、经验等方面相关的问题上来，不能错过这样的好机会。

六、语言要机智、幽默

在求职面试过程中，求职者除了表达清晰以外，适当的时候可以插入幽默的语言，使谈话保持轻松愉快的气氛，从而展示自己的优越气质和从容风度。尤其是当遇到难以回答的问题时，机智、幽默的语言会显示自己的聪明才智，有助于化险为夷，并给人以良好的印象。例如，一位求职者去应聘一家电视台的记者一职，面试中主考官指出："你说你爱好写作，可是我看了你填的报名表，在'自我评价'栏中居然出现了三处语法错误，现在没有多余的表格，也不准涂改，你怎么办?"该求职者听了心里一惊，心想写自我评价时自己是字斟句酌的，怎么会有三处语法错误呢？但面试时不允许他多想，他思索了一下，镇定地回答："为了弥补失误，我可以在表后附一张更正说明，上面写上：'某某地方出现了三处语法错误，实属填表人的粗心，特此更正，并向各位致歉。'"不过，他顿了一下说："在发出这份更正说明之前，我想知道是哪些错误，因为我不能无的放矢，错误地发出一份更正说明，我不愿再犯这种错误。"

听到他机智的反问，主考官笑了。事实上，他的自我评价中并没有错误，这只是主考官设下的一个圈套。求职者用机智的回答证明了自己的自信和敏锐的反应能力，赢得了主考官的赞赏。

七、有个人见解，有个人特色

主考官有时接待求职者若干名，相同的问题问若干遍，类似的回答也要听若干遍，难免会有枯燥乏味的感觉。只有那些具有独到的个人见解和个人特色的回答，才会引起主考官的兴趣和注意。在回答问题时应避免人云亦云，不要老是谈人家怎么看、怎么说，更多地要表达自己的意见和主张。在表述中，可以适当地使用"我觉得""我认为""我想""依我看"等字眼。

八、忌用口头禅，慎用专业术语

在求职面试过程中，受日常口语的影响，有些求职者非常爱说口头禅。"口头禅"也称"口头语"，是人们在日常口语交际中形成的、常挂在嘴边的、无实际意义的单词、短语和句子。口头禅对于说话者而言早已成为大脑潜意识的行为，往往不假思索，随口而出。例如，"对吧""这个""是吧""是不是""那么""我确定""没问题"等。说者无心，听者有意。如果求职者总是把这些口头禅挂在嘴边，不仅会让人觉得其说话不连贯，还可能会让人生厌。因此，在面试过程中，忌用口头禅。

在求职面试过程中，你问我答虽然显得很正式，但毕竟是口语式的交谈，有些问题本身也很生活化。求职面试并不是学者在讨论学术问题，因此太深奥的词语如专业术语也不可多用。过多地使用专业术语，即使求职者使用得很恰当，也会给人故弄玄虚的感觉。

第四节 求职面试成功案例分析

勇 敢 些

有一位大学毕业生，因为是专科毕业，所以在求职过程中多次碰壁。他很沮丧，可父亲却对他说："勇敢些，到更好一些的招工单位试一试。"市政府正在招考公务员，有多名本科生应试，他也应试了。结果只录取了他这个专科生，理由是，他是唯一在报刊上发表过十几篇文章的人；他是唯一把倒在桌上的笔筒扶起来的人。

【评析】

在面试中，文凭代表了实力和素质，但实力和素质并不只靠文凭体现，这也是招聘单位为什么不仅仅看文凭还要进行面试的原因。发挥自己的优势，敢拼、善拼才会赢。这位大学生在面试时就成功地展示了自己的实力和素质。

突出个性，赢得青睐

一家广告公司为了扩大业务进行招聘。参加面试的人已排成了长队，有位年轻人排在第 37 位。面对众多的竞争者，他在考虑对策。过了一会儿，他拿出一张纸，认真地在上面写了一行字，并找到秘书小姐，恭敬地对她说："交给你的老板，这非常重要!"秘书小姐尽职地交给了老板。老板展开纸条看后微笑了一下，因为纸条上写着："先生，我排在队伍的第 37 位，在你看到我以前，请不要做出决定。"当他与老板面试交谈后，他得到了这份工作。

【评析】

在求职面试中，如果不能给对方留下深刻印象，就很难求职成功。这位年轻人在求职中突出了自己的个性，而且正是他的创意让老板发现了他。广告公司就应该启用善动脑筋、富有创意的人。这位求职者成功地展示了自己的个性和独创精神，从而赢得了老板的青睐。

用成果证明能力

小刘是市场营销专业的大专生，毕业时她选择了某家电销售公司的销售岗位作为自己的求职目标。为了顺利应聘，她决定利用招聘会前的一周时间，为那家公司拿出一份市场调研报告。在接下来的几天里，她对该公司所有的产品做了细致的市场调查，从市场份额、产品销售到竞争对手等各方面的情况都了解得清清楚楚，完成了一份有分量的市场调研报告。最后，她在招聘会上击败了众多学历高于她的竞聘者，被公司录用。

【评析】

小刘针对目标公司和岗位，结合自己的专业知识，给应聘单位提供了可行性知识型成果。用人单位最希望的就是招聘到的人能实实在在地解决问题，对症下药，提出切实可行的解决方案。像小刘这样的人最能获得应聘单位的认可。

锲而不舍

日本松下电器公司总裁松下幸之助，年轻时家境贫寒，为了养家糊口，他到一家大电器公司求职。由于矮小瘦弱，衣服又破又脏，他被公司的人事部门主管谢绝了："我们现在暂时不缺人，你一个月以后再来看看吧。"本是推托之词，可一个月后他真的来了，那位负责人又推托说有事，过几天再说。隔了几天他又来了，如此反复了多次，主管只好直接说出了真话："你这么脏是进不了我们公司的。"于是他立即回去借钱买了一身整洁的衣服穿上再来。负责人看他如此实在，只好告诉他："关于电器方面的知识，你知道得太少了，我们不能要你。"不料两个月后，他再次出现在人事主管面前："我已经学了不少有关电器方面的知识，您看我哪方面还有差距，我一项项弥补。"这位人事主管盯着态度诚恳的他看了半天，才说："我干这一行几十年了，还从未遇到像你这样来找工作的。我真佩服你的耐心和韧性。"结果，松下幸之助的毅力终于打动了这位人事主管的心，最终如愿以偿地进入那家公司工作。

【评析】

有时候，学历、长相、衣着、语言等可能都不重要，重要的是态度，一种锲而不舍、不达目的不罢休的态度。有些公司就非常看重实在肯干的人，求职者的态度完全有可能创造奇迹。

吹毛求疵，吸引眼球

世界首富比尔·盖茨上高中时，曾到一家软件公司应聘，因为年纪太小而遭拒绝。他没有气馁，半夜跑到那家公司的垃圾堆里，找到了公司废弃的程序资料，并逐一修正，然后毛遂自荐跑到公司求职。公司老板被他小小年纪就有这样的才华所折服，破例给他安排了一个重要职位。

【评析】

想方设法找到自己心仪公司的“软肋”，并依靠自己的实力大胆地吹毛求疵，以此吸引对方的眼球，可以大大提高应聘的成功率。

跨专业也能成功求职

张华在大学学的是财会专业，在招聘会上，他看中了一家国内著名的太阳能热水器代理公司提供的职位——营销员，但公司要求应聘者是市场营销专业毕业。张华决定碰碰运气，于是咨询招聘人员公司为何只招聘市场营销专业的学生。招聘人员告诉他，公司要扩大业务，需要有市场开拓能力的学生。张华随即表示自己具备市场开拓能力，并讲述了自己曾在某电动车厂实习时，参与开拓市场并取得不俗成绩的经历。张华的自我介绍和专业水准使招聘人员对他很满意。最后他顺利通过了面试，谋到了这个理想的职位。

【评析】

在应聘过程中，很多应届大学毕业生一看到和自己专业不对口的工作，往往扭头就走。在观念开放、人才流动频繁的现代社会，跨专业求职已不是什么新鲜事，就业的压力迫使越来越多的大学生选择了跨专业求职，从事与自己所学专业不相关的工作。

业余爱好也是成功关键

某大学经济管理学院毕业生小吴非常喜欢乒乓球运动，是学校乒乓球队的主力队员，曾多次代表学校参加比赛，获得多项殊荣。令小吴没想到的是，体育方面的爱好和优势竟成为其求职优势，乒乓球成为他求职成功的关键。

在一次招聘会上，小吴看到某高校后勤集团招聘经理助理一职，便投递了一份简历。公司经过面试，很快与他签订了就业意向书。原来该高校各系部间每年都要举行一次乒乓球比赛，比赛成绩作为各部门年终考核的一部分，而后勤集团多年来总是无缘进入决赛，于是公司领导让人事处在当年的招聘活动中优先考虑乒乓球特长者。因此，在诸多求职者中小吴脱颖而出，受到公司的青睐。

【评析】

用人单位有时不一定需要特别全面的人才，但却急需合适的人才。在众多求职者中，小吴不是最优秀的，但却是单位最需要的。大学生在求学期间要培养自己的业余特长，说不定这种业余特长会成为自己日后求职成功的关键。

实践和获奖为求职增色

小张是对外经济贸易大学人力资源管理专业2015届本科毕业生，找工作时经常面临着与其他专业同学的竞争。一般的管理职位进入第一轮面试的应聘人数和招收人数的比例在10∶1到5∶1之间，竞争非常激烈。小张说："拿管理培训生来说，一个企业在北京招两个人经常会有几百个人报名。好在我求学期间在校电视台担任了重要职务，在多家外企有过一些实习经历，获得了'欧莱雅'全国大学生商业计划大赛的冠军，这些都为我的简历增色不少。"最后，小张和很多单位都达成了就业意向，其中还包括一些著名的外企，但是他最终选择了一家大型的国有企业。单位提供的待遇是工资每个月8000多元，包住宿。"这已经超过了我的预期，更重要的是这家企业能够提供给我很大的发展空间。"小张表示非常满意。

【评析】

管理类专业是实践性非常强的，看似学起来简单，实则对人的能力和经验的要求非常高。所以此类专业的学生如果单纯地学习书本知识，不深入了解社会，很难在毕业后达到从业要求。小张在刚入大学时就了解到该专业的特点，所以在学好专业课的同时，花了大量的时间和精力进行课外实习和实践，在锻炼能力的同时开阔了眼界，积累了经验，了解了社会、企业、职业，所以跟同龄人相比，具备了更多的竞争资本，顺利就业也是理所当然的了。

"退居"二线城市，支持西部建设

在很多同学想尽办法留在北京的情况下，北京航空航天大学电子信息工程专业2015届本科毕业生小黄却选择了回家乡成都就业。小黄所读的专业是北航的招牌专业，很多同学都出国或读研了，找工作的只有20%。据小黄介绍，他们班的同学在北京找工作很有竞争力，有一半人留在了北京，而且月薪都在8000元左右。"我当初高考报志愿也只是觉得向往首都，而且北航也是一所很不错的学校，但是在北京生活压力特别大，节奏特别快，而成都的经济在全国也比较靠前，成都的气候以及市民文化各方面都特别适合我，所以我选择回成都。"小黄签了成都某电子研究所，不计奖金月薪在5000多元。

【评析】

小黄有很明确的自我认知，知道自己想要的是什么，所以在面对选择时没有盲目地选择留在北京，而是回到了成都。在就业地域的选择上，大城市和二线城市各有利弊。大城市就业机会多、待遇高，但是竞争激烈、生活压力大；二线城市虽然待遇低，但是生活压力小，竞争相对来说没有那么激烈，如果努力工作，更容易有所收获。

“一专多能”的导游小姐

高考填报志愿时，李芳报考的是当时最热门的工商管理专业，却被调剂到历史系。这迫使她一进入大学，就把自己的发展方向定位为“一专多能”的复合型人才，即在努力学习专业知识的同时，全面提高自己的能力。在学校里，她积极参加院系学生会、校演讲协会，多次参加朗诵比赛和社会实践活动，锻炼自己的组织协调能力和表达能力，丰富自己的阅历。李芳特别钟情于旅游，渐渐爱上了导游这一职业，大二和大三的暑假，她先后到多家旅行社实习，锻炼自己在导游方面的能力。毕业求职时，由于有着丰富的带团经验、良好的旅游知识、扎实的专业背景、出色的演讲能力，李芳从诸多应聘者中脱颖而出，成为某大型旅行社的业务骨干，被称为“一专多能”的导游小姐。

【评析】

“一专多能”的复合型人才既是现代高校的育人目标，也是莘莘学子的成长方向。在保持专业优势的同时，多方位、多层次地有意识地培养自己的综合素质和技能，应是大学生在校期间的奋斗目标。用人单位对“一专多能”的复合型人才求贤若渴，因为这类人才既能实现快速上岗，节约培训成本，又可以适应不同的工作岗位，成为工作中的“多面手”。李芳能很快地如愿以偿，成为旅行社的骨干，跟她注重“一专多能”的人才发展观念是分不开的。

演练场

1. 试述求职面试的定义。
2. 求职面试常见问题表现在哪些方面？如何做出相应的回答？
3. 在求职面试中，如何有效地进行自我介绍？
4. 尽可能准备一些面试中可能出现的意想不到的问题，并给出适当的回答。
5. 你认为一个人的口才在求职面试中的作用有多大？请举例说明。
6. 常见的求职面试表达技巧有哪些？如何灵活运用？
7. 下面是求职面试过程中双方交谈的几个片段，请分析求职者口才的优劣，并说明原因。

(1) 某学生到一家公司应聘。

主考官：你的成绩很不错，平时一定很用功。

求职者：没什么，在学校考试有时是瞎蒙，而且分数不能说明问题。

主考官：啊，你有什么特长吗？

求职者（拿出书法作品）：一点小爱好。

主考官：你的书法不错呀！

求职者：没什么，没什么。

主考官：看得出，你是下功夫练习过的。

求职者：差远啦，信笔涂鸦而已。

主考官：……

（2）某人到报社求职。

主考官：你从事新闻写作有几年了？

求职者：时间不长，三个多月。

主考官：只三个多月？

求职者：是的。您看看我的文章吧。

主考官（一目十行）：写得不怎么样。

求职者：请相信我没有借鉴别人的写法，这些都是我经过多次采访写出来的。

主考官（又拿起来看）：嗯，写法是与别人不同。

求职者：谢谢您的鼓励。

主考官：你独立采访，有闯劲，也有创造性。很好！暂时录取，试用三个月。

（3）小胡是计算机学院2008届毕业生。大三时开始和同学合伙开了一家自己的公司，专门为大学生提供各项电脑服务。参加求职面试那天，小胡已经排了两个小时的队，眼看晚上和客户约好的见面时间就要到了，而前面的队伍还很长，小胡略加思索，便毅然走进面试会场。

主考官（看了他一眼，冷冷地）：请这位同学遵守秩序，排队好吗？

小胡（坦诚地）：对不起，我知道插队很不道德，但我真的赶时间，我自己的公司今晚和一个客户预约好了。一个成功的企业一定是信誉第一，我认为贵公司也需要我这样的人才。

主考官：你愿意去离你家很远的深圳工作吗？

小胡：好男儿志在四方！

主考官：那公司要是让你去偏远山村基层工作，你愿意吗？

小胡：我是一块砖，哪里需要往哪里搬嘛。

主考官：你的材料先放我这吧。

8. 请模拟求职面试场景，由一些学生轮流扮演不同单位的主考官，另一些学生则轮流扮演求职者，进行求职面试训练。除了要提求职面试中常见的问题外，还要求主考官提个别意想不到的问题，以训练大家的应变能力。

第七章 职业口才

说话和事业的进展有很大的关系，是一个人力量的主要体现。

——本杰明·富兰克林

俗话说，“三百六十行，行行出状元”。有些行业与语言交际有着较为密切的联系，要想成为状元，得有出色的口才。本章着重介绍主持人、导游、推销员、谈判者、教师、医护工作者、律师、管理者、外交人员等职业的口才技巧。

第一节 主持人

口才故事

主持人是负责各种活动的编排、组织、解说以及对活动实施过程加以积极协调和有效推进的人。按照活动的不同，主持人可以分为电视节目主持人、广播节目主持人、会议主持人、联欢会主持人、仪式主持人、论辩活动主持人等。随着社会的发展，主持作为一种职业，受到人们的喜爱和关注，越来越多的人开始加入主持人的行列中来。

一、主持人的口才技巧

作为主持人，除了应该具有健全的人格、广博的知识、敏锐的观察力、机智的应变力、优雅的姿态外，还特别需要具有绝妙的口才。能言善辩、出口成章，可以说是每位主持人的看家本领，工作的特殊性决定了主持人必须重视语言的表达技巧。尤其是广播节目主持人，因为无法用面部表情、肢体语言去辅助自己表达思想感情，所以这对其语言表达能力提出了更高要求。主持节目，一般要经过开场、推进、终结三个步骤。下面我们从这三个方面谈谈主持人的口才技巧。

（一）工于开场，立足主动

巧妙的开场白有确定基调、营造气氛、表明主旨、沟通感情的作用，可以调动全场观众的情绪，使他们的注意力集中起来，从而保证活动的顺利开展。主持节目的开场方法一般有以下几种。

1. 自然导入法

根据要主持的节目内容，做些必要的说明和介绍，自然地引入正题。例如：

同志们，湖北省语言学会第十三届年会几经努力终于开幕了。参加这次年会的代表主要是中南六省的四十多位专家学者，还有各高校的硕士和博士研究生。大家共聚一堂，宣读论文，交流学术成果。我相信，这次年会一定会取得圆满的成功，一定会使与会朋友们获益匪浅。现在我宣布，湖北省语言学会第十三届年会正式开幕。

2. 情境烘托法

根据要主持的节目主题，用生动的语言烘托出节目所需要的情境，使人产生强烈的现场感。

3. 幽默调侃法

根据要主持的节目主题，运用健康高雅、幽默风趣的话语，营造一种欢乐、和谐的气氛。例如下面一段婚礼主持人的开场白：

四年前的一天，新郎在交警岗位上执勤时，碰上闯红灯的新娘。在对新娘进行执法的过程中，新郎一见倾心，如同触电，新娘也一见钟情，芳心暗许。就这样，两个陌生的心碰撞到了一起，擦出了爱的火花。经过四年的爱情长征，在一个“月黑风高”的夜晚，新娘羞答答地对新郎说：“亲爱的，我们认识了这么多年，是不是该……”新郎又喜又忧地说：“以我目前的条件，怎么迎娶你呢？”新娘说：“我看中的是你的人，别的我不多求。我会把自己打包妥当，到时候你来把我‘拎’回家就行了！”

主持人采用幽默诙谐的开场白，介绍了新郎和新娘由相识到相爱的过程，使来宾忍俊不禁，现场气氛一下就活跃起来了。

4. 情感调动法

非纯粹性娱乐的节目，总是用真人真事、真情实感来达到感染、鼓舞和教育人的目的。节目主持人可以用动人的话语引导和调动观众的情感，从而奠定整个节目的感情基调。

（二）灵活推进，应变有术

主持人主持节目，一般都要在节目进行的过程中搭桥接棒，巧妙过渡，便于节目顺畅地进行下去，使整个活动连接成一个有机的整体。这就要求主持人必须事先做好充分准备，了解并熟悉主持的内容，有序掌控节目的进程。正常情况下，当前一个节目结束的时候，主持人就应该迅速组织语言为下一个节目的开始做好铺垫和介绍。例如，在某单位组织的联欢晚会上，主持人是这样过渡的：

刚才大家欣赏了令人捧腹的小品《相亲》，下面请欣赏舞蹈《女兵舞》。

特殊情况下，如两人共同主持节目，有时前一位主持人的话题已经结束，需要另一个人马上衔接，而下一位主持人出于某种原因未能立刻进入衔接状态。这时，有经验的主持人马上就会选择话题进行过渡。例如：

听众朋友，现在是北京时间 18 点 30 分，欢迎您继续收听《正午阳光》节目，接下来……

主持节目，有时会碰到一些意料之外的事情，此时主持人应当遇惊不乱、随机应变、快捷思考、准确判断，巧妙地调整表达方式。例如，在座谈会上，与会者彼此意见相左，甚至唇枪舌剑、互不相让。这时主持人就要出来圆场，或接过话题岔开，转移双方的注意力；或联络感情，缩小心理上的距离；或客观评价、总结和归纳双方的意见，阐述双方都能接受的观点；或引导自省，使双方反省自己的观点，消除误会，帮助双方寻找共同点。

（三）巧于收尾，善于总结

节目进入尾声，免不了曲终人散。即使是收尾，也要讲究技巧。好的结尾能让观众回味无穷，久久不愿离去，如果草率收场，就会让观众产生缺憾感。节目进入尾声，还要善于围绕节目内容和主题进行总结。例如某小学庆六一文艺演出的结尾：

甲：敬爱的老师，亲爱的同学们。有一首诗，夸我们儿童是新世纪的雏鹰；

乙：有一段歌，赞我们少年是祖国的春天；

丙：有一场梦，说的是少年强则国强；

丁：有一个伟人，把我们比作是初升的太阳。

甲：不管怎样，春天孕育着未来；

乙：无论如何，少年憧憬着希望。

丙：新世纪的太阳正照耀着我们前进；

丁：新世纪的鲜花正伴随着我们同行。

甲：托起闪亮的金星，未来靠我们去创造。

乙：走遍辽阔的大地，让童心乘着歌声的翅膀飞翔。

丙：胸怀天下，我们踩着师长的肩膀，站得更高，看得更远。

丁：我们将以一颗感恩的心灵，回报父母的养育之恩、老师的辛勤教诲。

合：我们将用一种负责任的态度和行动来证明，“我们能做得更好”！

合：学校庆六一文艺演出到此结束，谢谢观赏！

这样的结尾用词精练、语言生动、亲切感人，既照顾了主题，又展望了未来，意韵深长，令人回味无穷。

二、案例分析

【案例 1】

结婚典礼主持人台词

各位来宾、各位领导、各位先生、各位女士，大家好！

阳光明媚，歌声飞扬，欢声笑语，天降吉祥，在这美好、温馨、浪漫的日子里，我们迎来了一对情侣王××先生和刘××小姐幸福的结合。在这里，首先请允许我代表二位新人以及他们的家人，对各位来宾的光临表示衷心的感谢和热烈的欢迎！接下来我宣布，新婚庆典仪式现在开始！

婚礼第一项：新人登场，鸣炮奏乐。

红杏枝头春意闹，玉栏桥上伊人来，身披着洁白的婚纱，头上戴着美丽的鲜花，沐浴在幸福甜蜜之中的佳人在庄严的婚礼进行曲当中心贴着心、手牵着手，面带着微笑向我们款步走来。朋友们，让我们衷心地为他们祝福，为他们祈祷，为他们欢呼，为他们喝彩——鸣炮奏乐！

婚礼第二项：拜天地。

各位来宾，各位领导，从简约精练到永恒经典，精彩演绎出人生中最浪漫的一刻！今天是公元 2015 年 10 月 9 日，现在是北京时间 12 点 28 分。据善观天象的权威人士说，此时此刻正是成婚的黄道吉日，是个非常吉祥的日子，那么今天哪，我们的王先生和刘小姐怀着两颗彼此相爱的心，终于走上了这庄严神圣的婚礼圣堂！

这正是，才子配佳人，织女配牛郎，花好月圆，地久天长！新郎新娘拜天地——

一拜天地之灵气，三生石上有姻缘——一鞠躬！

再拜日月之精华，万物生长全靠它——二鞠躬！

三拜春夏和秋冬，风调雨顺五谷丰——三鞠躬！

婚礼第三项：拜高堂。

水有源，树有根，儿女不忘养育恩。接下来是拜高堂。

一拜父母养我身——一鞠躬！

再拜爹娘教我心——二鞠躬！

尊老爱幼当铭记，和睦黄土变成金——三鞠躬！

婚礼第四项：拜谢娘家人。

好，接下来拜咱们今天远道而来的亲爱的娘家客人，他们把这一位温柔漂亮的小姐从小养到大，今天呢，高高兴兴送到了你们家，在这里咱们首先要向他们道一声谢谢！好，二位新人向咱们今天亲爱的娘家客人深深地三鞠躬：一鞠躬——再鞠躬——三鞠躬！

婚礼第五项：答谢大红娘。

打鱼要靠网，划船要靠桨，新郎新娘入洞房，怎能离开大红娘。那么请二位新人的介绍人站起来让大家认识一下。您好，我代表二位新人非常感谢您这位介绍人，刚才二位新人说了，如果没有您牵线搭桥，他们今天也不能在这里喜结连理，那么在给您三鞠躬的同时，要由我代表二位新人给您献上三句话，好，下面向亲爱的介绍人三鞠躬。

一鞠躬，感谢您，二鞠躬，再谢您，三鞠躬，不理您。结完婚了用不着您了，开句玩笑，不要新人进洞房，媒婆抛出墙，过年过节拿个两块三块钱的东西看看，咱们也不嫌少是吧？开句玩笑，请坐，谢谢。

婚礼第六项：向来宾行新婚大礼。

接下来就有请我们的二位新人以夫妻的身份向在座的所有来宾行新婚大礼。请新郎新娘向来自四面八方、大街小巷的各位来宾、各位朋友、各位领导、各位同事、各位亲朋、各位挚友，以及各位大爷大娘、大叔大婶、街坊爷们、大哥大嫂、大姐大姐夫们深深地三鞠躬！首先是我们这边的朋友，一鞠躬；中间的朋友，再鞠躬；这边的朋友，三鞠躬！朋友们，掌声代表回敬啊！好，谢谢。

婚礼第七项：夫妻对拜。

接下来是夫妻对拜，二位新人向左向右转，在咱们这里有这么一个风俗，夫妻对拜的时候啊，谁鞠躬鞠得越深说明谁爱对方爱得越深。

一拜有福同享，有难同当；白头偕老，风雨同舟——一鞠躬，谢谢您选择了我；

二拜夫妻恩爱，相敬如宾；早生贵子，光耀门庭——再鞠躬，白头偕老；

三拜勤俭持家，同工同酬；志同道合，尊老爱幼——三鞠躬，永结同心！

婚礼第八项：宣读结婚誓言。

婚礼第九项：男方亲属代表向新人致辞。

婚礼第十项：女方亲属代表向新人致辞。

婚礼第十一项：婚礼特邀嘉宾向新人致辞。

婚礼第十二项：新郎致辞。

婚礼第十三项：新娘致辞。

婚礼第十四项：证婚人向新人致辞。

婚礼第十五项：男方父母致辞。

婚礼第十六项：女方父母致辞。

婚礼第十七项：单位领导致辞。

婚礼第十八项：庆典结束，喜宴开场。

让我们为幸福的恋人起舞，为快乐的爱侣歌唱，为火热的爱情举杯，愿他们的人生之路永远洒满爱的阳光。好，各位来宾，亲爱的朋友们，今天的新婚庆典仪式就暂时告一个段落，那么，接下来咱们要进行的是婚庆喝喜酒大赛。今天咱们的老东家准备了一些薄酒淡菜，不成敬意。最后，祝愿我们在场的所有来宾和朋友们家庭幸福，生活美满，身体健康，万事如意！

【分析】

以上是结婚典礼上主持人所用的完整的台词，语言优美、热情洋溢，充满了喜庆气息，富于感染力。一般来说，结婚典礼主持人的台词有基本的框架和固定的格式，但是在每一个环节中，主持人可以发挥自己的特长和优势，灵活地穿插一些能够营造欢乐气氛的内容，例如在第五项答谢大红娘过程中，主持人在开玩笑的同时，又对新人提出了告诫，希望不要“新人进洞房，媒婆抛出墙”。

【案例 2】

某单位 2018 年元宵节晚会主持人台词

男：年年岁岁花相似，岁岁年年人不同。

女：尊敬的各位领导、亲爱的同事们，

合：大家晚上好！

男：2018 新的一年已经到来，时光的车轮又留下了一道深深的印痕。

女：新年伊始，我们欢聚一堂，共同感受春天的气息，一起度过这美好的时光。

男：这是我们的春天。

女：这也是我们这个大家庭的春天。

男：这更是我们每一个人的春天。

女：我们相约在这里，享受春日和煦，享受节日欢乐！

男：我们相聚在这里，用心感受真情，释放你的激情！

女：让我们一起祝愿在座各位：

合：身体健康、工作顺利、生活幸福、阖家欢乐！

男：新的一年，我们更要携手共进、再创辉煌！

女：让我们共同祝福我们的事业蒸蒸日上，向着既定的目标展翼飞翔！

男：2018 年元宵节“动力之春”联欢晚会现在开始。今夜我们的晚会以各种娱乐节目、游戏、猜灯谜和抽幸运奖等形式串联，同时对本次元宵联欢晚会的节目进行评选和颁奖，首先对我们的评委表示感谢。祝大家好运。请大家鼓掌！

女：下面掌声有请公司董事长为我们致辞。请大家鼓掌！

（董事长致辞）

男：感谢董事长热情洋溢的祝福，我们一定不辜负董事长的殷切期望，努力将今年的工作做得更好！

女：接着以热烈的掌声欢迎公司总经理为我们发言。

（总经理发言）

男：谢谢张总真挚坦诚的言辞，我们会以张总为核心，紧密团结，为实现公司的既定目标而努力！

合：下面请看文艺表演。

男：新春的歌，新春的舞，新春的祝福；

女：祝福神州万象更新，祝福中华前程似锦。

男：首先请大家欣赏供电车间的舞蹈《欢天喜地迎新春》。

男：这是一个万象更新、激昂豪迈的日子；

女：这是一个收获丰收、纵情放歌的时刻；

男：春光撞响报喜的钟声，笑脸映出春天的绚丽。请欣赏污治车间表演的舞蹈《春之歌》。

女：春天是一个播种希望的季节，春天是一个大展宏图的起点。请听供一车间的女声独唱《希望》。

男：清爽的风送来世纪的春雨，大地一片生机，一片新绿；

女：雨啊，带去大地百年的尘烟，祝福千年希望之树常绿；

男：雨啊，眺望未来收获奇迹，期盼蓝蓝海峡的世纪团聚。请欣赏舞蹈《世纪春雨》。

男：下面的节目是供二车间表演的《拥军秧歌》。

女：慈母手中线，游子身上衣。说不尽对母亲的思念，唱不完对母亲的感激。请欣赏男声独唱《母亲》。

男：半个世纪前，伟人毛泽东曾挥手写下“更立西江石壁，截断巫山云雨，高峡出平湖……”的壮美词句；

女：如今，伴随着三峡大坝的落成，三峡的景观更加雄壮、秀美，令人心驰神往。山美、水美、人更美，请欣赏机关表演的舞蹈《三峡，我的家乡》。

（游戏节目）

男：在供一车间有一群朝气蓬勃的青年人，他们踏着青春的节拍，尽显青春的风采。请欣赏现代舞《我心飞翔》。

女：请欣赏男声二重唱《高原红》。

女：过年了，这不，一群快乐的“老太婆”也来到了我们晚会现场，她们模仿“皮影戏”的动作，惟妙惟肖，夸张、滑稽，看过之后，令人回味无穷……

男：那就快让我们一饱眼福吧！请欣赏供电车间表演的舞蹈《新春乐》。

女：你看过爵士舞表演吗？

男：当然看过，电视里那些男舞蹈演员个个风流倜傥、英俊潇洒，动作十分优美。

女：那你看过女孩子跳爵士舞吗？

男：没有。

女：接下来就让我们一起来欣赏由污治车间的姑娘们表演的《爵士舞》。

男：改革开放，建设小康，我们老百姓迎来了好时光；与时俱进，开拓进取，我们的日子一天更比一天强。请欣赏营业车间表演的舞蹈《天天好时光》。

女：在生产建设的主战场上，有他们辛勤忙碌的身影；在企业文化的大舞台上，有他们敏捷矫健的舞姿；他们就是来自维修车间的一群《快乐青年》。

（抽奖）

请杨厂长、汪厂长、占主席抽取三等奖幸运号码；请高厂长、刘主席抽取二等奖幸运号码；请史厂长为我们抽取今天的一等奖幸运号码。

男："日出江花红胜火，春来江水绿如蓝。"随着供二车间姑娘们那婀娜的舞姿，让我们一同去领略一番"吴侬软语，小桥流水"的江南风情吧！请欣赏舞蹈《走雨》。

女：接下来大家将要看到的这个舞蹈节目，表现的是几位少数民族小伙儿向往自由生活、大胆追求爱情的故事情节。请欣赏供电车间表演的舞蹈《小伙、四弦、马樱花》。

男：一路走来一路唱，山歌就像那酒一杯，天地吉祥，四海同醉；

女：一路走来一路唱，山歌好比那春江水，歌声悠悠满天飞，幸福年年岁岁。请欣赏歌伴舞《幸福山歌》。

男：请欣赏机关表演的舞蹈《茫茫草原》。

女：点燃喜庆的火把，分享胜利的欢悦；

男：点燃希望的火把，照亮创业的前程。掌声有请营业车间带给我们一段舞蹈《燃烧的篝火》。

男：辞旧迎新，高歌奋进，昨天的业绩已成为历史，明天的征程任重道远。

女：让我们以蓬勃的朝气、昂扬的锐气、无畏的勇气，开拓创新，谱写动力厂新一年更加辉煌灿烂的新篇章。

男：同志们、朋友们，2016年元宵节"动力之春"联欢晚会到此结束。

合：祝大家新年愉快！猴年大吉！身体健康！阖家欢乐！万事如意！

【分析】

以上是联欢晚会上主持人所用的台词，语言简练、准确得体、过渡自然。开篇就营造了元宵节欢乐的气氛。对每个即将出场的节目预告非常到位、准确，而且富有创意。

第二节　导游

导游是引导旅客游览，为游客提供食、宿、行等各方面帮助，并解决旅游途中可能出现的问题的人。随着人们生活水平的日益提高、交通的日益便捷，以及人们对自然的热爱、对文化的追求，旅游业正在蓬勃地发展。导游作为一种职业，受到人们的喜爱和关注，越来越多的人开始加入导游行列中来。

一、导游的口才技巧

导游工作包括旅游过程中的生活服务、景点讲解服务、交通住宿服务等，在这些服务过程中，导游通过语言与游客沟通、交流，满足游客求知、求解、求乐、审美等旅游需求。导游工作的对象往往在年龄、文化背景、知识水平、兴趣爱好、审美情趣等方面存在较大的差异，为使游客在旅游中始终拥有一份好心情，有所收获并留下深刻印象，导游必须掌握一定的口才技巧。

（一）欢迎的技巧

导游与游客见面，首先要致欢迎词。欢迎词一般包括五个部分，即欢迎光临、自我介绍、介绍工作伙伴、表达服务意愿和祝福。欢迎词是导游与游客第一次见面时所说的话，一定要给游客留下美好的印象，因此，致欢迎词时一定要态度热情、精神饱满、面带微笑，给人以很强的亲和力。例如：

各位朋友，大家好！欢迎大家来到湖北咸宁旅游。（欢迎光临）我是东方旅行社的导游杜小丽，大家可以叫我小丽。（自我介绍）这位是我们的司机李师傅，李师傅车艺精湛，坐他的车子，大家完全可以对安全问题放心。（介绍工作伙伴）咸宁是个美丽的城市，有着与众不同的自然景观和丰富的人文底蕴，我们愿意尽我们最大的努力来做好导游工作，使咸宁能够给大家留下美好的印象。（表达服务意愿）同时也祝愿在座的各位朋友在旅途中有一份好心情，都能有所收获。（祝福）

另外，欢迎词要有针对性。因为游客职业、身份、年龄等的不同，所以导游要在欢迎词中有所体现，忌千篇一律。例如，以下是针对医生的欢迎词：

大家上午好！我是东方旅行社的导游杜小丽，非常荣幸能够为你们提供服务。据我所知，在座各位都是医生。医生是世间最美好的职业，我一出生就对医生有特别的感情，因为我是难产儿，多亏了医生我才得以死里逃生。“白衣天使”是生命、幸福和安康的象征，在与“新冠肺炎疫情”作战的日子里，你们更是给大家树立了非常崇高的形象。所以，能够为医生导游，我有一种特殊的感受，希望我的导游能够为大家带来快乐，带来收获。

（二）解说的技巧

在旅游的过程中，导游要针对景点进行解说。解说词是导游在陪同游客欣赏旅游景点时进行解说的话。毫无疑问，能够在对景点的观光中有所收获是每一位游客最期盼的，因此，解说词是导游语言中最重要的部分。解说词要满足以下几个基本要求。

一是内容丰富。解说词只有内容丰富，才能让游客感受到眼睛看不到的景点内涵。所以，解说词的内容一般包括景点的规模、类型、历史渊源、特色，同时对景点所涉及的历史人物的活动情况（包括留下的诗文等）都需要进行翔实的讲解。

二是通俗易懂。解说词是通过口头语言表达出来的，必须通俗易懂。通俗易懂的口头语言往往具有长句少短句多、抽象少形象多、文言少白话多的特点。这样的解说词能够让游客易于理解并接受。

三是灵活多变。在解说景点的过程中，导游不可能完全依据自己事先准备的内容进行解说。因为在解说的过程中，会遇到观众提问等一些意外情况，所以在表达过程中，一定要依据实际情况适时地调整内容和解说方式，使解说灵活多变。

游客外出旅游，更多的是想了解与自己生活地完全不同的民俗风情，因此，解说词应该突出地方特色，从而满足游客的需求。例如，下面是介绍湖北咸安“向阳湖文化”所用的讲解词：

探访咸安，我们为中国当代文化史上的“向阳湖文化”而折服。1969 年至 1974 年，文化部所属单位的 6000 多位文化名人，汇集于向阳湖，围湖造田，垦荒种粮，养猪种菜。沈从文、冯雪峰、冰心、臧克家、严文井、郭小川等近百名文坛巨匠，在这里劳动、生活，在这里思考、求索。他们与咸安人民结下了深厚情谊，留下了许多逸事、华章。郭小川一首《楠竹歌》写出了咸安人朴实、谦逊、向上的品格。如今，文化部向阳湖“五七”干校旧址的保护性开发将重新向世人展示那段令人难忘的岁月。

（三）道歉的技巧

在导游的过程中，难免出于各种主、客观原因，导致游客出现不满情绪。导游必须掌握道歉的技巧，使游客的情绪尽快平复下来，从而顺利地完成后面的导游工作。

一是微笑道歉。俗话说“伸手不打笑脸人”。在微笑中传达歉意，能够很好地缓解对方的情绪。例如，一个原计划乘软卧出行的旅游团，因故必须改乘硬卧，游客对此意见很大，纷纷找导游质询。这位导游面带歉意地微笑，并向游客解释说：“大家有意见是应该的，可以理解，但因正值旅游旺季，铁路客运十分紧张，我们已经做了很大的努力，这次只好委屈各位游客，请多多谅解。”

二是迂回道歉。出于某种原因不便公开道歉时，就可采用迂回致歉的方法。例如，导游对甲女士关照过多，却忽略了乙女士，引起了乙女士的不悦，导游察觉之后，在乙女士下车时扶她一把，提醒她一句，通过这种迂回的手段使她明白自己的歉意，从而达到冰释前嫌的目的。

三是幽默致歉。对于客观存在的问题，导游可以通过幽默的方式表达歉意。例如，旅行车在一段坑坑洼洼的道路上行驶，游客中有人抱怨。这时导游说：“请大家稍微放松一下，我们的汽车正在给大家做身体按摩，按摩时间大约为10分钟，不另收费。”这种幽默的致歉方式引得游客纷纷大笑，那种不愉快立马烟消云散。

四是自责道歉。导游除了要讲一些必需的致歉语，还必须勇于自责，使对方感到道歉是诚心诚意的。例如，一位外国游客的行李在通过铁路托运后少了一件，游客认为旅行社偷了他的行李。导游知道后，并没有与游客据理力争，而是以自责的口吻说：“您的行李不慎遗失了，不管怎么样，作为导游，我都负有责任。我会尽快联系旅行社，让他们帮您找回行李。”尽管这位客人行李的遗失是一次偶然事故，但这位导游勇于自责，不但没有推卸责任，反而把责任揽到自己身上，这种自责的道歉方式在表达歉意的同时，又体现了帮助客人解决问题的诚心，能够很好地化解矛盾。

（四）欢送的技巧

导游结束，要欢送游客。欢送词是在旅游活动即将结束或游客即将返回住地时导游面向游客说的话。事实上，和欢迎词一样，欢送词在整个导游过程中的作用也是不可忽视的。欢送词的好坏将影响游客对整个导游工作的整体印象的好坏。欢送词的内容包括简单回顾本次旅游活动留下的整体印象和感受，表达自己的感激之情、惜别之情和渴望重逢之情，献上自己对游客最美好的祝福。好的欢送词能激起游客的情绪，使他们高兴，因为通过这次旅游，他们有所收获；使他们感激，因为导游在这次旅游活动中，提供了优质的服务；使他们依依不舍，因为在游玩过程中，游客与游客之间、游客与导游之间建立了深厚的感情；使他们渴望重游，因为这里的一切已经让他们魂牵梦萦。例如：

要和在座的各位说声再见了。此刻，我的心情既激动又难过，在这次旅游过程中，我还有许多应该做好而没有做好的工作，我能向你们说些什么呢？只有一句话，那就是——谢谢各位给我的支持和帮助，我要努力工作，希望将来我们有缘再次相会，我将为大家提供更好的服务，谢谢大家！

二、案例分析

【案例 1】

郑州黄河游览区的导游词

据说，日本也有“人类起源于河流”的说法。黄河自古就被称为中华民族的母亲。她与悠久的历史同流至今，与中国人的生活密切相关，象征着中国的文化、政治和社会。历史上曾有无数文人骚客以诗描写黄河的汹涌澎湃之势，唐朝诗人李白在他的《将进酒》一诗中用铿锵有力的句子这样赞誉黄河：“君不见黄河之水天上来，奔流到海不复回。”在近代，日本人士也非常熟悉郭沫若先生留下的“黄河之水通江户，珠穆峰连富士”的名句，用黄河来比喻中日两国之间的友好关系。另外，中国还有一个广为人们所使用的谚语，叫作“不到黄河心不死”。基于上述意思，我想，今天务必请诸位到黄河边上一游，面对气势磅礴的黄河，回想对比一下我们两国过去的那种关系和今日的友好关系，希望大家能从黄河中汲取进一步发展我们之间友谊的力量。

【分析】

这段导游词比较出色。由于导游的对象是日本游客，导游从日本也有“人类起源于河流”的说法入手，自然而然地过渡到被称为中华民族母亲的黄河。在说明了黄河与中国文化、政治和社会的密切关系之后，先用大诗人李白的《将进酒》对黄河进行了赞誉，使游客对黄河有了比较深刻的认识。然后利用日本人非常熟悉的郭沫若先生的名句，生动形象地比喻了中日之间的友好关系，拉近了与日本游客的心理距离。最后用“不到黄河心不死”的谚语，巧妙地激发了游客游览黄河的兴趣。该导游词既包含了古今中外的知识，又密切结合了游客的身份和游览景点的特点，同时还寓政治宣传于导游之中。

【案例 2】

几种不同的导游开场白

例 1. 女士们、先生们：大家好！首先，我对各位的到来致以最诚挚的欢迎！各位在来长沙旅游之前，想必已经对湖南有所了解了吧？那么您认为中国现代史上最著名的人物是谁呢？对，毫无疑问是毛泽东同志！那么毛主席在长沙生活期间，最喜欢去的是什么地方呢？就是我们将要到的岳麓山爱晚亭了。好，现在咱们就一块儿到毛主席“携来百侣曾游”的地方去看看。（赵湘军《爱晚亭》）

例 2. 女士们、先生们：你们好！欢迎大家光临天坛。（自我介绍省略）非常高兴能有机会陪同各位一道欣赏、领略这雄伟壮丽、庄严肃穆的古坛神韵。让我们共览这“人间天上”的风采，共度一段美好的时光。（徐志长《天坛导游词》）

例 3. 女士们、先生们：瓷器是我们日常生活的必需品。那么多姿多彩的瓷器是如何制造出来的呢？到了瓷都景德镇，我们就不能不去探寻一番。所以，今天我就请各位去参观古窑瓷厂，这个瓷厂为什么用“古窑”二字命名呢？等会儿到了我再做解释。现在我利用路上的时间向各位介绍一点陶瓷知识。（余乐鸿《景德镇古窑瓷厂导游词》）

例 4. 亲爱的朋友：欢迎你们来到美丽富饶的新疆。新疆地处亚欧腹心，地大物博，山川壮丽，瀚海无垠，古迹遍地，民族众多，风俗奇异，有许多值得大家参观游览的地方。您要是想游遍新疆的天山南北，至少得有半个月的时间。今天我将带大家去游览新疆最著名的风景区天山明珠——天池。（郭利民《镶嵌在雪岭松涛之中的璀璨明珠——天池》）

例 5. 各位朋友：来杭州之前，您一定听说过“上有天堂，下有苏杭”这句名言吧！其实把杭州比喻成人间天堂，很大程度上是因为有了西湖。千百年来，西湖风景展现了经久不衰的魅力，她的风姿倩影令多少人一见钟情。就连唐朝大诗人白居易离开杭州时还念念不忘西湖：“未能抛得杭州去，一半勾留是此湖。”……朋友们，下面就随我一起从岳庙码头乘船去游览西湖。（钱钧《杭州西湖》）

【分析】

例 1 在简单的问好和欢迎之后，采用自问自答的方式，引出了毛主席，利用名人效应引起人们对湖南、长沙的兴趣，最后利用毛主席的一句诗词“携来百侣曾游”，轻而易举地把游客的思绪带到了岳麓山爱晚亭。

例 2 中的开场白比较完整，包含了问候、欢迎、自我介绍、游览目的地、祝愿等诸多内容，是最基本也最常用的导游开场白。

例 3 从日常生活必需品瓷器谈起，通过层层设疑，引起游客极大的兴趣，为游客浏览景德镇古窑瓷厂做了很好的铺垫。此外，导游还附带讲解了陶瓷方面的知识。

例 4 在致以欢迎词之后，简明扼要地介绍了新疆，指出新疆可供游玩的地方很多，而今天将要带大家去游览的地方是新疆最著名的风景区天山明珠——天池。这种点面结合的开场白，既能给人较宏观的感受，又能激发游客对旅游目的地的兴趣。

例 5 通过一句名言“上有天堂，下有苏杭”，引出导游对杭州、西湖的赞美，最后利用唐朝大诗人白居易离开杭州时念念不忘西湖的诗句，指出游杭州非游西湖不可，巧妙地抓住旅客的观光心理。

综上所述，文无定法，导游词也不例外，开场白到底该怎么说，因人、因时、因地的不同，要灵活应变。

第三节　推销员

口才故事

现代社会是商品经济高度发达的社会。商品既包括各种有形产品，如机械、食品、服装、用具、化妆品和文化产品等，也包括各种无形产品，如思想、观念、技术和劳务等。有商品就有销售，在日常生活中，人人都在不知不觉中充当推销和被推销的角色。

对于商人来说，过去那种“皇帝女儿不愁嫁”“酒香不怕巷子深”的坐商观念已经跟不上时代潮流，继之而起的是硝烟四起、竞争激烈的推销大战，各种媒体上的广告宣传铺天盖地。可以说，没有推销，就没有企业的发展。对于个人来说，不懂得推销自我，就难以跻身于社会。

一、推销员的口才技巧

推销是面谈交易的行为，推销员的主要任务是说服顾客，最终选择自己所推销的产品。说什么，怎么说，这是问题的关键所在。口才是推销的利器，在推销过程中，要掌握以下口才技巧。

（一）接近顾客的技巧

接近顾客为实质性地达成交易创造了良好的开端。要接近顾客，既要营造良好的推销气氛，又要尽可能多地洞察对方的内心世界，有针对性地开展推销活动。在接近顾客时，推销员的主要任务是简介自己和要推销产品的特点，引起顾客的兴趣。同时还要了解顾客的需要，提出适当的购买建议，以满足顾客的需求。接近顾客是一种双向沟通的过程，推销员必须了解接近顾客的语言技巧和方法。

在接近顾客的过程中，必须通过适当的语言或动作引起顾客的注意和兴趣，然后通过以下方式进行交谈。

一是自我介绍或经他人介绍。推销员主要通过自我口头介绍及出示身份证、名片及其他有关证件，求得对方的了解和信任，消除戒备心理，为推销营造宽松的气氛。推销员也可以经由他人介绍，利用他人的便条、信物、话语或者电话，轻松地接近顾客。

二是实物产品宣传。推销员让顾客接触产品，通过产品自身的吸引力，引起顾客的兴趣，这是实物产品宣传的最大优点。例如，乘火车的人都有过类似经历，火车上经常有销售人员挨个发放玩具、袜子之类的产品，然后展开宣传。把产品送到顾客手中，顾客一般会察看商品，一旦顾客发生兴趣，开口说话，接近的目的就达到了。

三是产品优惠宣传。推销员利用商品的实惠引起顾客的注意和兴趣，实现接近的目的。街上的各种商店经常贴出或播放各种优惠宣传信息，目的就是要引起顾客的注意和兴趣。例如，“买一送一”“跳楼价”“全场最低 30 元”“清仓甩卖”等。

四是聊天接近。即在与顾客“不经意”的聊天过程中，慢慢引导顾客开始关注要推销的产品。一位从事保险业务的推销员碰到一对母女，进行了如下对话：

推销员：这个可爱的小姑娘几岁啦？上几年级啦？

母亲：12 岁，上六年级了。

推销员：成绩不错吧。读书可是一笔不小的开支哦。

母亲：是的，学费是笔大的开销。

推销员：您可以买份平安教育险，对您是很有用的。将来您要是遇到经济困难，孩子交学费没问题，可以顺利地读完大学。

母亲：是吗？我想了解一下。

在交谈中发现顾客的顾虑和问题，并提出自己的解决方案，话题也就打开了。

（二）推销面谈的技巧

推销员在成功地接近顾客之后，就应迅速地转入面谈。面谈是推销过程的一个关键环节，能否激发顾客的购买欲望，实现交易，成败往往在此一举。推销面谈的过程，是在友好的气氛下，通过各种手段充分展示所推销产品的优点，打消顾客的疑虑，激起顾客购买欲望的过程。现代推销面谈的方式主要有演示面谈和提示面谈两类。演示面谈是一种非语言面谈方式，通过产品或文字、图片、音响、影视等演示，刺激顾客的感官，激发顾客的购买欲望；提示面谈则是运用推销语言艺术对顾客的心理状态迅速产生影响的面谈。推销员用生动、间接的语言对商品的某些特性进行提示，使顾客产生联想，并进一步产生购买行为。

台湾歌谣《卖汤圆》是根据街头巷尾卖汤圆师傅的叫卖声进一步创作的，很能给推销人员一些有益的启示。

卖汤圆，卖汤圆（产品名称）。小二哥的汤圆是圆又圆（产品优点）。一碗汤圆满又满（货真价实），三毛钱呀买一碗（价格便宜）……汤圆一样可以当茶饭（产品功能）……公平交易可以包退换（交易公道）……吃了汤圆好团圆（美好寓意）……晚来一步只怕要卖完（勿失良机）。

卖汤圆师傅为了激起顾客的购买欲望，其一说明了产品圆又圆的优点；其二指出买卖货真价实；其三说明价格便宜，并特意说明了产品可以当茶饭的功能；其四指出是公平交易，还赋予汤圆美好的寓意；其五鼓动顾客，来晚了可能就卖完了。

（三）成交的技巧

通过前面的努力，现在离推销成功只有一步之遥了。成交是推销过程的一个重要环节，是区别推销成功与否的界限。在成交之前，顾客一般警惕性都比较高，往往会反复权衡利弊，以形成是否购买的决断，有的甚至用借口来回避和拖延成交。所以一旦进入成交环节，推销员仍应谨慎对待，并巧妙地运用推销语言艺术，牢牢地把握成交的主动权。通过对成交活动进行大量的研究，人们总结出了一些行之有效的成交语言技巧与方法。

一是快速成交法。经过一番面谈之后，顾客有了明显的购买欲望，推销员就应抓住时机，及时提出成交，这种方法可以促使顾客立即做出购买反应。如此时仍旁敲侧击，就可能延误或失去成交的最好时机。例如：

既然您对这件衣服很满意，我现在就给您开单子，您直接到柜台付款就行了。

二是假定成交法。有些顾客在面谈之后，仍然犹豫不决，这时可以用假定的方式促使顾客购买，减轻顾客做出购买决策的心理压力，以“暗度陈仓”的方式自然过渡到成交上来。例如，推销员在面谈到了一定火候的情况下说："李先生，我们什么时候给您发货呢?" 尽管李先生此前还没有做出购买的决定，但因为推销员直接提问什么时候发货，李先生会认为推销员已经认定了自己要购买，自己的思路也直接被带到发货时间上来，如果他给出具体发货时间，实际上就跳过了那个艰难的决定环节，直接做出了购买的决定。假定成交法的主要优点是可以减轻顾客的成交压力，用假定的方法将顾客的成交意向直接转化为成交行动。

三是选择成交法。推销员向顾客提供购买决策选择方案，并要求顾客进行决策，一旦顾客做出选择，成交也就成功了。在顾客难以做出成交决定的时候，使用此法，可以转移顾客的注意力（不再执着于买还是不买），减轻顾客成交的心理压力。从表面上看，似乎是把成交的主动权交给了顾客，而实际上只是把产品的选择权交给顾客，成交的主动权仍然掌握在推销员的手中。顾客选来择去，结果都是成交。例如：

小姐，这两款包都适合您。您是要白色的还是黄色的?

本来顾客就有所心动，现在又有了新的选择方案，顾客自然不会全部拒绝而使成交失败。

四是优惠成交法。顾客有了初步的购买欲望后，推销员不失时机地给出新的优惠措施，促使顾客做出成交决定。例如：

王先生，您要是现在购买的话，还可以享受九五折优惠。

由于有了优惠的诱惑，成交往往可以实现。

五是从众成交法。利用顾客的从众心理，促使其立即购买商品。从众心理和行为是一种普遍的社会心理现象。顾客在购买商品时，除了要考虑自己的个人喜好和需要外，还要顾及大众的品位和想法，往往会以多数人的行为作为自己的参考。例如：

这是今年最流行的款式，无论是面料还是设计，都符合流行的口味。我觉得非常适合您。

从推销心理学理论看，顾客之间的相互影响所产生的说服力，往往大于推销员的说服力。推销员利用从众心理，可以巧妙地促成交易。

二、案例分析

【案例1】

一个推销员被推销的日子

周日下午两点左右，我正在挑选一本营销书籍。这时，一个30岁左右干练的女子出现在我旁边。她先是翻阅一本书，然后伸手从我面前的书架上取下一本书。我不经意地抬起头，正好和她四目相对，她浅浅地一笑："你也是做销售的吧？"

"是的。"我随意地应和着。

"我也是做销售的，你做什么产品的？"她又问了一句。

"欧派橱柜。"我边翻书边回答。

"听说过欧派，很有名气的，真羡慕你们，我是做纽崔莱产品的，听说过吗？"她的话逐渐多起来。

"听说过，但不是很了解。"我还是在应和着。

"做销售很累呀，估计你们也是吧？"她开始转移话题了。

"可不是嘛，每天都要思考和处理很多问题。"我们开始找到了共同语言。

"所以呀，天天在外面奔波一定要注意身体哦，你们要洽谈生意肯定吸烟吧？"她开始关心我了。

"吸烟是必不可少的，是沟通和解压的一种方式嘛。"我深有体会地说。

"烟中含有苯和焦油，还有多种放射性物质，能致癌，90%的肺癌患者都是由吸烟引起的，吸烟还能引发口腔癌和喉癌等，所以你最好是戒掉。"

说得我心里一颤，呵呵地笑了下，也是在感谢她的好意。

"我以前一个同事就是吸烟过度引起身体不适的。既然吸烟，你肯定也很能喝酒吧？"她笑着又转了一个话题。

"你看呢？"我反问了一句。

"我估计你至少能喝一斤白酒。"她笑了笑。

“没有那么多，一般而已。”我也笑了笑。

“经常喝酒能使脂肪堆积在肝脏引起脂肪肝，还会引起胃出血并危及生命。俗话说‘抽烟伤肺，喝酒伤胃’嘛，所以你一定要注意了!”说得我心里有一种恐惧感，但也暖暖的。

“对了，纽崔莱有几种产品对胃和肺有一定的保养作用，尤其是针对长期吸烟、喝酒的人，你可以先了解一下。”她边说边递给我一张关于纽崔莱的产品说明书，然后轻声向我介绍。

“你不是想向我推销保健品吧?”我笑道。

“不是的，因为我发现你脸色不太好，所以才向你介绍的。哦，这是我的名片。”她顺手塞给我一张名片。

“我脸色哪里不好?”我好奇地问道。

“这也是我根据长期的经验看出来的，呵呵，哎呀（她看了一下手机），真不好意思，我马上要去给一个客户送货，比较急。这样吧，名片上有我的联系电话和公司地址，明天晚上有一场相关的健康讲座，还有两位销售培训老师来给上课，我们可以相互交流一下，好不好?”她脸上流露出急切而又真诚的表情。我感觉自己无法拒绝。

“你看，上面有我们的地址，这是我的电话，你直接打就可以了。把你的电话留给我吧，我派人在附近接你。”她掏出纸和笔递给我。

我随手留下了电话。

“我先走了，真不好意思，明天见。”她从我的眼前消失了。

【分析】

从上面的案例可以看出，这名女子的推销口才非常了得。

第一，定位准确。因为她主推的产品是保护肝脏的，而经常在外面应酬的销售人员一般都吸烟、喝酒，而且数量上都超出一般人的标准，所以她把目标锁定在销售人员身上。

第二，接触到位。一般来说，出于职业的原因，销售人员面对推销时一般都有极强的戒备心。女子先是在被推销者旁边逗留一会儿，然后通过取书引起对方的注意，顺利打开了话题。

第三，巧妙引导。为了使整个谈话过程能持续下去并逐步找到对方的需求，女子不断地转移话题，并尽可能地把话题引到健康上来。

第四，拉近距离。这里她运用了两个方法：一是寻找共同话题，“你也是做销售的吧?”一个“也”字，表明两人是同行，同行之间有共同语言，可以聊得来。二是赞美，“听说过欧派，很有名气的，真羡慕你们”，让对方心里产生巨大的满足感。

第五，关心客户。“天天在外面奔波一定要注意身体哦”“你最好是戒掉”，像亲人一般关心对方，让对方内心产生温暖的感觉。

第六，留下悬念。在对方有了警觉之后，不再直接说下去，而是用了一个没有结果的问题来吊起对方的胃口——“不是的，因为我发现你脸色不太好”。最后找借口离开，并给对方留下名片，还拿走了对方的电话号码，为今后的接触和进一步的推销做好了铺垫。

【案例 2】

电话推销

推销员：“您好，是实力润滑油有限公司吗？你们的网站好像反应很慢，谁是网络管理员，请帮我接电话。”

前台：“我们网站很慢吗？好像速度还可以呀。”

推销员：“你们使用的是内部局域网吗？”

前台：“是呀！”

推销员：“所以，肯定会比在外面访问要快，但是，我们现在要等 5 分钟，第一页还没有完全显示出来，你们有网管吗？”

前台：“您等一下，我给您转过去。”

推销员：“您等一下，请问，网管怎么称呼？”

前台：“有两个呢，我也不知道谁在，一个是小吴，另一个是刘芳。我给你转过去吧。”

推销员：“谢谢！”（等待）

刘芳：“你好！你找谁？”

推销员：“我是长城服务器客户顾问，我刚才访问你们的网站，想了解一下有关奥迪用润滑油的情况，都 10 分钟了，怎么网页还没有显示全呢？您是？”

刘芳：“我是刘芳，不会吧？我这里看还可以呀！”

推销员：“你们使用的是内部的局域网吗？如果是，你是无法发现这个问题的，如果用拨号上网的话，你就可以发现了。”

刘芳：“您怎么称呼？您是要购买我们的润滑油吗？”

推销员：“我叫曹力，曹操的曹，力量的力。我平时也在用你们的润滑油，今天想看一下网站的一些产品技术指标，结果发现你们的网站怎么这么慢。是不是有病毒了？”

刘芳：“不会呀！我们有防毒软件的。”

曹力：“那就是带宽不够，不然不应该这么慢的。以前有过同样的情况发生吗？”

刘芳：“好像没有，不过我是新来的，我们主要网管是小吴，他今天不在。”

曹力：“没有关系，你们网站是托管在哪里的？”

刘芳：“好像是西城电脑局网络中心。”

曹力：“哦，用的是什么服务器？”

刘芳：“我也不知道！”

曹力：“没有关系，我在这里登录看似乎是服务器响应越来越慢了，看来得升级服务器了。不过，没有关系，小吴何时来？”

刘芳：“他明天才来呢，不过我们上周的确是讨论过要更换服务器了，因为企业考虑到要利用网络来管理全国1300多个经销商了！”

曹力：“太好了，我看，我还是过来一次吧，有机会了解一下我用的润滑油的情况，另外，咱们也可以聊聊有关网络服务器的事情。”

刘芳：“那你明天就过来吧，小吴肯定来，而且不会有什么事情，我们网管现在没有什么具体的事情。”

曹力：“好，说好了，明天见！”

【分析】

这是一个通过电话预约来进行推销的案例。在这个例子中，推销员曹力并没有急着推销自己的商品，而是在用“不经意”的询问方式提示客户服务器存在响应缓慢的问题，并指出有可能受病毒侵扰，有可能是带宽不足所致，目的是要引起客户刘芳对于自己要推销商品相关问题的关注，从而寻找推销商品的机会。接着明确指出，“看来得升级服务器了”，引出刘芳一句真正不经意的话，“不过我们上周的确是讨论过要更换服务器了”，这让曹力看到了希望，于是直接提出请求，希望第二天能过来一趟。为了增加第二天见面的可能性，曹力顺势说想了解一下自己用的润滑油的情况，但醉翁之意不在酒，他真正想表达的意思是后面那句，“咱们也可以聊聊有关网络服务器的事情”。由于有了前面的铺垫，刘芳无法拒绝，直接答应第二天见面。

上面的电话推销还告诉我们，尽管刘芳只是客户组织中的一个小人物，但是从她身上往往可以“嗅”到很多信息，从而寻找到开展推销的机遇。

第四节 谈判者

谈判由“谈”和“判”组成，“谈”是指双方或多方之间的沟通和交流，“判”就是决定一件事情。只有在沟通和交流的基础上，才能够做出相应的决定。简单地说，谈判是谈判双方（多方）为了协调彼此之间的关系和满足各自的需要，通过协商的方式，最终达成意见一致的行为和过程。大到政治、军事、经济，小到日常生活的琐事，经常需要通过谈判的方式来解决。

一、谈判者的口才技巧

语言表达能力在谈判中至关重要。要想在谈判中获得成功，谈判者除了应具备正确的立场、观点，较高的政策理论水平和一定的专业知识、经验外，还必须掌握谈判语言的基本技巧，以便在谈判过程中因人而异、灵活应用，根据对方的处境、心理动向和要求，有针对性地使用各种语言表达技巧说服对方。

（一）抓住时机，有效提问

在谈判过程中，要抓住有利时机进行有效的提问。提问的质量不仅决定了谈判的发展方向，同时也关系到对方对己方的评价，从而会促使对方改变谈判策略。有个经典的事例很好地说明了不同的提问所起的作用。

一位信徒问牧师："我可以在祈祷的时候吸烟吗？"牧师答道："绝对不行！"另一个信徒问同一位牧师："我可以在吸烟的时候祈祷吗？"牧师答道："当然可以！"

相同的目的，由于提问方式不同，结果完全不一样。

谈判中的提问一般包括封闭式提问和开放式提问两类。

（1）封闭式提问。这种提问仅需要对方回答"是"或"不是"，"对"或"不对"。在封闭式提问中，要注意引导对方思维的方向，例如：

有商业道德的人一般是不会胡乱提价的，您认为呢？

这个提问暗含着这样的意思：如果对方胡乱提价，对方就是没有商业道德的人。封闭式提问还可以对信息进行证实和建议，例如：

您刚才说，对目前正在进行的这笔生意可作取舍，这是不是说，您拥有全权同我方进行谈判？

（2）开放式提问。在谈判中，应该多提开放性的问题。开放性问题往往给对方提供了较为开阔的思维空间，也能够使对方认真考虑己方的问题，并给出相应的答复。例如，在一次谈判中，卖方和买方进行了如下的对话。

卖方：看起来你好像对我们公司的洗衣机不大满意，我可以知道是什么原因吗？

买方：好的，我不大喜欢你们洗衣机的外形，它看上去好像不是很结实。

卖方：的确如此，如果我们在生产下一批产品时，改变它们的造型，使之结实耐用，你是否会满意呢？

买方：这很好，不过，这样一来，交货时间一定会延迟吧！

卖方：那么，如果我们能够尽量缩短交货时间，按照你要求的时间交货，你能够马上签字吗？

买方：完全可以。

我们看到，在这次成功的谈判中，由于卖方恰当地提问，最终谈判双方达成了协议。正是这样的提问，使卖方始终控制着谈判的方向，牢牢地掌握着谈判的主导权，从而实现了谈判目标。

（二）多方分析，深思熟虑

在谈判中，果断不等于武断。谈判者的果断是建立在深思熟虑基础之上的。如果对方提出的问题是自己始料不及的，千万不要随口答复，要在弄清问题的真正含义之后，经多方分析，仔细思考后才能答复。在这种情况下，必须坚持的一个原则就是避免冲突，给己方留下回旋的余地。例如，在谈判中，对方提出要临时修改某些谈判条件，而这些条件对己方的影响还不是十分清楚，此时就不能轻易表态，可以这样说：

贵方提出来的条件，我方还未能取得一致意见，需要回去向领导请示，请等我方协商一致以后再做答复。

（三）藏而不露，探测虚实

谈判开始，谈判者应对己方的情况藏而不露，不轻易亮出底牌，同时要设法探测对方的虚实。正如拳击比赛，聪明的拳击手一般不会主动出击，而是在对方的攻势中寻找其拳术的破绽，出其不意地将对方打倒。老练的谈判者往往不急于在谈判中表态，特别是在数目、期限、条件和价格等问题上，常常会进行试探，先提出一些假设性的问题，刺激对方表态，然后根据对方的反应，判断其虚实，从而做出决策。例如：

甲买乙卖，甲向乙提出了几种不同的交易品种，并询问这些品种各自的价格。乙一时搞不清楚对方的真实意图，甲这样问，既像是打听行情，又像是在谈交易条件；既像是个大买主，又不敢肯定。面对甲的期待，乙心里很矛盾，如果据实回答，万一对方果真是来摸自己底的，那自己岂不被动？但自己如果敷衍应付，有可能会错过一笔好的买卖，说不定对方还可能是位可以长期合作的伙伴呢。在情急之中，乙想：我何不探探对方的虚实呢？于是，他急中生智地说："我是货真价实，就怕你一味贪图便宜。"我们知道，商界中奉行着这样的准则，"一分钱一分货""便宜无好货"。

乙的回答暗含着对甲的挑衅意味。除此以外，这个回答的妙处还在于，只要甲一接话，乙就会很容易地掌握甲的实力情况：如果甲在乎货的质量，就不怕出高价，回答时的口气也就大；如果甲在乎货源的紧俏，急于成交，口气也就显得较为迫切。在此基础上，乙就能很容易地确定自己的方案和策略。

（四）求同存异，善于合作

谈判不是辩论会，不是体育比赛，更不是战场，没有必要决出个胜负输赢，拼个你死我活。谈判的真正目标是在双方都获得一定利益的基础上达成某种合作。但是，谈判各方立足点的不同和所追求利益的差异，决定了在谈判过程中不可避免地出现对抗与冲突。在谈判过程中，谈判者应当权衡双方的同异，多强调双方的一致，少提及彼此的差异，求同存异，可增加达成合作的可能。

事实上，谈判的基本问题不在于各方观点的冲突上，而在于各方的需求、愿望、关心和忧虑的冲突上。因此，当谈判过程中出现对抗与冲突时，最好的解决办法就是着眼于他们的利益，而避开他们的观点。当透过相对的观点去寻找那些根本利益时，常常可以发现一个可取代前者而又符合双方利益的观点。例如：

在列车上，一位乘客坚持要打开车窗，而另一位乘客坚持要关上车窗，除了争吵外，两人似乎没有其他解决途径。这时列车员走过来，问坚持开窗的人为什么这么做，他回答说："要呼吸新鲜空气。"列车员又问坚持关窗的人为什么这样做，他回答说："怕穿堂风。"列车员想了想，关上了这扇窗，打开了旁边的一扇窗。

从这个例子中我们可以看出双方的利益并不冲突，仅是具体观点的冲突。如果不局限于具体观点的冲突，完全可以找到令双方利益都受到保护而又能为双方接受的观点。

二、案例分析

【案例 1】

姑娘索回戒指

在英国大萧条时期，有位 17 岁的姑娘好不容易才找到了一份在高级珠宝店当售货员的工作。在圣诞节的前一天，店里来了一位三十多岁的贫民顾客，他用一种不可企及的目光，盯着那些高级首饰。

姑娘要去接电话，一不小心，把一个碟子碰翻，六枚精美的金戒指落到地上，她慌忙捡起其中的五枚，但第六枚怎么也找不着。这时，她看到那个贫民顾客正急匆匆地往门口走，姑娘心里立刻明白了。只听她柔声叫道："对不起，先生！"

那男子转过身来，两人相视无言，足足有 1 分钟。

"什么事？"他问，脸上的肌肉在抽搐。

"什么事？"他再次问道。

"先生，这是我第一份工作，现在找个事儿做很难，是不是？"姑娘神色黯然地说。

男子长久地审视着她。终于，一丝柔和的微笑浮现在他的脸上。

"是的，的确如此，"他回答，"但是我能肯定，你在这里会干得不错。"

他停了一下，向前一步，把手伸给她："我可以为你祝福吗？"

他转身，慢慢走向门口。

姑娘目送他的身影消失在门外，转身走向柜台，把手中握着的第六枚戒指放回了原处。

【分析】

这是生活谈判中非常成功的一个例子。在经济大萧条的背景下，能找到工作已属不易，无奈因工作失误可能丢失工作，那种复杂的心情可想而知。姑娘完全可以要求保安拦住男子，并进行搜身，但她没有这样做。为了索回丢失的戒指，姑娘采用以柔克刚的谈判技巧，先是“柔声”喊住顾客，换成了其他人，在断定戒指是被男子偷捡的情况下，可能早就声色俱厉地吼叫起来。男子多次询问“什么事”的时候，姑娘并没有直接说“请把戒指还给我”，而是把自己当前的处境说给对方听，“这是我第一份工作，现在找个事儿做很难”，一句“是不是”，一定能激起贫民顾客内心深处的反思，推己及人，设身处地为他人着想。此外，姑娘还善于用表情来配合自己的语言，把自己置身于劣势环境之中，用心换取对方的同情。男子在激烈的思想斗争之后，终于决定交还戒指，同样也采用了非常巧妙的方式，“向前一步，把手伸给她”，附带的还有他送给姑娘的祝福。

一场原本可能爆发，甚至可能给双方带来巨大伤害的纷争，由于有了巧妙的谈判，就这样圆满地化解了。

【案例 2】

A、B、C 三公司谈判合作投资滑石矿

澳大利亚 A 公司、德国 B 公司与中国 C 公司，谈判在中国合作投资滑石矿事宜。中方 C 公司欲控制出口货源，但又不能为该合作投入现金，只想用人力与无形资产投入。

A 公司和 B 公司代表来华欲参观考察矿山，C 公司积极派人配合并陪同前往，整个日程安排周到、准备有效，在有限的时间里满足了 A 公司和 B 公司该次访问的要求。双方在预备会和小结会上对合作投资方式进行了讨论。

A 公司：我公司是较大的滑石产品的专业公司，产品在国际市场占有相当份额，尤其在精细滑石产品方面。

B 公司：我们在中国投资过，但失败了，正在纠纷中，但我们认为中国资源丰富，潜在市场大，很想找一个合作伙伴再重新干。

C 公司：贵公司算找对了人了。谢谢贵方这么看重我公司，贵方欲与我公司怎么合作呢？

A 公司：我公司的计划是在中国找一家有信誉、有能力的大公司，一起投资中国矿山。

C 公司：我公司是出口滑石的公司，若要投资则需集团审批，据我集团的近期发展规划看，这个行业不是投资重点。

B 公司：贵公司的情况，我们了解，不过 A 公司确有诚心在中国投资。由于第一次的失败，我们对这次投资十分犹豫。

C 公司：的确，中国是个投资环境不平衡的地方。有的地区发达，有的地区不发达；要钱时说得很好，钱到手后就不是那么回事了。尤其是采矿投资，与地质条件关系很大，而当矿床跨越不同村镇时，还会发生所有权的问题。过去，我们已遇到这类问题，作为外国投资者需要解决地质探测、矿山合伙人选择、国家政策、人文、商务法律、市场等问题。这些均影响投资成本和成败。

A 公司：贵公司讲的正是我们担忧的，我们希望像贵公司这样的公司可以解决这些问题。

C 公司：我公司是国际化的公司，按国际规范开展工作。我们认为，使中国企业按国际规范与外国投资者合作是中国经济发展的重要条件。

B 公司：若贵公司能参与合作，将是有意义的。

C 公司：刚才我们已谈到贵方这样投资的问题所在，但我们十分赞赏贵公司对中国投资的勇气，作为中国公司，我们很愿意提供帮助。不过，我方将不以现金投入，而以我们的商誉和协助解决上述问题的义务投入。

A 公司：贵方这种投入也是有意义的。

C 公司：如贵方认为是有价值的，那么我建议贵方可以将它罗列出来，并予以作价。当贵方与中方矿山谈判合资时，我方可与贵方作为一方谈判。我方在合资企业的股份，将从贵方所占份额中划出。

B 公司：贵方的建议可以考虑。

C 公司：若贵方同意我方合作的方式，那么，请贵方提供协议方案以确定双方关系，便于以后的工作。

B 公司：待我回国汇报后，将书面回答贵方。

A、B 公司代表回国后三周，给 C 公司来电，同意 C 公司以其商誉和服务入股。C 公司为保出口货源和不出现金入股的方案谈判成功。

【分析】

在上述谈判过程中，C 公司成功运用了多种策略和手段，如陪同招待，让其他两方感到满意；小范围内开诚布公地谈，使其他两方产生信任感；讲政策，讲实际难度，使其他两方把握了谈判的困难之所在。

A、B 公司也在小范围内进行了会谈，表明了自己寻求合作的态度；以请示汇报为挡箭牌，增加谈判的筹码；步步为营，先坚持 C 公司出资，后谈以服务入股问题。这两方都在谈判中熟练地运用了一些谈判技巧。

由于目标明确，最终三方求同存异，达成了共识。A、B、C 三家谈判的结果均达到了期望的最低目标。A、B 公司要 C 公司参与投资，C 公司答应了；C 公司不想用现金，希望用服务投入，也最终实现了。

第五节　教师

“师者，所以传道、授业、解惑也。”无论是传道、授业还是解惑，都和口才分不开。教师的口才是开展教学工作最基本、最直接的技能，是开启学生心灵的钥匙。现在的教师大都接受了师范教育，其中最重要的一项就是普通话训练，一般要求达到二级甲等。教师走上讲台之前，都要通过试讲，其中口才是考核的重要内容。有些人学识渊博，但并不适合做教师，原因很简单，就是口才差。教师的口才如同歌唱家的歌喉，是教师的必备素质和看家本领，是衡量教师教学水平高低的标准之一。

一、教师的口才技巧

教师语言具有以下几个方面的特点：一是规范性，即在语音、词汇、语法的表达上规范化，要用普通话教学，发音清晰、语言流畅、节奏明快，更不能读错音、说错字；二是生动性，即运用有声、有色和有味的形象化语言进行教学，促使学生精神亢奋、思维活跃，能对教学内容产生“海绵吸水”效应；三是启发性，即在教学过程中，根据教学的规律和学生发展的特点和需要，启迪学生进行思考，培养学生的学习能力，激发学生的进取精神。除了要满足以上特点外，教师还必须掌握以下口才技巧。

（一）开讲技巧

俗话说，“良好的开端是成功的一半”。开讲是课堂教学的第一个环节。开讲效果直接关系到一节课甚至一门课的效果，是至关重要的“第一印象”。教师的导入语可以形式多样，如鼓励式、提示式、复习式、引导式、故事式等。但总的目的只有一个，即为接下来的课程教学创造良好的开端。例如：

故乡，这个令人感怀的名词，多少文人骚客歌咏过它，多少普通人产生过“美不美，故乡水；亲不亲，故乡人”的感慨。鲁迅先生18岁时离乡求学，探求救国救民的良药，很少回到故乡，对故乡及儿时的伙伴有着深深的怀念。阔别故乡20年后，鲁迅回到故乡绍兴，但故乡已不是记忆中的美丽故乡了，小伙伴也不再如故。作者感愤于故乡的一切，一年后写下了经过艺术加工的《故乡》这篇短篇小说。

这是一段充满感情的导入语，能够深深地震撼学生的心灵，使学生带着一种悲凉感愤的心境进入到文章的学习之中。

（二）提问技巧

在课堂教学中，提问是一种重要的教学手段。按方式的不同，提问可以分为三种。一是分析性提问，这种提问涉及的范围较大，内容较复杂，目的在于活跃学生的思维，培养其分析和概括的能力。二是强调性提问，即对课堂内容的重点、难点部分进行提问，使学生进一步掌握重难点。三是启发性提问，也就是在启发学生的过程中适时地提问。实践证明，恰到好处的提问是发展学生智力，提高教学效果的有力措施之一。提问要选准角度，要把握难度，要有一定的梯度，同时还要有一定的深度。例如，一位教师在上高中“经济体制改革”一课时，在同学们看完挂图后提问。

师：请同学们看图思考——我国的劳动力资源丰富，人均耕地两亩多，农民吃苦耐劳，可是导致上述现象出现的原因是什么？

生：自然大旱，河水断流。

师：同学们说得好。那么，是否仅仅“自然大旱，河水断流”就造成这种局面？

生：不仅仅是，因为人民公社也产生了影响。

这种提问由浅入深，由现象到本质，带动了学生思考，也使学生深刻领会了课文的中心思想。

（三）启发技巧

孔子说：“不愤不启，不悱不发，举一隅不以三隅反，则不复也。”意思是说：“不到他努力想弄明白但仍然想不透的程度不要去开导他，不到他心里明白却不能完善表达出来的程度不要去启发他。如果他不能举一反三，就不要再反复地给他举例了。”这可以说是启发学生的一种技巧，也是一种境界。一名优秀的教师应该善于启发学生去思考、去积累、去感悟，激发学生的积极性和创造性，使其成为知识的发现者和研究者。例如，一位数学老师在讲授“长方形、正方形面积计算”时，通过生活事例来启发学生。

小明家买了一套新房，家里客厅和卧室准备铺地砖，请同学们帮忙算一算要买多少块砖。小明家客厅长4.2米，宽3.8米；卧室地面形状是正方形，边长是3.6米。想买边长是60厘米的地砖，需要多少块？若计算结果不是整数怎么办？

通过以上练习，同学们加深了对长方形、正方形面积计算方法的理解，也认识到数学来源于生活并用于生活的原理，可以用数学知识解决生活中的许多问题。同时，同学们还明白了学习数学的重要性，既培养了学习兴趣，也提高了创新思维能力。

（四）评价技巧

在教学中，对学生影响最大的是教师的评价语言。在以往的教学中，如何对学生进行评价并没有得到教师足够的重视，评价语言只是简单地被划定为批评和表扬两种。实际上，评价的主要目的是激发学生的学习兴趣和学习热情。因此，教师在评价学生时，尽量不使用否定性评价，而是要努力地去发现学生学习过程中的闪光点，进行鼓励性评价。教师在运用评价语言时，不应孤立地为评价而评价，而应该将评价与教学环节的过渡、学习方法的指导、课程主题的升华等方面进行有机的结合。教师在评价学生的过程中，一定要以公平的心态来对待每一个学生，不能因为自己的喜好而在评价中表露出厌恶或偏袒的情绪。教师还应该根据学生的心理素质、性格特点、学习程度、认知水平等多方面的因素，对学生采取因人而异的评价。例如，下面是一位教师在讲授《狼来了》时对学生的评价场景。

我让一个女生读课文中写放羊的孩子大声喊“狼来了！狼来了！”这句时，她用非常平直的声音小声读，部分学生捂着嘴偷笑。那女生红着脸坐下，我走到她身边，微笑着轻声地说：“噢，你这么小声喊，山下的人是听不到的。这样，谁跑来救你呀？请你再读一次好吗？”女孩听后不好意思地笑了，接着做惊恐状，绘声绘色地读了起来。刚读完，教室里就响起了热烈的掌声。

这种有针对性的评价，同直接的批评相比，效果是明显不同的。

（五）收课技巧

完整的一堂课犹如一支歌。开讲是序曲；讲述是华彩段，是主旋律；收课则是终曲，是尾声。完美的收课可把学生的思维推向新的高潮，使课堂教学锦上添花、余味无穷。因此，教师总是想方设法地去寻求最佳的收课方式，从而使课堂教学能够不拘一格，异彩纷呈，吸引学生，提高教学效果。收课技巧，大体分为归纳小结式、开拓延展式、点睛结尾式、朗诵结尾式和复评结尾式等。以归纳小结式为例：

同学们，《第一场雪》是作者峻青于1962年在胶东半岛农村写的一篇散文。文章是按照时间顺序记叙的，依次写了“雪前图”—“雪时图”—“雪后图”—“丰收图”。作者抓住这场雪的特点，具体而生动地写出了这场雪的大，同时通过饱含感情的景物描写和联想议论充分表达了作者的喜悦之情。是啊！在我国连续几年遭受自然灾害，粮食歉收的情况下，人们多么企盼有一场及时的雪给来年带来丰收的希望啊！

二、案例分析

【案例1】

《荷叶圆圆》教学片段

师：我很想和大家交朋友，希望咱们成为学习上的好伙伴。大家愿意吗？

生：愿意！

师：今天我就叫大家小朋友，大家喊我大朋友，好吗?

生：（非常兴奋地）好！

师：那咱们上课。小朋友们好！

生：大朋友您好！

师：真聪明！这节课我们继续学习《荷叶圆圆》。请小朋友们伸出手指，和大朋友一起写课题，好吗?

生：好！

师：小朋友们，你们喜欢玩吗?

生：喜欢！

师：大朋友也喜欢玩。今天大朋友就和小朋友们一起玩，看谁玩得最开心。大家说好吗?

生：好！

师：现在，请大家把自己做的大荷叶拿出来，戴在头上。（学生纷纷拿出荷叶，戴在头上）

师：哇，小朋友们都像小鱼儿一样，把荷叶当成自己的凉伞了！大朋友也有凉伞呢，你们看！（展示大荷叶，先戴头上，然后铺在地上）

生：哇——！

师：（在学生惊叹的时候，教师走上荷叶，联系课文内容边演边讲）我是一颗小水珠，荷叶是我的大摇篮。我躺在荷叶上，眨着亮晶晶的大眼睛。

师：大家说，好玩吗?

生：好玩！

师：谁想和大朋友一样到大荷叶上来表演呀?

师：要想表演好，就要把课文读好，最好能够记住课文中的句子。大家能做到吗?

生：能！

师：嗯，真是好孩子！大朋友要仔细看你们的表情，听你们的声音，哪些小朋友表情好、读得又好，大朋友就请他到台上来表演。好了，开始练习朗读吧。（学生反复读课文）

师：小朋友们，课文里向我们介绍了小水珠、小蜻蜓等好几个小伙伴，你喜欢哪一个呢?

生：我喜欢小蜻蜓。

生：我喜欢小青蛙。

生：我喜欢小鱼儿。

师：你喜欢哪个小伙伴，就读哪个小伙伴的那一段课文。待会儿你就给大家介绍你喜欢的这个小伙伴。

师：谁来介绍小水珠？

生甲：荷叶圆圆的、绿绿的。小水珠说："荷叶是我的摇篮。"小水珠躺在荷叶上，眨着亮晶晶的眼睛。

师：正确、流利，不错！可是大家注意没有，刚才大朋友表演的时候，脸上还带着什么呀？

生：表情。

师：对。我们读课文时不光要正确、流利，还要有表情、动作。下面谁能加上表情、动作读一读？请你！

生乙：荷叶圆圆的、绿绿的。小青蛙说："荷叶是我的歌台。"小青蛙蹲在荷叶上，呱呱地放声歌唱。呱，呱，呱！（笑声、掌声）

师：哇，创造性地朗读！他读得好吗？

生：好！

师：好在哪里？

生丙：他这里读得好："小青蛙蹲在荷叶上，呱呱地放声歌唱。呱，呱，呱！"（笑声）他把小青蛙的声音读出来了。

生丁：他的声音很粗，"呱，呱，呱！"真像一只大青蛙。（笑声）

生戊：他的表情好，显得很神气，"呱，呱，呱！"就像一个大歌星！（笑声）

师：那大家都来像他这样当一次大歌星吧！（学生兴致勃勃地读课文，不时发出笑声）

师：小鱼儿，谁来介绍？

生己：（大大方方地走上讲台）荷叶圆圆的、绿绿的。小鱼儿说："荷叶是我的凉伞。"小鱼儿在荷叶下笑嘻嘻地游来游去，捧起一朵朵很美很美的水花。（大幅度地挥动着手臂）哗——哗——（笑声）

师：嗬——主动上台，好潇洒呀！（笑声）不过，你这"哗——哗——"的两朵水花太大，可不像小鱼儿，倒像一条大鲨鱼！（笑声）你能把大鲨鱼变成小鱼儿吗？

生己：（手掌轻柔地翻动）哗，哗，哗。（笑声、掌声）

师：好！这就是小鱼儿了！谁来说说他读得怎么样？

生庚：我认为他读得还不错。

师：不错在哪里？

生庚：他有表情，都笑了。他还加上了动作，也很不错。

师：你观察得真仔细。他读得好，你说得也好。

【分析】

课堂应是师生共同创造奇迹、唤醒各自沉睡潜能的时空，离开学生的主体活动，这个时空就会破碎；课堂应是向未知方向挺进的旅程，随时都有可能发现意外的通道和美丽的图景，而不是一切都必须遵循固定线路而没有激情的行程；课堂应是向在场的每一颗心灵都敞开温情双手的怀抱，平等、民主、安全、愉悦是它最显眼的标志，没有人会被无情打击，更没有人会受到“法庭式”的审判……。如果要用一句话来概括，那么就是，焕发出生命活力的课堂才是理想的课堂。

在《荷叶圆圆》的课堂上，可以看到师生快乐的面容，可以感受他们心灵的愉悦，可以看到原生状态的生命，可以看到学生个性的张扬。而这一切，缘于一个词：尊重！

一是尊重学生的话语权。不要让课堂成为教师的“一言堂”，单向输出，不管学生的感受，而应该把足够的时间和空间留给学生，让他们畅所欲言，使他们敢于、乐于用言语表达。在《荷叶圆圆》的课堂上，教师把自己的角色定位在大朋友上，学生和大朋友一起说话、活动，还有什么拘谨的呢？

二是尊重学生的选择权。学生的知识、经验相异，兴趣、爱好有别，内心需求也不尽相同。在语文教学中，完全可以大胆放手，让学生选择自己最喜欢的内容重点精读，只有学生自由地把学习的精力放在自己感兴趣的学习内容上，时间充裕，挖掘才能比较深入，再通过大组交流，对文章的理解自然就更到位了。在这节课上，教师让学生自己选择角色进行朗读和表演，获得了良好的教学效果。

【案例 2】

国学名师沈谦

国学名师沈谦教授有一次到台中静宜大学演讲，演讲的主题是“中国古典式的爱情”。演讲开始了，沈谦教授踏上讲台，对大家说：“听说前两个礼拜，余光中教授也在这里跟我讲一样的题目。不过，他讲的正题是我今天讲的副题！”这时，台下有人笑了。沈谦教授接着说：“余光中教授是研究西洋文学的，他来讲中国古典式的爱情，绝对是个外行；不过，他的学问很好，一定讲得很内行。而我是学中国古典文学的，我来讲中国古典式爱情，绝对是内行；不过，我的学问差一点，也许讲出来会有点外行。而且余光中是诗人，他往台上一站，大家都‘醉’了，陶醉在诗人的风采里；我是教书匠，往台上一站，大家都‘睡’了。”讲到这里，台下又是哄堂大笑。沈谦教授继续说：“还好，我没有和余光中教授一起登台演讲，否则在座的各位，一个个都要‘醉生梦死’去了！”沈谦教授妙语连珠，使全场呈现出很热烈的气氛。

【分析】

在教学过程中，幽默是一种重要的语言技巧，可以使师生交流进入轻松活泼的状态。受传统的师道尊严思想的影响，很多教师在课堂上往往不苟言笑，严重影响和压抑了学生的心理，使他们缺乏学习的兴趣，也感受不到学习的乐趣。沈谦教授的演讲就很好地改变了那种古板的讲课模式。

沈谦教授在准备演讲之前才被告知不久前余光中先生也在这里讲了同样的题目。沈先生开讲时临时变通，说“他讲的正题是我今天讲的副题”，然后把自己和余光中先生的授课风格进行了比较，谦虚地说余光中先生讲课使人“醉”，而自己讲课使人“睡”，幸亏两人不同台讲课，不然的话，会让在座各位“醉生梦死”。沈谦教授语言生动幽默，妙语连珠，使听课的学生如沐春风。

第六节　医护工作者

人人都有生病上医院的经历，免不了要和医生、护士交流。医生如果没有较好的口才，就不能准确把握患者的病情，也就不能对症下药。古希腊医师希波克拉底曾明确地说：“医生用两种手段治病，一是用药，二是语言。”把语言和药物都看作治病的手段，由此可见口才在医护工作者日常工作中的作用。

一、医护工作者的口才技巧

医患之间的沟通不同于一般的人际沟通，语言在医患沟通中有其独特的作用。巧妙地运用语言艺术与患者进行沟通，应该是广大医护工作者必须掌握的一项基本功。在医护工作中，医护工作者需要掌握以下口才技巧。

（一）说话要亲切和蔼

医护工作者说话和教师讲课是大不相同的。教师在课堂上，语言富于变化，感情丰富，喜怒哀乐可以溢于言表。而医术在古代被称为仁术，医护工作者的任务是治病救人，所以对患者要有深切的同情心，询问病情时要轻言细语，检查后要安慰患者，让患者倍感亲切，并对医护工作者产生一种信任感。如果言辞严厉，语调生硬，必然雪上加霜，可能病情还没有得到缓解，患者先添了几分忧郁和顾虑。

一个医生，三句话说死了一个患者。第一句：“你的病呀，来晚了。”患者一听就急了，赶紧求他：“大夫呀，我大老远慕名而来，求您想想办法吧。”这时，大夫来了第二句：“你这个病呀，没治了。”患者又求他。大夫第三句话：“你早干吗去了？”患者听完这三句话，好像一盆凉水兜头浇下，心想完了！他眼皮耷拉着，头都抬不起来了。回到家，家人一看他这样子，忙问怎么回事。患者说：“大夫说了，我来晚了，没治了，我早干吗去了。”他上午 11 点半离开诊室，下午 4 点嘴唇发紫，晚上 8 点进急诊室，第二天凌晨 2 点就去世了。

（二）交谈要通俗易懂

医学是一门科学，有许多医学术语。如果医护工作者在与病患谈话的过程中过多地使用医学术语，会使患者费解，甚至造成误会。

有位患者家属缠着管床医生，非要让他说清楚电解质是啥玩意，可那位年轻医生反复说那是医学术语，弄得患者家属很不满意。倒是另一位患者在一旁插话了，告知这位患者家属电解质是人体血液里的一种物质，多了少了都会出问题，医生用药的目的是把患者的这种物质调整到正常范围。这位患者家属听后，逐步解开疑团，积极配合医生治疗。

（三）解答要简练明确

许多患者在看病过程中，会向医生提出很多问题，这些问题需要医生简单明了地回答。如医生不能圆满地解答患者的提问，必将导致患者消极的自我暗示，而良性的心理暗示才有助于患者康复。

有位先生患有严重失眠，多年不愈。一次，他偶然遇到一位年轻的女医生。女医生给他一片安眠药，说："试试吧，这是从美国进口的最有效的安眠药。"那一夜，他终于沉沉睡去。在接下来的近一年时间里，他每天从女医生那里得到一片安眠药，然后甜睡一夜。终于，他变成了一个快乐、健康的人。有一天，他又在街上碰到了这位女医生，女医生告诉他，这近一年来给他的所有安眠药，除了开头那几天的是安眠药外，其余的全是最普通不过的维生素片。

（四）叮嘱语气要因人而定

医生诊断后，如果需要对患者的治疗事宜进行交代，一定要区分对象，选用适当的叮嘱语气。如果是对一些重症患者，应当委婉含蓄地指出其病情的严重性，让他注意安心治疗，不能流露出紧张忧愁的语气和神色，以免产生消极暗示。如果是对病症较轻的患者，叮嘱则可采用明朗的语气，甚至说些幽默的话，令患者感到轻松愉快。

二、案例分析

【案例 1】

别去上班了

患者，女，45 岁，因身体不适来医院就诊。医生询问病情后，认为是营养不良，劳累过度。于是对患者说："别去上班了，在家好好休息，做点好吃的，再给你开点药，就不用再来看了。"话刚说完，患者立即昏厥。待抢救苏醒过来，仔细了解原因，方知患者母亲患癌症刚去世不久，患者对自己的身体状况持悲观态度，疑心太重，故对医生的话做了最坏的理解。

【分析】

在上述案例中，医生开口就说“别去上班了”，立马就给患者造成巨大的精神压力，使其以为此病已经无药可救。接着说“在家好好休息，做点好吃的”，按通常的理解，意味着在生命的最后时刻好好享受一下，这使患者更加紧张。最后说“就不用再来看了”，患者会认为连医生都让她不必再来了，更让人联想到病情的可怕。这些说法直接导致患者昏厥。

正确的做法是，医生既然已经把握了患者病情的准确信息，就应该明白无误地告诉患者：“你这病没什么大不了，只是营养不良，劳累过度。”然后再说后面的话，这样患者就不至于往最坏处想了。

【案例 2】

害　臊

一个 18 岁的女学生来医院就诊，一中年女医生接过病历，一边填写，一边问：“怎么啦？”女学生瞅了在场的男医生一眼，红着脸不说话。女医生不耐烦了：“说呀，害什么臊呀，我们都是医生，有什么没听过，什么没见过呀？”女学生更是面红耳赤，夺门而去，不愿再看病了。

【分析】

在上述案例中，女医生说的话违反了保护患者隐私的原则。女学生可能患的是妇科病，由于有男医生在场，羞于启齿，这是正常的反应。虽然医生们见多识广，但女医生不应以此为理由，强迫患者在公众面前说出自己的隐私，更不应该表现出不耐烦的情绪。

正确的做法是，女医生应该悄声询问或者在回避男医生的情况下再进行询问。

第七节　律师

在人们的心目中，律师毫无疑问是能言善辩者中的代表人物。历史上有两个重要人物与律师有关。一个是大文学家歌德，歌德以前是做律师的，由于只会使用“诗的语言”，不善于辩驳，不得不中止律师生涯；另一个是美国前总统林肯，他由于在法律界的成功和影响，登上了总统的宝座。这是一正一反的两个例子，但都很好地说明了口才对律师的重要性。

一、律师的口才技巧

律师除了应该具备扎实的法学知识和办案技巧外，还应该能够娴熟地使用律师语言。尤其是对那些以诉讼为主的律师来说，律师语言的运用显得更加重要。结合实际生活中律师语言运用的情况，律师应掌握以下口才技巧。

（一）用语简洁

律师的语言应该用语简洁。选择合适的词语，准确地遣词造句，用简洁的语言准确、完整地表达自己的观点。用语简洁表现在句式结构上，就是要求无论使用文字表达还是口头表达，律师都应该尽量多使用短句、散句，把复杂的问题分解成一个个具体的问题，从而把复杂的事物层次分明地表达出来，不至于因为句型太复杂、太长而影响理解。例如，在小商贩崔××刺杀城管队长李××的案件中，律师辩护词的用语就非常简洁。

尊敬的法官、尊敬的检察官：贩夫走卒、引车卖浆，是古已有之的正当职业。我的当事人来到城市，被生活所迫，从事这样一份卑微贫贱的工作，生活窘困，收入微薄。但他始终善良淳朴，无论这个社会怎样伤害他，他都没有偷盗没有抢劫，没有以伤害他人的方式生存。我在法庭上庄严地向各位发问，当一个人赖以谋生的饭碗被打碎，被逼上走投无路的绝境时，将心比心，你们会不会比我的当事人更加冷静和忍耐？

（二）表达流畅

律师的语言应该表达流畅。流畅的表达不仅反映了一名律师的语言表达能力，还反映了律师对案件是否有足够的自信心，对问题是否有透彻的理解，思考问题是否有清晰的思路。1870 年，美国密苏里州发生了一起由狗引起的官司。居住在沃伦斯堡的波特先生饲养着一只名叫“老鼓”的猎犬，波特先生十分喜爱。一天晚上，“老鼓”跑到了波特先生的邻居杭斯贝先生的后院中，被杭斯贝先生开枪打死了。失去“老鼓”的波特先生十分悲痛，一纸诉状将邻居杭斯贝先生告到了法院。这场官司一直打到了最高法院。在终审时，参议员佛斯特先生代表波特在法庭上的辩护词感动了法官和陪审团，法庭最终宣判波特先生胜诉，由对方赔偿 500 美元定案。这篇被世人称为《狗的礼赞》的辩护词，表达非常流畅，下面就是其中的一个片段。

名篇演示

各位陪审官：在这个世界上，一个人的好友可能和他作对，变成敌人。他用仁慈培养起来的儿女也可能会变得忤逆不孝。那些我们最感密切、最亲近的人，那些我们用全部幸福和名誉信托的人，都可能会舍忠心而成叛逆。一个人所拥有的金钱可能会失去，很可能在最需要时它却插翅飞走。一个人的声誉可能牺牲在考虑欠周的一瞬间。那些习惯在我们成功时屈膝奉承我们的人，很可能就是当失败的阴云笼罩在我们头上时掷第一块阴毒之石的人。在这个自私的世界上，一个人唯一毫不自私的朋友，唯一不舍弃他的朋友，唯一不背义负恩的朋友，就是他的狗。

（三）语气得当

语气大体上分为两种：一种是言辞锋利，语调铿锵，咄咄逼人；另一种是言辞内敛，语调舒缓，娓娓道来。一般来说，咄咄逼人的语气可以增加辩论者的声势，但往往缺少亲和力；娓娓道来的语气似乎减弱了辩论者的声势，但往往具有亲和力。这两种语气都有其可取之处，关键是要根据情况灵活运用。如果对手一味胡搅蛮缠，适当地使用咄咄逼人的语气，也许比一味地娓娓道来效果要好得多。例如，张三将李四故意杀害，然后聘请律师辩护。张三的律师一上庭，就对被害人发起了攻击，历数被害人好逸恶劳、赌博、酗酒的坏毛病，试图证明被害人也不是个好人。公诉人发动了如下的反击：

俗话说："金无足赤，人无完人。"难道被告人是完人，难道辩方律师是完美无缺的圣人？纵然是圣人，还得"吾日三省吾身"，您凭什么苛求被害人？纵然被害人不是完人，被告人有何权利杀害被害人？

被告人是被指控犯罪的人，辩护律师做正当防卫辩护，常常是以被害人一方有过错、有责任，或者被告人的行为是正当防卫为前提的，但是杀害、伤害对方的事实是客观存在的。辩护律师率先发起咄咄逼人的攻势攻击被害人，于情于理都是不合适的，最终让公诉人反击得哑口无言。

说理只是形式，说服才是目的，语言的亲和力可以让听者更容易倾听和接受自己的观点。特别是考虑到有些案件的开庭氛围直接影响到案件双方当事人的调解前景，娓娓道来的语气就更有可取之处。

（四）法言法语

法言法语的使用，是律师语言的一大特色。律师语言所表达的概念，已经有了严格的法律含义。在专业场合应该使用法言法语，一是可以使表达的意思在法律上有严格准确的意义，二是可以使听众感受到律师的专业素养，增加辩论的信服力。一名律师，如果不能够使用法言法语，纵使口吐莲花，滔滔不绝，也只会给人一种徒逞口舌的门外汉的感觉。

例如，"罪犯"和"犯罪嫌疑人"，这是两个不同的概念，在法律上有严格的定义，律师在使用时应该注意区别。罪犯是已经被法律机关确认犯罪的人，犯罪嫌疑人则是在刑事案件中涉嫌犯罪的当事人。在刑事案件侦查、审查和起诉阶段，涉嫌犯罪的当事人只能称为犯罪嫌疑人。

二、案例分析

【案例 1】

林肯的辩护

美国总统林肯以前是律师，在律师界享有很高的声誉，他的辩论技巧令人钦佩。下面是林肯巧妙揭穿证人伪证的案例。

1837 年，小阿姆斯特朗被指控开枪杀人、谋财害命。证人福尔逊被原告收买，一口咬定他亲眼看见被告开枪击毙被害人，令被告有口难辩。林肯律师的有力辩护还他以清白，使他被无罪释放。下面是这场短小精彩的法庭辩论。

林肯向证人福尔逊发问："你认清开枪杀人的的确是小阿姆斯特朗吗？"

福尔逊："是的。"

林肯："你在草堆后面，小阿姆斯特朗在大树下，相距二三十米，你能看得清楚吗？"

福尔逊："看得很清楚，因为当时月光很明亮。"

林肯："你肯定不是从衣着等方面看清的吗？"

福尔逊："不是从衣着方面看清楚的。我肯定是看清了他的脸，因为月光正照在他的脸上。"

林肯："具体时间能肯定吗？"

福尔逊："完全可以肯定，因为我回到屋里时看了时钟，那时是 11 点 1 刻。"

林肯："我不能不告诉大家，这个证人是一个彻头彻尾的骗子。他一口咬定 10 月 18 日晚上 11 点他在月光下看清了被告人的脸。请大家想一想，10 月 18 日那天是上弦月，到了晚上 11 点，月亮早已下山了，哪里还有月光？退一步说，也许他时间记得不十分准确，时间稍有提前，月亮还没有下山，但那时月光应是从西边往东边照射，草堆在东，大树在西，如果被告脸朝大树，月光可以照到脸上，可是证人就根本看不到被告的脸；如果被告脸朝草堆，那么月光只能照在被告的后脑勺上，证人又怎么能看到月光照在被告的脸上呢？又怎么能从距离二三十米的地方看清被告的脸呢？"

林肯的辩论铿锵有力，掷地有声，博得全场一片掌声和喝彩声，最后法庭宣判被告无罪释放。

【分析】

林肯在这次辩论中采用了逐个击破的策略，首先让对方确定某个结论，然后针对对方构成结论的各种因素一一加以辩驳，直到最后一个条件的丧失，对方的结论不攻自破。

福尔逊的结论为：在月光的照射下，他在距离小阿姆斯特朗二三十米的草堆后面看清了小阿姆斯特朗的脸。这个结论需要两个条件：一是有月光，二是面对面。林肯按照预定的设想，开头就让福尔逊一口咬定在月光的照射下亲眼见到小阿姆斯特朗的脸。福尔逊认为那天晚上没有其他人在场，只要自己一口咬定，就能掩盖事实。谁知道林肯早有准备，接下来就是一个个地驳倒福尔逊结论所必需的条件：一是那天是10月18日，月亮是上弦月，到了晚上11点，月亮早已下山了，这是科学规律，毫无辩驳的可能；二是面对面的问题，福尔逊在草堆后面见到小阿姆斯特朗，那么小阿姆斯特朗必须是面对着草堆才行，但是晚上月亮已经偏西，而小阿姆斯特朗是在草堆的西面，所以如果小阿姆斯特朗面对草堆，月亮就照不到他的脸上，福尔逊在二三十米的远处不可能看清他的脸；如果小阿姆斯特朗面对西方，那么福尔逊是在他的东方，根本就不可能看到小阿姆斯特朗的脸。最后，福尔逊的谎言没有任何支撑点而垮塌。

可见，林肯在辩护前仔细研究了案卷，调查了现场，掌握了事实。同时在此基础上，他经过周密的设计，巧妙地发问，继而用逻辑规律和两难推理，戳穿证人的谎言，使对方哑口无言，充分展示了其严密的逻辑思维和高超的辩驳能力。

【案例2】

环环相扣的锁链证据

问：请问，你能不能再一次肯定，你当晚确实是9时20分入电影院看电影？

答：我记得十分清楚，我肯定是在9时20分入场的。

问：好。我再问你，你入场的时候电影开映了没有？

答：我觉得……，好像开始了一阵。

问：这就怪了。我到该电影院调查过，该电影院一向习惯9时25分开映，你9时20分入场，为什么电影已经开始放映了呢？

答：这……，或许我看错表，当时可能是9时25分。

问：好，就算你当时看错了表，你是9时25分入场的，据我调查所知，该电影习惯在正片放映之前先放3分钟广告片、2分钟预告片，那么请问，当晚电影院放了哪些广告片？

答：对不起，我对广告片没兴趣。

问：难道你对自己赞美食品公司的广告都没兴趣吗？

答：（迟疑了一会儿）哦，我记起来了，是放了赞美食品公司的广告，总之关于我公司的广告太多了，我一时记不清楚是不是那晚放的了。

问：那又错了。我去该电影院调查过，该电影院素来与赞美食品公司没有任何联系，素来未放映过有关赞美食品公司的广告，而当晚也不例外。我再问你，当晚放映了哪些预告片？

答：我不记得了。

【分析】

这是香港电视连续剧《流氓大亨》中一段精彩的法庭辩论。食品公司经理之养子钟伟舜，贪图富贵，竟用汽车撞死亲生父亲，然后到电影院看电影。散场时他故意调戏妇女，与人大打出手，最后被警察拘留。钟伟舜企图制造假象，以便证实父亲被杀时他不在现场，但最终因受到指控而被传至法庭。

在这段富有戏剧性的对白中，主控律师在调查的基础上利用锁链证据，充分发挥环环相扣、诱问否定的口才技巧，逼其做出自相矛盾的回答，从而为进一步论证钟伟舜很可能先杀父再入电影院打下了坚实的基础。

第八节　管理者

口才故事

管理是指社会中的组织或个人，为达到预定的目标，运用科学的方法和手段，对所辖对象进行的决策、计划、组织、指挥、控制、协调和监督等活动。在现实生活中，管理是一种普遍现象，它存在于人类社会生活的各个领域和各个层次，小到个人、家庭，大到单位、团体，乃至整个社会和国家。所以说，管理无处不在。

一、管理者的口才技巧

管理的手段多种多样，但其中有一种最基本、最重要的管理手段是管理活动永远离不开的，那就是口才。优秀的管理者往往都具有较好的口才，懂得用温暖、得体的语言去感召被管理者，在“润物细无声”中实现管理的目的。可以说，作为技术和艺术相结合的口才，在管理中发挥着极为重要的作用。作为管理者，需要掌握以下口才技巧。

（一）有的放矢

在管理活动中，管理者说话要有的放矢，也就是要充分考虑说话对象的处境、心情、思想、性格、接受能力、实际需要等。如果不顾及说话对象的实际情况，盲目说话，就达不到管理的目的，甚至会产生与预期相反的结果。以学校教育为例，要掌握学生的特点，有的放矢地进行教育，在教育上更应讲究方式方法。

例如，一所学校的校长针对学生怕吃苦、学习不够努力的现象，在全校师生大会上批评学生说：

你们还觉得苦？我们读书的时候，饭都吃不饱，天天啃窝窝头，偶尔才能吃上一点白米粥，放学回家还要一边放牛一边看书……

学生听了以后，嘘声一片，都很不以为意。

时代在变，生活在变，当代学生的生活和学习条件普遍得到了提高，他们没有经历过那种艰苦的生活，校长“忆苦式”的教育尽管语重心长，但很难得到学生们的认可，更不可能使其产生思想上的共鸣。

（二）设身处地

在管理活动中，管理者要设身处地地站在说话对象的立场上思考问题。例如，在企业管理中，作为管理者应设身处地的从员工角度考虑问题。如果员工抱怨待遇不好、天天加班，管理者就要考虑工作是不是过量，员工们是不是期待更高的回报。管理者不一定要答应员工们的所有要求，但一定要解释原因。

（三）对症下药

在管理活动中，管理者要对症下药，要根据具体情况和具体问题来实施管理。1949 年年底，商务印书馆由于经营不善发不出薪水，董事长张元济先生到上海市委找陈毅市长，要借 20 亿元（相当于现在的 20 万元）以解燃眉之急。这位八十二岁高龄的老先生比陈毅父亲的年纪还大，陈毅在小学时就听过他的大名。但是，陈毅想，这笔钱不能借，可是如何回绝张老先生呢？陈毅直言不讳地说：

如果说人民银行没有 20 亿元，那是骗你的。我不能骗你老前辈。只要打个电话给人民银行就可以送给你。你老这么大年纪，为了文化事业亲自跑到这里来，理应借给你，但我想，还是不借为好。20 亿元搞到商务一下就花掉了。还是要从改善经营想办法，不要只搞教科书，可以搞些大众化的年画，搞些适合工农需要的东西。学中华书局的样子，否则不要说 20 亿元，200 亿元也没有用。要你老先生这么大年纪，到处轧寸头，我很感动，不过我不能借这个钱，借了是害了你们。

一席话把张元济说通了，他高兴地说：“我完全接受你的意见，我不借钱了，你这话很爱护我们商务，使我很感动。”

（四）营造气氛

在管理活动中，管理者处于优势地位，要学会营造气氛，使得谈话和管理工作得以顺利进行。如果只是由着自己的意愿胡乱说一通，就可能把事情弄得更糟。例如，一职员接连几天迟到，部门经理对他大发雷霆：“你接连几天迟到，我要扣你的工资！”这话把对方给激怒了：“扣就扣，明天我还要迟到！”事情弄得很僵，也不好收场。如果这位经理在进行批评前能营造气氛，使被批评者的心态处于能接受批评的状态，事情就变得容易多了。例如，这位经理可以这样说：

我以前也是从基层干起的，各个方面都不是很顺利，家里也经常出现一些状况需要我解决，所以有时候我也有迟到的情况。不知你现在是不是有什么困难，如果有，就讲出来，看看我能不能帮你找到解决问题的办法。但是，经常迟到毕竟不是什么好事，会给其他员工带来不好的影响，我希望你以后能注意一下。

由于事先营造了适合批评的气氛，在了解了员工迟到的真实原因之后再做处理，员工就会心服口服，事情也就得以妥善解决了。

（五）通俗易懂

在管理活动中，管理者应当尽量使用一些口头语，避免使用晦涩生僻的书面词语，以使说的话通俗易懂。有一位领导为了显示自己的文采，讲话总爱半文不白："广开言语之难，难于上青天。不才稽考治下一打以上的局长，能纳谏者实属罕见。"像这种爱卖弄的人，是没有几个人愿意与之交谈的。如果用这样的表达方式对下属交代工作，恐怕没有几个人能领会他的意思。

另外，还有些管理者说话时啰唆，喜欢使用大量的修饰语，目的是显示自己的领导水平和表达才能。例如，一位领导讲话时说：

对这项科研项目，你们要有勇攀高峰、不断创新的精神。要完完全全消灭畏难情绪，要彻彻底底消除自卑感。在具体问题上还要切切实实重视困难。只有脚踏实地，一步一个脚印，踏踏实实地去干，才能达到胜利的目的。无限风光在险峰，曙光就在前面，同志们，加油吧！胜利属于你们！奋斗吧！

这段话听起来似乎很有激情，但是重复啰唆，添加了许多不必要的修饰成分，如"完完全全""彻彻底底""切切实实""脚踏实地""踏踏实实"等，让人觉得很做作，听了很不舒服。

二、案例分析

【案例 1】

留个缺口让下属去填满它

一位著名企业家做完经验交流报告，有听众询问他最成功的管理方法是什么，他拿起粉笔在黑板上画了一个圈，只是并没有画圆满，留下一个缺口。然后他反问道："这是什么？""零""圈""未完成的事业""成功"，台下的听众七嘴八舌地答道。他对这些回答不置可否："其实，这只是一个未画完整的句号。

你们问我为什么会取得辉煌的业绩，道理很简单：我不会把事情做得很圆满，就像画个句号，一定要留个缺口，让我的下属去填满它。”

【分析】

经验表明，事必躬亲是对员工智慧的扼杀，往往事与愿违。长此以往，员工容易形成惰性，责任心大大降低，还会把责任全部推给管理者。情况严重者，会导致员工即便工作中出现问题也不愿意向管理者反映。个人的智慧总是有限的，为员工画好蓝图，给他们留下空间，发挥他们的智慧，他们完全可以做得更好。让员工参与到公司的决策事务中来，既是对他们的肯定，也是员工自我价值实现的精神需要的满足。赋予员工更多的责任和权利，他们往往会创造出管理者意想不到的成就。

【案例 2】

鸭子只有一条腿

某家酒店有位著名的厨师，他的拿手好菜是烤鸭，深受顾客的喜爱，老板对他也非常赏识。不过这个老板从来没有鼓励过任何厨师，使得这位厨师整天闷闷不乐。

有一天，老板有客人从远方回来，在家设宴招待贵宾，点了数道菜，其中一道是老板最喜欢吃的烤鸭。厨师奉命行事。然而，当老板夹了一只鸭腿给客人时，却找不到另一只鸭腿，他便问身后的厨师说：“另一条腿到哪里去了？”厨师说：“老板，我们养的鸭子都只有一条腿！”老板感到诧异，但碍于客人在场，不便问个究竟。

饭后，老板便跟着厨师到鸭笼去看个究竟。时值夜晚，鸭子正在睡觉，每只鸭子都只露出一条腿。厨师指着鸭子说：“老板，你看，这些鸭子不是全都只有一条腿吗？”

老板听后，便大声拍掌，鸭子被惊醒了，都站了起来。老板说：“鸭子不是都有两条腿吗？”厨师说：“对！对！不过，只有鼓掌拍手，才会有两条腿呀！”

【分析】

在管理工作中，激励和奖赏是非常重要的。管理者要经常在公众场合表扬一些成绩突出或者做出贡献的下属，也可以适当地给予物质奖励，激励他们继续努力，做出更大的成绩。动动嘴皮，或者用一点小小的投资，就可以换来数倍的回报，何乐而不为呢？

第九节　外交人员

口才故事

外交是独立国家对外行使主权的官方行为，是一国维护本国利益及实现其对外政策的重要手段。外交采用和平方式，主要有谈判和不同形式的对话，包括参加国际组织和会议；其执行者是正式代表国家的人员和机构。外交是和平处理国家关系的一门科学和艺术，更注重外交辞令的技巧。

与其他职业相比，在业务技能方面，外交人员往往有着较高的要求。英国学者费尔萨姆曾就此强调："外交官需要具备有成就的实业家、行政人员和文职人员所具备的品质。他不仅应该是这些方面的专家，而且必须了解别的国家、文化和社会，并且懂得他们之所以存在的依据。他需有专门的知识、技巧与优秀的品质。"一般而言，除了不同的工作岗位有着不同的具体要求之外，外交人员普遍应当在业务技能方面做到擅长口才、掌握外语、精通文史、熟悉经贸。如果离开了其中的任何一点，外交人员在外交实践中往往难当重任。

一、外交人员的口才技巧

纵观古今中外，那些功成名就的外交家，无论是富兰克林、梅特涅、俾斯麦、李维诺夫、丘吉尔、基辛格，还是苏秦、张仪、诸葛亮、周恩来、陈毅、乔冠华等，无一不是擅长口才之人。客观地讲，口才是每一位外交人员均应掌握的基本专业技能。在外交活动中，外交人员如果不善用外交辞令，轻者会扩大分歧，造成误解；重者会影响两国关系，乃至影响世界政局。

（一）委婉含蓄，藏而不露

外交界风云变幻，寒暖乍起，关系纷繁复杂，因此在外事活动中，外交人员有时需要直言不讳，有时又需要委婉含蓄。但在多数情况下，拘于外交礼节，往往采用委婉含蓄的方法。它的表现形式多是措辞委婉，使话语表达呈现藏而不露的状态，但所要表达的意思对于交际各方来说又是十分明确的。

1972 年，周恩来总理在欢迎尼克松总统宴会上的祝酒词中有这样一段话：

由于大家都知道的原因，两国人民的往来中断了 20 多年。现在，经过双方共同努力，友好往来的大门终于打开了。

这一段话中的"大家都知道的原因"是模糊语言，而其含义又是十分明确的，指的是过去 20 多年间美国政府对中华人民共和国的态度。这里通过这种表达，收到了藏而不没、显而不露的效果，既坚定了我国的严正立场，又不失外交礼节。

（二）隐晦模糊，巧妙周旋

在外事活动中，有些人经常因一些敏感话题陷入困境，不知所措。所谓敏感话题，是指那些不能公开或不想公开而又备受关注的话题，有国家大事，也有私人小事。在这种不想说又不得不说的微妙境况下，如果外交人员显出尴尬或愤怒的情绪，就意味着陷入了困境。碰到这种微妙境况，唯一的出路是冷静、沉着地使用一些隐晦模糊的说法来进行巧妙的周旋。

有一次，一位日本记者询问我国发展核武器的情况，时任外交部部长陈毅一如既往地用极其坦率的口吻说：

中国爆炸了两个原子弹，我知道，你也知道。第三个原子弹可能也要爆炸，何时爆炸，请你等着看公报好了。

陈毅素来以坦率的言辞著称，但这次的问题涉及国家机密，所以在后面的言辞中使用了隐晦模糊的说法“可能”“何时”“请你等着看公报好了”，极尽语言的弹性艺术。

（三）温文尔雅，注意分寸

国家不论大小强弱，地位都是平等的，一名训练有素的外交官绝不能出言不逊，恶语伤人，而应该温文尔雅，注意分寸，使争论或交涉的双方始终处在一种和平的气氛之中。

新中国成立初期，陈毅任外交部部长时，有一次出访印度尼西亚，就陷入僵局的第二次亚非会议的会址问题再次与苏加诺总统磋商。苏加诺认为真正的力量在亚洲，所有会议不但要在亚洲开，而且要在印度尼西亚开。眼看谈不下去了，陈毅却和颜悦色地说：

阁下是总统，总统就是统帅，而我只不过是个元帅，元帅当然要听总统的啦！您总统下命令，我元帅当然要执行。但是，元帅嘛也有义务给统帅提意见、提建议。如果统帅老是不接受元帅的建议呢，元帅我就只好辞职不干了。

这段温文尔雅、很有分寸的外交辞令，话中有话，充分显示了陈毅的语言艺术和外交才能。苏加诺是个明白人，等随行翻译冀朝铸有声有色地把这段话转译给他后，苏加诺竟慌了神，突然站起来，脱掉帽子，在座位附近转了两三圈，半认真半开玩笑地说：“元帅阁下，你真厉害！”他停顿了一下，又无可奈何地说：“我接受你的意见，这次会议就在非洲开吧！”僵局被打破了，中国又一次获得了外交胜利。

二、案例分析

【案例 1】

周恩来的外交故事

周恩来总理是一位博学多谋、辩才杰出、富有幽默感的外交家。在长期对外交际中，周总理用幽默一次次地巧解人意，化险为夷，深受世人的敬佩。

一次，他接见美国记者，对方不怀好意地问："总理阁下，你们中国人为什么把人走的路叫马路呢？"他听后没有急于反驳，而是妙趣横生地说："我们走的是马克思主义道路，简称马路。"

对方又问："总理阁下，在美国，人们都是抬头走路，而你们中国人为什么都低着头走路呢？"他又微笑道："这个问题很简单嘛，你们美国人走的是下坡路，当然要仰着头走路的，而我们中国人走的是上坡路，当然要低着头走路了。"寥寥数语，使对方哑口无言。

【分析】

美国记者想通过询问为什么中国人把人走的路叫作"马路"，而不是叫作"人路"，从而趁机进行人身攻击。周恩来总理并没有直接说明"马路"一词的真实理据，而是利用中美之间政治立场的差异，诙谐地说因为走的是马克思主义道路，所以简称"马路"。周总理的回答令这位美国记者始料不及。走路姿势是习惯问题，因人因民族可能会有些差异，美国记者拿这个来做文章，想趁机攻击社会主义新中国。周总理说美国人走的是下坡路，所以只好仰起头走路，暗喻资本主义美国已经开始腐朽了；而中国人走的是上坡路，所以要低着头走路，暗喻社会主义中国是新生的，正朝气蓬勃。

周总理的外交口才，让人不能不佩服。

【案例 2】

李肇星的外交故事

有一次，美国在中国购买的飞机上安装窃听器。一位美国记者见到李肇星后，不停地问他的态度。李肇星回答说："中国是一个发展中国家，我们花这么多钱买这样一架飞机不容易。我希望我们花钱要求装的东西一样不能少，但我们没花钱的东西，就请你们不要'送'给我们。"这位记者听了后哈哈大笑，说："您的这个回答可以编进新闻教材了。"

时任中国驻美大使的李肇星一次在美国俄亥俄州立大学演讲时，一位老太太问他："你们为什么要'侵略'西藏？"李肇星一改往日之态，没有直接反击，在得知老太太是得克萨斯州人后，他说："你们得克萨斯州 1848 年才加入美国，而早在13世纪中叶，西藏已被纳入中国版图。您瞧，您的胳膊本来就是您身体的一部分，您能说您的身体侵略了您的胳膊吗?”老太太乐了，心悦诚服。最后，她热烈地拥抱住李肇星，连声说:“谢谢您，谢谢您让我明白了历史的真相。”

【分析】

作为外交官，李肇星见证并参与了中国与世界的种种风云变幻，并被媒体誉为“铁嘴钢牙”。

中国购买美国人制造的飞机，却被美国人安上窃听器。面对记者的多方询问，李肇星言辞幽默，态度却很强硬地表达了中国人对此事的看法，那就是我们出钱买的东西，该装的“一样不能少”；我们不想要的，请不要“送”给我们。一个“送”字，可谓柔中有刚，让那些美国人无地自容。

老太太因为不了解中国的历史和国情，听信某些媒体的失实报道，从而责问李肇星。面对这样一个感情真挚、年事已高又有些糊涂的老太太，李肇星没有直接辩驳，而是把得克萨斯州加入美国和西藏成为中国版图一部分的时间进行了对比，并用生动的比喻，让老太太清楚地认识到，中国在西藏问题上所采取的立场和行为只是中国的内政，谈不上“侵略”。

演练场

1. 在职场中，哪些行业更需要掌握一定的口才技巧?

2. 某班要举行元旦晚会，现在假设你是节目主持人，请设计完整的台词。

3. 现在，各大商场都有不同的促销人员，对自己负责的商品进行促销，请记录他们的语言，并分析优劣。

4. 如何理解“语言也是治病手段”? 你在就医过程中，对诊治医生和护士的话感到满意吗? 你觉得应该如何改进?

5. 电视电影中经常有一些精彩的法庭辩论，请记录律师的语言，并分析优劣。

6. 请说说教师语言的技巧。

7. 作为领导，在管理过程中需要掌握哪些口才技巧?

8. 请说说导游应当具备的基本的口才技巧。

第八章 生活口才

> 可与言而不与之言，失人；不可与言而与之言，失言；知者不失人，亦不失言。
>
> ——孔子

人是社会中的人，任何人都不可能离开社会而单独生存，每个人在生活中总是要和身边的人进行交流和交往。人际关系既复杂，又微妙。人们常常说，生活是需要智慧的，人际关系的维系很多时候都需要智慧，而最能体现生活智慧的就是生活口才。本章着重讲解介绍、寒暄、交谈、赞美、批评、邀请、拒绝、安慰、说服、情感等社交场景中的口才技巧。

第一节　介绍

口才故事

生活中，陌生人见面，免不了要介绍一番，或自我介绍，或介绍他人。介绍是社交中人们互相认识、建立联系必不可少的手段。它使交际者由陌生转为熟悉，是深入交流得以进行的前提。恰当的介绍能给人留下良好的第一印象。

一、介绍的口才技巧

（一）介绍要找准时机

介绍时，要等待适当的时机。任何时候，无论出于任何目的，打断别人的谈话都是极其失礼的行为。所以，不要打断别人的谈话来介绍自己或他人，可以在对方独自一人的时候，或者在轻松愉快的情况下，把自己或他人介绍给对方。此时，对方一定会认真倾听，并留下良好的印象。此外，在大家闲谈的时候或出现冷场的时候，抓住时机进行自我介绍，对方也一定会乐意接受。

（二）介绍他人时要讲顺序

介绍的基本顺序：将男士介绍给女士；将年轻者介绍给年长者；将公司同事介绍给客户；将非官方人员介绍给官方人员；将职位低的介绍给职位高的。女性、年长的、地位高的、受尊敬的一方有权事先了解别人。

（三）介绍要有尺度

介绍时，一定要把握尺度。夸夸其谈或自我贬低都会给人留下不好的印象。只有实事求是、恰如其分地介绍自己或他人，才会给人留下诚恳、坦率、值得信赖的印象。

第六章求职口才部分节选的《西厢记》中张生的自我介绍，提供了一些超出正常交往的信息，如自己的生日、年龄和不曾娶妻的情况，显得唐突、冒失，让人在吃惊之余，感到又可气又可笑。这样的自我介绍，在生活中应该避免。

（四）介绍自己应尽可能低调

介绍自己时，应该尽可能保持低调。有些人在介绍自己时，总是急于炫耀自己，为了加深对方的印象，甚至不惜打肿脸充胖子。即使在介绍自己的优点或业绩时，也应该尽量用谦虚的态度、平和的语气进行说明，不可以给人炫耀或张扬的感觉。

（五）介绍他人应尽可能突出优点

介绍他人时，应当尽可能突出所介绍对象的优点。一是有助于对方加深印象，二是对他人的尊重。所谓“勿友不如己者”，如果把第三者介绍给对方，而在介绍时又没有突出第三者的优点，对方会认为，有必要认识一个既没有优点又和自己不相干的人吗？

二、案例分析

【案例 1】

诸葛亮初见刘备

玄德见孔明身长八尺，面如冠玉，头戴纶巾，身披鹤氅，眉聚江山之秀，胸藏天地之机，飘飘然当世之神仙。玄德下拜曰：“汉室之鄙徒，涿郡之愚夫，久闻先生大名，如雷贯耳。昨尝两次至仙庄，已书贱名于文几，未审览否？”孔明答曰：“南阳田夫，触事疏赖，屡蒙将军枉驾来临，下情不胜感激。”二人叙礼毕，分宾主而坐。

【分析】

刘备求贤若渴，三顾茅庐，得以见到诸葛亮。古人非常注重礼节，刘备首先下拜，并且进行了自我介绍，称自己是“汉室之鄙徒，涿郡之愚夫”，连用“鄙徒”“愚夫”“贱名”，可谓谦逊之至；同时又用“汉室”二字恰到好处地表明了自己是汉室后人的身份（西汉中山靖王刘胜之后，刘弘之子，世称刘皇叔）。

诸葛亮前两次不见，目的是考验刘备的态度是否真诚。虽然自己抱有不世之才，常自比管仲、乐毅，但是在刘备面前，诸葛亮简单地把自己称为“南阳田夫”，显得既谦虚又到位。“田夫”一方面是说自己没什么学问，另一方面也表明了自己素来的志趣，在荒野之间自得其乐。后面的话则是表达自己对刘备知遇之恩的感激。

【案例 2】

投标时的自我介绍

我叫吴××，是哈尔滨工业大学机械专业 2007 届专科毕业生，2008 年在省电大学习工业管理，获本科文凭。

从 2008 年起，我就在第二汽车制造厂油泵车间当技术员，2010 年晋升为工程师。从 2009 年起直到现在，承包厂服务公司的汽车修理厂。这些年来，我一直研究国内外关于机械加工方面的先进技术，对汽车油泵的品种、规格、型号、质量、工艺流程、销售情况都比较熟悉，有一定的管理经验。我今年 32 岁，正是年富力强的时期，很想干一番事业。我个人做事比较果断，敢说敢做。如果给我一定的时间，比如说 15 天，我可以把各方面情况弄清楚，拿出办厂的具体方案，提出上缴利润的指标。

【分析】

这是某汽车制造厂的吴××同志在投标时的自我介绍。该自我介绍较为具体详尽，既全面介绍了自己的学历、经历、兴趣、专长、能力和性格，又表示了自己的愿望和信心，因而赢得了招标单位的初步信任，为后来的中标做了很好的铺垫。

第二节　寒暄

寒暄是社交中双方见面时互相问候的应酬话。寒暄表达的信息意义较少，主要是感情意义。比如，见面问“你吃了吗”，表意重心并不在“吃饭”本身，而是要通过这句寒暄联络感情。人们在进行深入交谈的时候，往往需要以这种感情联络为基础。有些人认为寒暄是说废话，其实是不对的。

一、寒暄的口才技巧

寒暄似乎是张口就来，但真正要说好，还需要注意以下技巧。

（一）寒暄要适度

寒暄并不意味着深入交谈，初次见面寒暄要适度，时间以三五分钟为宜，不失礼、不失言即可。寒暄语应当删繁就简，不要过于程式化，否则像写八股文。

例如，两人初次见面，一个说："久闻大名，如雷贯耳，今日得见，三生有幸。"另一个则说："岂敢，岂敢！"搞得像演古装戏一样，就大可不必了。

（二）寒暄要分清对象

熟人应亲切随便，生人应礼貌客气；对上尊重有礼，对下随和自然；对异性大方有分寸。跟初次见面的人寒暄，最标准的说法是"您好""很高兴能认识您""见到您非常荣幸"等；要是想文雅点，可以说"久仰""幸会"；要是想随便一些，可以说"早听说过您的大名""某某人经常跟我谈起您"或者"我早就拜读过您的大作"等。跟熟人寒暄，用语则不妨亲切一些，具体一些，可以说"好久没见了""又见面了"等，也可以说"你气色不错""你的发型真棒""上班去吗"等。

此外，寒暄语具有非常鲜明的民俗性、地域性的特征。每个民族和言语社团都有自己的寒暄用语，因此寒暄要根据对方民族和言语社团的习惯来进行，否则会引起交际障碍。如不分领导、同事，不分亲戚、邻里，见面时都来一句"嗨"，就会使人莫名其妙。又如，老北京人爱问别人："吃了吗？您呐！"作用相当于"您好"，要是执着于吃没吃就有点不对题。如果用同样的话问候南方人或外国人，常会被理解为"要请我吃饭""讽刺我不具有自食其力的能力""多管闲事""没话找话"，从而引起误会。

（三）寒暄要灵活变通

不同场合应使用不同的寒暄语，要学会灵活变通，否则就可能让人尴尬，甚至引发对方的不愉快。如吊唁时不能问对方"最近身体如何"，对方刚从厕所出来时不能问"你吃过了吗"。另外，寒暄还要注意时代性和环境性。如"久违""久仰"早已过时，如果对文化程度不高的人说"别来无恙"可能会不伦不类。寒暄时，别人敏感的话题一般不要涉及。寒暄语不一定具有实质性内容，而且可长可短，需要因人、因时、因地而异，但必须简洁、友好。寒暄语应带有友好之意、敬重之心，既不容许敷衍了事，也不可戏弄对方。如"来了""瞧你那德行""喂，你又长膘了"等，都是应该避免使用的。

（四）寒暄要善于选择话题

寒暄的关键在于选择话题。很多人只会干巴巴地说"您好"之类的客套话，其实，日常生活中只要大家感兴趣的事情，都可以成为寒暄的话题。如天气、新闻、国内外大事、股市行情、朋友、熟人，以及自己的兴趣、食物、疾病等都可以和对方谈论。如果双方有过交往，可以追述一下彼此的经历和所获得的成功以加深友谊；如果双方初次见面，可以询问对方的专长来引起对方的谈兴等。

二、案例分析

【案例 1】

导游的寒暄

一个旅游团在冬季来北京观光，恰巧遇上了下鹅毛大雪，着装、行车、步行、登山等都将受到一定的影响，有的游客对在北京的行程安全比较担忧。这时导游把握住游客的这种心理状态，不失时机地加以安慰。在启动出行的大巴上进行讲解时这样寒暄：“亲爱的朋友们早上好。我想大家真的是好有眼福！因为北京此时正呈现出难得一见的“北国风光，千里冰封，万里雪飘”的壮观景象。今天实在是个难得的日子，是我们可以亲自去体验毛泽东主席词句意境的日子。老天就是这么有眼，我们就是这么幸运，给我们送来飘飘的雪花，那么就让我们快乐地上路，去当一次踏雪登长城的好汉吧！”导游寒暄讲的是天气，但又将美好的雪景与游客的行程巧妙地结合起来，从而使游客减少了对天气变化所带来不便的担心，情绪也慢慢高涨起来。

【分析】

这种寒暄完全是从关照游客心理感受的角度出发的，自然也就容易被游客接受。总之，无论是哪一种类型的寒暄，都要掌握好分寸，恰到好处。从交际心理学的角度看，恰当的寒暄能够使双方产生一种认同心理，使一方被另一方的感情所同化，体现着人们在交际中的亲和需求。这种亲和需求在融洽气氛的推动下会逐渐升华，有助于实现交际目的。

【案例 2】

收获的季节

名篇演示

1984 年 9 月 5 日，中国与英国关于香港问题的第 22 轮会谈在钓鱼台国宾馆开始了。

中方代表周南和英方代表伊文思相遇并寒暄起来。

周南说：“现在已经是秋天了，我记得大使先生是春天前来的，那么就经历了三个季节了：春天、夏天、秋天——秋天是收获的季节啊！”

伊文思略做沉吟，含蓄地答道：“英国 9 月份也有一个庆祝秋收的节日。”

【分析】

这是发生在中英关系史上的一次重要谈判，时间是 1984 年的秋季——达成协议的关键时刻，内容是我国对香港主权的收复问题。英国人见面寒暄，喜欢从谈论天气、气候之类开始。周南在这次轻松的寒暄中，巧妙利用交际的时令特征，即秋天的特点及其象征意义——成熟与收获，通过暗示、双关的手法，将我方诚恳的态度、愿望和坚定的决心，含蓄、委婉地表达出来了。这种寒暄大方得体、意味深长，具有强烈的针对性和灵活的策略性，无穷之意尽在言外。

第三节 交谈

人际交往中，交谈无处不在。语言作为人类最重要的交际工具，就是用来交谈的。亲朋好友之间、邻里之间、同事之间、同学之间等，经常要通过交谈来交流思想，联络感情。甚至两个陌生人之间，在经过短暂的互相介绍和寒暄之后，也能很快地转入交谈。

一、交谈的口才技巧

交谈在人们的生活和工作中发挥着重要的作用。但是在现实生活中，有些人善于交谈，有些人则显得木讷少语。善于交谈的人总是左右逢源，如鱼得水，在生活和工作中游刃有余。要想成为一个善于交谈的人，必须掌握以下技巧。

（一）选择话题的技巧

要使交谈得以进行，必须善于选择话题。一般来说，任何题材都可以成为交谈的话题，但是由于交际场合、交谈对象、交际目的等的不同，话题的选择往往会受到限制。选择话题应该从交谈双方的共同点入手。一个人的心理状态、精神追求、兴趣爱好等，或多或少会从表情、服饰、谈吐、举止、环境等方面有所表现，只要善于观察，就可以发现共同点，并由此引出话题。这样的交谈往往能给人亲近感。例如：

一位男士初次拜访女友家人，发现她家有很多青花瓷器，很漂亮，他情不自禁地赞叹："这些青花瓷器古朴典雅，真是太美了！"女友的父亲原本同他没什么话说，听到这句发自肺腑的赞美，十分高兴，忍不住把家里珍藏的青花瓷器一一拿出来，眉飞色舞地介绍了一通。两个人谈得非常投机。结果，这位男士深得女友父亲的喜欢。

（二）展开话题的技巧

有了话题，就应该适时地展开话题，使交谈得以向纵深发展。展开话题，既需要不断用话语激发对方的谈兴，又需要察言观色，及时做出正确的反应。我们可以灵活运用以下技巧。

1. 引导法

当对方不说或说不下去的时候，可以适当引导，例如：

我记得好像你当时穿的是红色衣服，正在摘花吧。

2. 设疑法

针对交谈的内容，可以提出若干具体的问题，让对方做出回答，促使交谈得以进行。例如：

你的观点很有道理，我基本赞同，不过有一点还需要你说明一下……

3. 补正法

如果对方的讲述不完整或存在偏差，可以适当补充或纠正，使话题得以深入，例如：

您刚才说的只是一个方面，下面我从另一个方面做点补充说明……

4. 刺激法

交谈时，洗耳恭听的姿态、热切盼望的神情、关注的目光，无形中都会刺激对方深入地讲下去。有时候也可以适当用语言进行刺激，例如：

你那天真是太美了，成了全场的焦点。

有了赞美作为刺激，对方忍不住要描述一番当时的情境和感受。

（三）控制话题的技巧

在交谈中，有时候会出现话题偏转的情况，为了达到既定交际目的，有必要控制话题。常用技巧有以下几种。

1. 提醒法

一旦发现对方偏离话题，就直接提醒对方，使交谈重回正轨。需要注意的是，这种方法在使用时要因人而异。对于一般的人，可以有礼貌地直接提示对方不要偏离话题，例如：

对不起，请允许我打断一下您的话！我们今天要讨论的话题是……

对于年长者和有较高地位的人，直接打断对方的话语进行提醒是不礼貌的行为。因此，可以在适当的时候，如在对方某个内容结束的时候，重新提起话题。例如：

您刚才说的很有意义，希望以后有机会向您请教。不过，刚才说的事情还需要您进一步做出指示……

2. 引导法

有时候，对方说到自己感兴趣的事情会不知不觉地扯远了，从而出现偏离话题的现象，此时要有意识地加以引导，使话题重回正轨。例如，一位记者采访一位刚获得冠军的运动员，想了解对方此时的心理感受。

记者：您好，请问您现在是什么心情？

运动员：我非常激动。我这次来比赛，我的家人也特意来为我助阵，瞧，那边是我父母，穿红色衣服的是我的妻子，旁边是我的儿子……

记者：获得冠军以后，您有什么话想对他们讲?

运动员：我想说谢谢。特别是我的儿子，他经常为我打气，还是我的忠实“粉丝”，我俩关系非常好，就像哥们一样……

记者：除了感谢您的家人以外，您有什么话想对您的教练和同事讲?

（四）转移话题的技巧

在交谈过程中，有时候会需要及时转移话题。

一是原话题与交际目的不符，为了达到交际目的，需要转移话题。例如，上海有家绣品商店，有一天来了一位顾客，选中一条被面正要掏钱购买，忽然发现图案中有一枝梅花，便说“梅”和“霉”谐音，被面上有梅花，怕要倒霉。营业员小王机灵地说：

你一定听说过“梅开五福”这句话吧。梅花都是五瓣，它是吉利的象征。

经小王这么一说，顾客高兴地买下了被面，还夸奖小王说的话有道理。假如小王不能及时转移话题，仍按“梅”和“霉”谐音谈下去，这笔生意就谈不成。

二是对敏感的问题不便回答，需要转移话题。例如，日本影星中野良子来到上海，有些影迷问她：“你准备什么时候结婚?”中野良子微笑着说：“如果我结婚，就到中国度蜜月。”中野良子的回答，巧妙地将话题由“什么时候”转移到“到中国度蜜月”，对婚期问题避而不谈。

三是交谈兴趣消退，需要转移话题。在交谈中，即使是最好的话题，大家也有兴趣减退的时候，此时，就要适时地转移话题。

（五）结束交谈的技巧

交谈总有曲终人散的时候，需要掌握以下技巧。

（1）不要在双方热烈讨论某一个问题时突然结束交谈，这是失礼的表现。

（2）要留意对方的暗示。对方有时会用“体态语”做出希望结束的暗示，比如有意地看看手表，频繁地改变坐姿等。

（3）要有过渡期。在准备结束谈话前，先利用一定的时间作为结束交谈的过渡期，使大家的谈兴慢慢消减，从而自然地结束交谈。

（4）要注意礼仪。谈话结束时最好面带笑容，说些祝福对方的话，这样会增加谈话的效果。

二、案例分析

【案例 1】

擦　鞋

一个周末，许多青年男女伫立街头，他们中间有不少人是等待情侣相会的。这时有两个擦鞋人，正高声叫喊着以招徕顾客。

其中一个说：“请坐，我为您擦擦皮鞋吧，又光又亮。”

另一个说：“约会前，请先擦一下皮鞋吧！”

结果，前一个擦鞋人摊前的顾客寥寥无几，而后一个擦鞋人的喊声却收到了意想不到的效果，青年男女都纷纷要他擦鞋。

【分析】

如果把擦鞋人招徕生意的话看作是一次交谈的开头，我们可以清楚地看到，第二个擦鞋人无疑是选准了话题。因为他说的话与此刻男女青年们的心理非常吻合。在充满温情的时刻，谁不愿以清清爽爽、大大方方的形象出现在心爱的人面前？一句“约会前，请先擦一下皮鞋吧！”真是说到了青年男女们的心坎上，所以他的顾客也就越来越多。

尽管第一个擦鞋人礼貌、热情，并且附带质量上的保证，但这与此刻青年男女们的心理相去甚远。因为他们在等待中去“买”个“又光又亮”，显然没有必要，也不足以打动他们，所以他的顾客寥寥无几。

擦鞋人的招徕语，如同选定了一次交谈的话题。只有话题好，顾客才愿意交谈下去，也才会来到他身边。

【案例 2】

老田鸡退居二线

某局新任局长宴请退居二线的老局长，席间端上一盘油炸田鸡，老局长用筷子点点说：“喂，老弟，青蛙是益虫，不能吃。”新局长不假思索，脱口而出：“不要紧，都是老田鸡了，已经退居二线，不当事了。”老局长闻言顿时脸色大变，连问：“你说什么？你刚才说什么？”新局长本来想开个玩笑，不料说错了话，触犯了老局长的自尊，顿时尴尬万分。幸亏秘书反应快，连忙说：“老局长，他说您也已退居二线，吃田鸡不当什么事。”气氛才有所缓和。

【分析】

与人交谈，要选准话题，不可触碰了别人的痛处。老局长本来引出的话题是：田鸡是益虫，不能吃。如果新局长顺着这个话题谈下去，也许皆大欢喜。可是他偏要临时转移话题：这些是老田鸡，已退居二线了，不能捉害虫了，但吃无妨。本来是想幽默一下，谁料老局长刚从官场上退居二线，难免有失落感，而在位者拿退居二线来说事，自然会伤退位者的自尊心。幸好秘书反应快，临时转移了话题，缓解了气氛。

第四节　赞美

生活需要赞美，美国著名心理学家威廉·詹姆斯说：“人类本性上最深的企图之一是希望被赞美、钦佩、尊重。”一位年轻母亲说，她的孩子常常因做错事而受到她的责备。有一天，孩子没有做错任何事情。到了晚上，当她把孩子放在床上，盖好被子，准备离去的时候，发现孩子把头埋在枕头下面，抽泣着问道：“妈妈，难道今天我不是一个好孩子吗?”“我仿佛触电一般。”年轻的母亲说，“当孩子做了错事时，我总是不放过任何时机去批评她、纠正她，但当她极力往好处做时我却没有注意到，当我把她放在床上时，连一句表扬鼓励的话都没有。”记住，生活需要赞美，它是生活中美妙的音符，永远别忘记赞美他人，而且要不止一次地去赞美。

一、赞美的口才技巧

赞美不等于恭维，也不等于说漂亮话。真正的赞美是源于生活、发自内心的真情流露。赞美的时候，无须刻意修饰。赞美的话好听，却未必好说。在生活中，要想发挥赞美的效果，需要注意以下技巧。

（一）赞美要实事求是

当你准备赞美时，一定要掂量一下，这种赞美是否实事求是。无根无据、虚情假意地赞美他人，不仅会让人感到莫名其妙，还会让人觉得你油嘴滑舌、诡诈虚伪。例如，当你见到一位其貌不扬的女士时，却偏要对她说：“你真是美极了。”对方立刻就会认定你所说的是虚伪之至的违心话。但如果你着眼于她的服饰、谈吐、举止等方面的出众之处，并真诚地赞美，她一定会高兴地接受。

（二）赞美要具体细微

抽象的东西往往因为不具体而难以给人留下深刻印象。如果笼统地说“你这个人很不错”，总会给人蜻蜓点水、不着边际的感觉，如果说“你这个人很不错，心地善良、为人诚实、工作认真、有上进心、厨艺很棒”，这种深挖对方优点的赞美，效果显而易见。

（三）赞美要热情洋溢

漫不经心、毫无表情的赞美，纵然说上一千句，也不能使对方高兴，有时还可能由于敷衍的态度引起对方的反感和不满。赞美需要热情洋溢的语言、适度的表情来配合完成。例如，一位丈夫看到自己的妻子从外面做了美容回来，与往日相比较，觉得妻子漂亮了许多，有一种心动的感觉，他可以伸出双手拥抱妻子，然后说：“哇，你今天真是太美了！”有了动作和语气词的配合，赞美就显得富有热情与真诚。如果轻描淡写地说一句：“你今天很美。”显然不足以让被赞美者感到喜悦。

（四）赞美多用于鼓励

赞美除了用来表达直观的感受外，还要更多地用于鼓励。鼓励能让人树立起自信心，自信是成功的一半，用赞美来鼓励对方，能达到事半功倍的效果。任何人干任何事情，都有第一次的时候，如果对方第一次做得比较成功，你应该真诚地赞美一番：“第一次能取得这么好的成绩，真的很棒。”因为有你的赞美，对方会信心倍增，努力做出更大的成就。为人父母者在教育孩子的过程中，尤其要学会使用赞美。

（五）用第三者的口吻赞美他人

面对面或直接地赞美对方，总有点恭维、奉承之嫌，令人感到虚假，怀疑你是否出于真心。如果换个角度、换种说法，效果就可能大不相同。有时候，可以用第三者的口吻来赞美对方。例如：“小张说你很有才华，今天见到你，果然名不虚传！”可想而知，对方听到赞美后一定很高兴。间接地在背后赞美对方，会使对方感到你的赞美是真诚的。

（六）赞美要注意适度

过度的赞美、空洞的奉承，都会令对方感到难以接受，甚至感到肉麻、讨厌，结果往往适得其反。只有适度的赞美才会令对方感到由衷的喜悦。

二、案例分析

【案例 1】

你永远是天使

一座风光秀丽的海滨小城，电视里主持人正在播报天气情况：“最新的卫星云图显示，最近将有台风袭击本城区。请居民做好抵御台风的准备工作，减少出行，待在比较牢固的房屋内。”

小城的居民们都惊慌起来，积极地投入预防工作。有的在忙着加固房屋，有的在拆除房子上的多余物品。一位母亲也正在家里忙碌着，旁边站着她的小女儿。

“这该死的台风……”母亲一边收拾东西，一边诅咒。“我喜欢台风。”旁边的小女孩不同意母亲的说法。

母亲感到很诧异，因为台风破坏力极强，毁坏庄稼、吹倒房屋，给人们生活带来巨大的损失，可眼前这个小不点儿居然说她喜欢台风。

“孩子，告诉妈妈，你为什么喜欢台风？”母亲小心翼翼地问。

“上次台风来了，就停了电。”小女孩不假思索地回答。

“停了电又怎么样?”

“晚上就会点蜡烛。”

“你喜欢点蜡烛吗?”

“是的，非常喜欢，那回我点着蜡烛走来走去，你说我像小天使。”小女孩说着说着，脸上洋溢着幸福的喜悦。

母亲顿时无语，旋即放下手中的活计，抱起小女孩，亲吻着她的小脸蛋，凑近她的小耳朵，并说了一句话：“孩子，你永远是天使!”

【分析】

不仅是对于孩子，甚至对于我们每一个人来讲，他人有意无意的一句赞美，都是敲开我们心扉的钥匙，仿佛暗室中的一根蜡烛，照亮我们的心田。试想，一个孩子因为母亲的赞美，不再对台风感到恐惧，反而有一种渴望的感觉，实在是让人震撼，让人深思。对于我们身边的人，我们要经常问问自己，是否认真地赞美过，是否体会过赞美带给他人的喜悦。在任何人的内心，都是深切地渴望他人的认同与接受的，而认同与接受的最佳方式就是语言的赞美。学会赞美吧！它是心灵深处盛开的牡丹，是舌尖上盛开的玫瑰。赞美让人与人之间的关系变得更融洽，让世界变得更美好。

【案例 2】

赞美的结果

一次，一位客户在一款地砖面前驻留了很久，导购走过去对他说：“您的眼光真好，这款地砖是我们公司的主打产品，也是上个月的销售冠军。”

客户问：“多少钱一块啊?”

导购说：“折后价格 150 元一块。”

客户说：“有点贵，还能便宜吗?”

导购问：“您家在哪个小区?”

客户说：“在尚品园。”

导购说：“尚品园应该是市里很不错的楼盘了，听说小区的绿化非常漂亮，而且室内的格局都非常不错，交通也很方便。这么好的地方，我看就不用在乎多花几个钱了吧? 不过我们正在尚品园和水晶城做促销，要是您想要的话，可以给您一个团购价的优惠。”

客户兴奋地说：“可是我现在还没有拿到钥匙，不知道具体的面积怎么办呢?”

导购说：“您要是现在就提货，我还没办法给您优惠呢。按这次促销活动的要求，需要达到 30 户以上才能享受优惠，加上您一共有 26 户了，还差 4 户。不过，您可以先交定金，我给您标上团购价，等钥匙拿到手了，您再告诉我具体的面积和数量。”

就这样，客户交了定金。

两周之后，这个订单也搞定了。

【分析】

生活处处需要赞美，在导购过程中，导购员如果能恰到好处地运用赞美，会给业务洽谈带来意想不到的收获。本案例中的导购员显然深谙其中的技巧。

也许客户看中的这款地砖在本月的销量最差，但是既然客户喜欢，为什么不给客户的这种喜欢提供一些证据，让客户更喜欢呢？所以导购员说：“您的眼光真好，这款地砖是我们公司的主打产品，也是上个月的销售冠军。”

在询问客户住址之后，导购员并没有急于说“那个小区我们正在做促销”之类的话，而是先夸小区漂亮（实际上是夸客户的选择），然后告诉客户不该省钱，最后告诉客户我们正在做促销。这就在不知不觉中让客户感觉捡到了便宜，还不掉身价（我是住尚品园的人）。

为了进一步套牢客户，在客户想交易但又因不知具体面积而担心交易不成的情况下，导购员故意说现在户数还不够，还不能直接进行交易，但可以标上团购价，这就让客户感觉这种折扣有点来之不易，有一种超值的心理感受。

生意就这么做成了，而这单生意的开端，始于一句简单的赞美“您的眼光真好”。

第五节　批评

一个人的能力毕竟有限，干工作、办事情不可能十全十美，犯这样或那样的错误也是不可避免的。因此，批评他人或被他人批评时有发生。既然是批评，语言难免会尖锐一些，语气也会严厉一些，所以批评对于每个人来说，都不是一件愉快的事。

一、批评的口才技巧

在生活中，要想使你的批评起到作用，就要有变通的口才技巧。忠言逆耳或者顺耳取决于批评者所掌握的口才技巧。

（一）掌握好时机

在对别人进行批评时，一定要掌握好批评的时机。当众正面批评他人，对任何人来说都是一件十分尴尬、难受的事情。批评他人时，应当尽可能避开公众场合。例如，某单位领导在批评下属前，首先跟下属预约时间，同时用简单的话先点一下，让他有心理准备："小李，关于昨天顾客投诉的事，我想了解一下情况，你明天下午三点来一下我的办公室，好吗？"如果当众劈头盖脸地把当事人批评一通，势必引起下属的强烈不满。

（二）对事不对人

在对别人进行批评时，一定要做到对事不对人，也就是不能进行人身攻击。例如，"你脑子有问题吧，这点事情都办不好""做事情要有远见，难道非要像你那样戴个近视眼镜吗"等，这种批评话语会使双方的关系立刻陷入尖锐对立，对解决问题非但没有帮助，反而促使新的矛盾产生。批评者应采取恰当的说法，如"这件事情处理得不太好，可能是有些问题还考虑得不太成熟吧""做事情要有远见，不然就容易被动"。

（三）语言要委婉

在对别人进行批评时，语言要委婉、含蓄，不能伤害被批评者的自尊心。例如，某单位正在狠刹铺张浪费之风，员工小吴要结婚了，该单位工会主任问他："小吴，你们的婚礼准备怎么办呢？"小吴不好意思地说："依我的意见，简单点，可是丈母娘说，她就只有这个独生女……"主任说："哦，咱们单位还有小李、小张都是独生女！"交谈双方都没有直说，但作为领导者的主任已经委婉地表达了单位的意见，意思是说，独生女不是借口，狠刹铺张浪费之风得从"我"做起。

（四）欲抑先扬

在对别人进行批评时，要欲抑先扬。也就是说，在批评别人之前，先进行褒扬，使对方的大脑处于一种兴奋状态，心理上比较愉悦，然后批评者见机行事，水到渠成地指出缺点和改正措施。如某高校教师上课时音量较小，导致后排学生听不太清楚，学生意见很大，主管教学的领导在会上说："我今天特别要表扬王老师，他备课认真，讲课深入浅出，重难点突出。但学生们也提出了一个意见，就是希望王老师以后上课的时候，声音能大点，或者使用扩音器。"这样，该教师就非常乐意地接受了意见。

（五）不指名道姓

在对别人进行批评时，若非必要，不要指名道姓。例如，某高校教师上课迟到，被教学督导员发现了，以教学事故论处并上报教务部门。主管教学的领导在会上说："最近有个别老师，可能因为工作劳累，起床晚了，导致上课迟到，这件事情教务部门已经对我院做出了严肃批评，希望其他老师引以为戒。"由于批评采取匿名方式，给该教师留了面子，该教师自然乐意地接受了批评。

（六）正话反说

在对别人进行批评时，有时为了更好地达到目的，故意正话反说，反而更容易获得成功。例如，某校高年级有几个男生开始偷偷学抽烟。老师知道后，并没有横加指责，而是在集合时调侃地说："今天我给大家讲讲吸烟的好处。第一大好处是可以防小偷。因为吸烟会引起咳嗽，晚上一咳嗽，小偷就不敢来了。第二大好处是永远年轻。因为烟吸得多了，寿命就会变短，这样就永远别想老了。"老师这番诙谐的话语把吸烟的害处表达得淋漓尽致，使学生在笑声中感受和明白老师的良苦用心。从此，那几个男生再也不抽烟了。

（七）柔中有刚

在对别人进行批评时，有时不能用尖锐的语言表达，而应用柔中有刚的话语，即使用表面温和而实际带有批评意见的话。例如，一个孩子因为鲁莽打破了茶杯，妈妈说："那个杯子是你爸爸最喜欢的，希望你和你爸爸说清楚。"妈妈并没有直接批评孩子，但孩子从妈妈的话里已经感受到了批评的味道。

（八）糖衣炮弹

在对别人进行批评时，有时可以使用糖衣炮弹。俗话说"良药苦口利于病"，但很多时候，我们要让药既发挥作用，又不致使人觉得太苦。例如，美国总统约翰·卡尔文·柯立芝发现他的女秘书长得非常漂亮，但工作经常出现差错。一天早晨，柯立芝看见女秘书走进办公室，便对她说："今天你穿的这身衣服真漂亮，真适合你。"女秘书受宠若惊，柯立芝接着说："但你不要骄傲，我相信你处理的公文也能和你一样漂亮。"果然，从那天起，女秘书处理公文时很少出错了。

（九）推己及人

在对别人进行批评时，可以从发生在自己身上的事情谈起，现身说法，批评效果会更佳。例如，一个学生在学校经常欺负同学，同学的家长告上门来。当他母亲拿起笤帚要打他时，他的父亲一边阻止妻子，一边语重心长地对他说："小时候，我也和你一样争强好胜，遇到弱小者便称王，遇到强手呢，则被打得鼻青脸肿。唉，那时我可真不懂事，现在遇到曾经被自己欺侮过的人，真是觉得无脸相见。你可别学我当年哟，没有后悔药吃的！"这位父亲敢于在孩子面前暴露自己的过错，他不为尊者讳地借己说人，起到了较好的批评教育作用。

二、案例分析

【案例 1】

陶行知的四块糖果

我国著名的教育家陶行知任育才学校校长时，有一天发现学生王友用泥块砸自己的同学，遂当即制止了王友，并责令他放学后到校长室等候。放学后，陶行知来到校长室，见王友已经等在门口，便掏出一块糖递给他：“这是奖励你的，因为你按时来到了这里，而我却迟到了。”接着又掏出一块糖给他：“这也是奖给你的，我不让你打同学，你立即就住手了，说明你尊重我。”陶行知又掏出第三块糖果塞进王友手里：“我调查过了，你砸同学，是因为他们欺负女生。这说明你有正义感。”王友哭了，说：“你打我两下吧，我错了，我砸的不是坏人，而是我的同学呀……”陶行知满意地笑了，他随即掏出第四块糖果递过去：“你已经认错了，我再奖给你一块糖果。我的糖奖完了，我看我们的谈话也该结束了。”

【分析】

陶行知“四块糖果”的故事给教育工作者的启示是深远和巨大的。受传统教育方式的影响，对待犯错误的学生，许多教师要么声色俱厉地进行训斥，要么不遗余力地进行挖苦，使学生产生了较强的逆反心理，既使教育效果大打折扣，也降低了教师的威信。

这个故事告诉我们，批评学生重要的是唤醒学生的良知，启发学生的觉悟，让学生从心灵深处产生改正缺点和错误的愿望。我们相信，再坏的人身上也有优点，更何况是学生。这需要教师善于发现学生的闪光点，要在赏识的基础上批评学生、教育学生，不能因为一次犯错就把学生看得一无是处；要善于寻找学生出错行为中的积极因素，积极肯定他们好的出发点，指导学生采用正确的方式和方法；要适时肯定学生勇于承认错误的做法，让学生感受到虽然自己犯了错误，但老师仍然信任自己、尊重自己。

教师的批评教育只有得到学生的认同，才能起到应有的作用。面对一个学生，教师是用放大镜去看优点，还是用显微镜去找缺点，对学生产生的影响会迥然不同。对待犯了错误的学生，只要教师诚心地帮助，耐心地开导，学生自然就会改正错误，健康成长。

【案例 2】

华盛顿砍樱桃树

乔治·华盛顿是美国第一任总统。他小时候是个又聪明又淘气的孩子。

一天，父亲送给他一把小斧头。那小斧头是崭新的，小巧锋利。小乔治可高兴啦！他想，父亲的大斧头能砍倒大树，我的小斧头能不能砍倒小树呢？我要试一试。他看到花园边上有一棵樱桃树，微风吹得它一摇一摆的，好像在向他招手：“来吧，小乔治，在我身上试试你的小斧头吧！”小乔治高兴地跑过去，举起小斧头向樱桃树砍去，一下，两下……，樱桃树倒在地上了。他又用小斧头将小树的枝叶削去，把小树夹在两腿之间，一手举着小斧头，一手扶着小树，在花园里玩起了骑马打仗的游戏。

一会儿，父亲回来了，看到心爱的樱桃树倒在地上，很生气。他问小乔治：

"是你砍倒了我的樱桃树吗?"

小乔治这才明白自己闯了祸，心想今天准得挨爸爸的揍啦！可他从来不爱说谎，就对父亲说："爸爸！是我砍倒你的樱桃树。我想试一下小斧头快不快。"

父亲听了小乔治的话，不仅没有打他，还一下把他抱起来，高兴地说："我的好儿子，爸爸宁愿损失一千棵樱桃树，也不愿你说一句谎话。爸爸原谅诚实的孩子。不过，以后再也不能随便砍树了。"

小乔治望着父亲，懂事地点了点头。

【分析】

由于孩子年幼无知，经常会犯错误，因此如何正确、有效地批评孩子，是一个难上加难的问题。

华盛顿把父亲心爱的樱桃树砍掉了，做父亲的虽然很生气，但是因为孩子的诚实，他由衷地高兴起来，并且原谅了孩子，而孩子从父亲的态度和谈话中也明白自己犯了错。这比那种暴风骤雨般地把孩子臭骂一阵或暴打一顿的做法，显然要高明许多，效果也会好很多。孩子做错了事情，并非只有惩罚才能解决问题。

第六节　邀请

人与人之间的交往，免不了邀请和被邀请。邀请亲朋好友做客吃饭，邀请客户洽谈业务，邀请恋人约会等，时有发生。这是人际交往中增进友谊、表达感情、交流思想的一种重要方式。

一、邀请的口才技巧

邀请是人际交往中的一种礼节性的行为，在我们的生活中屡见不鲜，但如何才能达到我们预期的效果，着实是一个令人困扰的问题。为此，我们应该掌握以下技巧。

（一）确定邀请对象

既然要邀请，首先应该解决邀请对象问题。然而邀请对象的选择，必须根据交际目的来确定。一般来讲，下棋应请棋友，跳舞要请舞友，打球当请球友，乔迁、喜丧则应该请亲朋故友，开业剪彩就该请有利于工作开展、业务往来，以及便于协调社区关系及扩大宣传等方面的客人，凡此种种，不一而足。

此外，邀请还要适当考虑邀请对象的学历、年龄、地位、性格的差异和他们相互间的关系等，避免把那些谈不来的人或者有矛盾的人同时请来，从而造成气氛紧张，甚至产生冲突，最终给自己的社交带来麻烦。

（二）端正邀请的态度

既然是邀请他人来做客，一定要端正邀请的态度，要诚心诚意邀请他人，不可虚情假意，更不可为了自己或他人的面子，请一些不该请或者不必请的人。另外，邀请之后要不违约、不失信。有人曾邀请几位朋友到他家去做客，朋友信以为真，谁知他却刻意敷衍，让朋友吃了闭门羹。他这种失礼行为让朋友非常气愤，自此很少来往。时隔多年，提及此事，朋友仍然耿耿于怀。

（三）采取恰当的方式

邀请的方式要根据交际的性质、对象而定。邀请学者、专家、领导等最好提前预约，以便他们做好工作调整和时间安排；邀请某些团体的要人应公开，甚至借助新闻媒体，这样既能体现公正无私、光明磊落，又利于引起关注、促进宣传、扩大影响；邀请朋友，可私下进行，有利于避开旁人的视线，保证交际的私密性和随意性；邀请一般的亲友，打个招呼、通个电话、捎个口信即可，不必过分客套；邀请在工作、业务等方面有着密切联系的重要人士等，应使用相应的公文，如发邮件、寄请柬等，或者按照一定的规格派专人传达，或者亲自登门，以示重视和尊重。总之，邀请要因事而异，因人而异，采取恰当的方式。

（四）安排要周密

邀请前一定要明确宴会的时间、地点、活动内容、邀请对象等，并将上述事项向邀请对象传达明白，以便其接受邀请，准时赴约。如果需要被邀请对象担任相应的角色，如作为证婚人发言之类，要提前告知，以便被邀请对象做好准备。如果被邀请对象工作繁忙，而你的邀请确实给他带来了不便，应立即想出应对之策，或尽快取消邀请，以免对方为难。此外，还要尽可能地为被邀请对象提供交通等方面的便利。

二、案例分析

【案例 1】

该来的不来

某财主六十大寿，好朋友张三、李四、王五、赵六约好了要来祝寿。只有王五久等不来，于是财主唉声叹气地说："该来的不来。"张三听了，心想："我是不该来的了。"于是气呼呼地走了。财主见张三走了，叹了一口气，说："不该走的走了。"赵六想："那么我是该走的了。"于是他也被气走了。李四见赵六也被气走了，责怪财主不会说话，财主说："我又不是说他。"结果李四也被气走了。

【分析】

这个故事很值得我们深思。生活中，我们是不是每句话都说好了？在邀请他人时，我们是不是在不经意间得罪人了？

财主说“该来的不来”，也就意味着来的不是该来的。“不该走的走了”，也就意味着该走的没走。最后那句话“我又不是说他”，李四自然认为或者说他，或者说我，不是说赵六，那就是说自己了。结果大家不欢而散。

俗话说“说者无心，听者有意”，这里包括两种情形，一是听者多疑，二是说者失言。听者多疑，那怨不得我们；但说者失言，就值得反思了。财主的失言给我们的教训应是深刻的。不要小看失言现象，小则弄得大家不愉快，大则导致争斗或者贻误工作，从而造成不可估量的损失。前人早有“病从口入，祸从口出”的告诫，小心翼翼固然可以避免一些口误，但如果不加强自身逻辑思维能力与表达能力的培养，就难免出现词不达意、顾此失彼的情况。

【案例 2】

如此邀请

约翰·梅森·布朗是一位作家兼演讲家。一次，他应邀在某地演讲，会议主持人做了如下介绍。

先生们，请注意了。今天晚上我给你们带来了不好的消息。我们本想邀请伊塞卡·马科森来给我们讲话，但他来不了，病了。（听众发出嘘声）后来我们邀请参议员布莱德里奇前来，可他太忙了。（又是嘘声）最后我们试图请堪萨斯城的罗伊·格里根博士来，也没有成功。（继续是嘘声）所以，结果我们请到了——约翰·梅森·布朗。（一片肃静）

【分析】

被邀请来的客人都是贵宾。会议主持人的本意并不是要贬低约翰·梅森·布朗先生，而是试图通过讲述来说明好不容易请来了约翰·梅森·布朗先生。但是由于用语不当，好心做了坏事。之所以出现这样的结果，是因为主持人在完全没有必要的情况下，却像记流水账一样向听众汇报了邀请嘉宾的全过程，而且由于用语不当，给人的感觉是重要的人物都没有请来，最后只请来了约翰·梅森·布朗先生。听众自然会错误地认为约翰·梅森·布朗只是个小人物。因此可以说，主持人的介绍对约翰·梅森·布朗先生来说，简直是一种侮辱，一种伤害。

第七节　拒绝

人际交往中，有请求就应该有拒绝，不可能有求必应。但是，拒绝别人总是一件很为难的事情，特别是对素来爱面子的国人来说，更是如此。有个小品叫《有事您说话》，讲的就是一个人该说“不”时不说“不”，死要面子活受罪，到头来里外不讨好的故事。心理学家认为，不会说“不”，是人际交往中心理脆弱的表现，是不成熟的行为。这些人在拒绝别人方面存在心理障碍。只有学会拒绝，才能活得真实、明白，才能活出一个真正的自己。

一、拒绝的口才技巧

拒绝别人需要掌握一定的口才技巧，说出来的话要能让对方接受，力争把拒绝带来的遗憾缩减到最低限度，做到既不伤害对方的自尊和感情，又能获得对方的谅解和支持，使彼此的关系不至于因此受到影响。

（一）他人代劳

当别人有求于你，而你又很难当面回绝，或者由自己来拒绝显得有些不合适时，就可以请与你关系较好的第三者代劳，巧妙地转达拒绝之意。例如，小张刚刚买了一架新照相机，朋友们都找他借，这回小李又想借，小张不好当面拒绝，于是请好朋友小王来帮忙，小王在不经意间对小李说：“听说小张上次把相机借给同学，快门给人弄坏了，现在还在修理当中呢。”小李间接地了解到这些情况后，不管快门是否真的弄坏了，也不好再开口借照相机了。

（二）推托其辞

当别人有求于你，你不便直接说“不”时，就可找个理由推辞过去。例如，你的一位朋友请你到他家里吃饭，你不想去，这时可以借口说家里或单位有事，因此去不了。因为有冠冕堂皇的理由，对方也不好强求，所以自然达到了拒绝的目的。在不便明言的时候，推托其辞是一种比较有效的方法。

（三）答非所问

答非所问，就是装糊涂，给请求者以暗示，从而实现拒绝的目的。例如，第二十四届奥运会在韩国首尔举行，当中国代表团到达首尔时，有记者问中国代表团团长李梦华：“中国能拿几枚金牌?”并进一步追问，“中国能超过韩国吗?”李梦华答道：“10月2日（奥运会结束之日）以后，你们肯定能知道。”记者又接着问道：“中国新华社曾预测能拿8至11枚金牌，你认为这是客观的吗?”李梦华回答道：“中国有充分的言论自由，记者可以按他们的想法写。”大凡国际赛事，各国代表团一般对奖牌获得情况有一定的期待值，但是比赛时变数又很多，任何人都不可能有十拿九稳的把握。能否达到预定目标，关系到国家的声誉，所以预测只能在自己心里，不能对外明说。对于这样的提问，一般采取这种似答非答、答非所问的方法。

（四）含糊拖延

含糊拖延，就是用含糊的语言拖延承诺时间、搪塞请求者，使请求者自动放弃请求，从而达到拒绝的目的。例如，你的一位老乡对你说：“今晚来我家玩吧！”你不想去时可以说：“今天恐怕不行了，改天我一定会去的。”这显然比“没空，去不了”之类的回答易于被人接受。至于下次指的是什么时候，并没有说定，实际上给对方的是一个含糊不定的承诺。

（五）半路截杀

半路截杀是在对方的话还没有完全说出口的时候，大致猜出对方的目的和意思，抢先截住话题，故意用其他的话题截杀掉对方要说的话题。为什么不等对方说清楚，就要抢过话题呢？主要有下面两种原因：一是等对方把话全部说出来以后，双方的关系可能会变得敏感起来，令双方感到不自在；二是等对方提出请求后再回答，就会陷入被动，此时再拒绝对方，会造成尴尬和不愉快。

（六）迂回解释

对方提出请求后，不要马上回答，而是先讲一些理由引导对方思考并自动放弃原来提出的请求，以减少对方遭到拒绝后产生的不快。例如，两个进城打工的老乡找到在城里工作的李某，诉说打工的艰难，一再说住店住不起，租房又没有合适的，言外之意是要借宿。李某听后马上暗示说：“是啊，城里比不了咱们乡下，住房可紧了，就拿我来说吧，这么两间耳朵大的房子住着三代人，我那上高中的儿子晚上只得睡沙发。但是你们大老远地来看我，怎么着也不能把你们拒之门外，你们就来我家客厅将就挤一下吧。”两位老乡听后，就非常知趣地走了。

（七）另寻出路

另寻出路，就是在对方提出请求后，如果自己办不到，可以提供另外的出路供对方参考。例如，你的一位朋友邀请你星期天去看电影，你不想去时可以说：“划船不错，咱们去公园划船吧。”这就用另寻出路把对方的要求委婉地拒绝了。

（八）断然拒绝

断然拒绝，就是明确地拒绝对方，不给对方留丝毫幻想的余地。这可以说是一种不讲技巧的技巧，但前提是对方胸襟比较开阔，能够接受直接的拒绝。例如，一个小伙子一直暗恋一个女孩，有一天，小伙子终于鼓起勇气对女孩说：“你做我女朋友好吗？”女孩考虑到两个人性格不合适，断然拒绝：“不行，我俩性格不合适。”如果不断然拒绝，小伙子就会心存幻想，可能还会不断地纠缠下去。

二、案例分析

【案例 1】

喜　欢

一对青年男女在一起工作，男方对女方产生了爱慕之情，男方急于表白心愿，女方虽心领神会，但却不愿将友情向爱情方面发展，认为还是不要说破，保持纯真的友谊比较好。于是，就出现了下面的情况：

男青年：我想问问你，你是不是喜欢……

女青年：我喜欢你给我借的那本公关书，我都看了两遍了。

男青年：你看不出来我喜欢……

女青年：我知道你也喜欢公共关系学，以后咱们一起交流学习心得吧？

男青年：你有没有……

女青年：有哇！互相切磋，向你学习，我早就有这个想法。

男青年：……

【分析】

恋爱是双方的事情，生活中往往会遇到你无心他人却有意的情况，这时，如何巧妙地拒绝对方，使自己从窘境中脱身，同时又不伤害对方的自尊心，是个需要慎重考虑的问题。

这个女青年三次把男青年的话题抢过来，使得男青年明白了她的想法，于是不再问了。这比让他直率问出来，女青年当面拒绝的效果当然要好很多。要学会抢话题，这需要掌握一些技巧。首先，抢话题前要摸准对方的心理，“未闻全言而尽知其意”。其次，抢话题要抢得自然，比如从“喜欢”（人）而引论到“喜欢”（书），能瞒过在场的其他听话人。再次，抢话题往往需要几个回合才奏效，因为抢一两次，对方不一定能领悟到答话者的真正意思，或者稍有感觉但并不死心，还会继续发问，这就需要“连抢”多次，才能达到目的。

【案例 2】

陶行知婉拒长官

陶行知先生在南京高等师范学校任教务主任时，在一次高师附中新生招考中，国民党政府一位高级官员为两个不学无术的儿子求情，被陶行知婉言拒绝了。

第二天，这位长官派自己的秘书亲自到学校找陶行知当面求情。这位秘书一见陶行知便说明来意，请陶行知在录取这位长官的两个儿子入学的问题上高抬贵手。

陶行知郑重地告诉来者：“敝校招考新生，一向按成绩录取，若不按成绩，便失去了录取新生的准绳，莘莘学子将无所适从。长官的两位儿郎今年虽未考取，只要好好读书，明年还可再考嘛。”

秘书见陶行知毫无松口之意，便以利诱的口吻说道：“陶先生年轻有为，又有留洋学历，只要陶先生在这件事上给长官一个面子，今后青云直上，何患无梯？眼下长官就会重重酬谢陶先生的。”说罢，从皮包里取出一张银票递了过来：“这是长官的一点小意思，希望陶先生笑纳。”

陶行知哈哈大笑，推开秘书的手说："先生，我背一首苏东坡的诗给你听听：'治学不求富，读书不求官。譬如饮不醉，陶然有余欢。'请你上复长官，恕行知未能从命。"

秘书满脸通红，他站起来，收起银票，改用威胁的口气说："但愿陶先生一切顺利，万事如意，将来切莫后悔。"说罢，悻悻而去。

【分析】

这是一则很有生活气息的例子。如何抵制社会上的各种歪风邪气，是值得很多人思考的问题。在招生入学问题上，陶行知先生作为教务主任有权处理，在正面拒绝说情人的无理要求，说情人还进行利诱的情况下，陶行知先生引用苏东坡的诗委婉地表达了自己清廉自守的志向，幽默诙谐地表示出对不义之财的蔑视。敬重事业、讲究公平、不惧昏官、廉洁自律，陶行知先生其言其行，当为今世之楷模。

第八节　安慰

人生在世，总会有这样或那样的不如意。工作中遇到挫折、失业、亲人或朋友去世、失恋、夫妻争吵等，都可能让人们的内心感到难过或不安，甚至是痛哭流涕、伤心欲绝。此时，人们在内心深处渴望得到安慰。安慰也叫慰藉，就是通过语言的安抚使内心不平静的人重归于平静。如果说赞美是锦上添花，那么安慰则是雪中送炭。

一、安慰的口才技巧

在安慰别人时，有些人感到手足无措，有些人则说了不该说的话，做了不该做的事情。所以，安慰别人需要掌握一定的技巧。

（一）要同情，不要怜悯

同情是设身处地、将心比心、感同身受，把别人的不幸当成自己的不幸，从感情上产生共鸣。安慰别人，给予同情是站在完全平等的地位上交流思想感情，从精神、道义上支持对方，并分担对方的痛苦。同情还包含着敬佩、敬爱、敬仰之情。

怜悯不是平等的思想感情交流，不是精神上、道义上的敬赠，而是一种上对下、尊对卑、富对贫、强者对弱者、胜者对败者、幸运者对不幸者的感情施舍。施舍者有意无意地流露出一种幸运感、优越感，或多或少有轻视、小看对方的意思，包含着伪善的成分。对于有事业心、自尊心或个性较强的人来说，无论其处境多么不幸，怜悯都是一种变相的侮辱，会刺伤他们的自尊心，激起他们的反感。对于老幼病残等弱者，单纯的怜悯也只能使他们沉溺于悲痛、绝望的深渊而难以自拔，从此一蹶不振。

因此，在安慰别人时，要同情，不要怜悯。安慰时不要当面说出“可怜”“造孽”之类的词语，把这些词语经常挂在嘴边，就仿佛是在欣赏、咀嚼对方的痛苦。

（二）谎言有时胜过真话

谎言不一定是坏话，真话也并非是百分之百的好话。离开了具体的时间、地点、条件，忽视了动机与效果的统一，以绝对化的好坏来衡量真话和谎话是没有意义的。善意的谎言有时胜过不该说的真话。

对于身患绝症的病人，只能把病情如实告知其家属，而对患者本人仍应重病轻说，并经常祝他早日康复，以便他平静地度过一生中最后的岁月。如果谎言能唤起他对生活的热爱，增强他同病魔斗争的意志，就有可能使生命延续得更长久，甚至战胜死神，真正恢复健康。医学史上不乏这样的奇迹。

对于本来就感情脆弱、意志薄弱、身体虚弱的人来说，其心灵已经伤痕累累，不堪重负。若再传来噩耗，就有可能因承受的打击太沉重而一蹶不振，甚至危及生命。如遇到这种特殊情况，与其如实相告，还不如暂时隐瞒真相，然后逐步旁敲侧击，待对方已有一定的思想准备时，再实言相告，并加以劝慰。

善意的谎言，其用心当然也是善意的，即为减轻不幸者的精神痛苦，帮助不幸者重振生活的勇气。当事人以后明白了真相，只会感激，不会埋怨。即使当时半信半疑，甚至明知是谎话，通情达理者仍会感到温暖、宽慰。因为他觉得自己被关怀、爱护，而不是被欺骗、愚弄。明知会加重对方的精神痛苦，仍要以真话相告，即便不算坏话，也该算蠢话；即使不怀恶意，至少也是不明智的。

当然，社交生活中真话应该永远占主导地位。只有万不得已时，才可以用善意的谎言安慰人。凡是安慰的话语，无论真话谎话，最好拉近身体距离，以示双方关系的亲近，并且语气轻缓、声调较低、语速较慢，如春雨甘露滋润伤痕累累的心田，使对方的心情尽快恢复平静。

（三）学会倾听

安慰别人，有时候最好是什么也不要说，什么也不要做，只要做个倾听者就够了。当一个人遇到困难、挫折，遭遇不幸、灾难，内心痛苦、难受的时候，往往会有倾诉的欲望。倾诉可以发泄心中的不愉快，可以缓解内心的痛苦。所以，安慰别人要学会倾听，做一个忠实的听众。倾听要认真，态度要诚恳，不能表现出不耐烦的情绪。倾听也不是完全保持沉默，适当的时候回应一声，告诉对方你正在倾听，一个手势、一个眼神都可以表现你的关注和关心。

（四）感同身受

安慰别人，需要发自内心地感同身受。虽然不幸和痛苦并没有发生在我们的身上，但是在安慰别人的时候，一定要置身其中，要真切地感受对方的不幸和痛苦，而不能以事不关己的姿态去安慰别人，否则就如同隔靴搔痒，不但起不到止痒的作用，还可能引起对方的不快。

（五）提供帮助

口头上的安慰、精神上的支持，并非可以代表一切。有时候，针对被安慰者的实际情况，可以适当地提供一些力所能及的帮助，如提供人脉关系，提供躲避的空间，提供物质上的支援等。

二、案例分析

【案例1】

宝钗安慰王夫人

王夫人哭道："你可知道一桩奇事？金钏儿忽然投井死了！"宝钗见说，道："怎么好好的投井？这也奇了。"王夫人道："原是前儿她把我一件东西弄坏了，我一时生气，打了她几下，撵了她下去。我只说气她两天，还叫她上来，谁知她这么气性大，就投井死了。岂不是我的罪过。"宝钗叹道："姨娘是慈善人，固然这么想。据我看来，她并不是赌气投井。多半她下去住着，或是在井跟前憨顽，失了脚掉下去的。她在上头拘束惯了，这一出去，自然要到各处去玩玩逛逛，岂有这样大气的理！纵然有这样大气，也不过是个糊涂人，也不为可惜。"王夫人点头叹道："这话虽然如此说，到底我心不安。"宝钗叹道："姨娘也不必念念于兹，十分过不去，不过多赏她几两银子发送她，也就尽主仆之情了。"王夫人道："刚才我赏了她娘五十两银子，原要还把你妹妹们的新衣服拿两套给她妆裹。谁知凤丫头说可巧都没什么新做的衣服，只有你林妹妹做生日的两套。我想你林妹妹那个孩子素日是个有心的，况且她也三灾八难的，既说了给她过生日，这会子又给人妆裹去，岂不忌讳。因为这么样，我现叫裁缝赶两套给她。要是别的丫头，赏她几两银子就完了，只是金钏儿虽然是个丫头，素日在我跟前比我的女儿也差不多。"口里说着，不觉泪下。宝钗忙道："姨娘这会子又何用叫裁缝赶去，我前儿倒做了两套，拿来给她岂不省事。况且她活着的时候也穿过我的旧衣服，身量又相对。"王夫人道："虽然这样，难道你不忌讳？"宝钗笑道："姨娘放心，我从来不计较这些。"一面说，一面起身就走。王夫人忙叫了两个人来跟宝姑娘去。

【分析】

在生活中发生的一些事情，当事人在情感上往往很纠结。如果事情因己而起，当事人可能会寝食不安，内心无比自责。《红楼梦》中金钏儿的死，在王夫人看来与自己有着必然的联系，所以她内疚不安，以致落泪。

宝钗安慰王夫人很有一手。她在吃透王夫人心理的基础上，一步步开导王夫人。首先说王夫人本是个“慈善人”，借以减轻王夫人的内疚感；然后把金钏儿投井说成可能是自己失足，转移化解王夫人的内疚；接着出主意说多赏点东西就“尽主仆之情了”；最后还感同身受地主动捐出自己的衣服给金钏儿做妆裹，使王夫人又少了因来不及给金钏儿做妆裹所带来的遗憾。宝钗处处为王夫人着想，句句落在王夫人心坎上，使王夫人的心宽慰不少。

【案例 2】

苏格拉底与失恋者的对话

苏格拉底：“孩子，为什么悲伤？”

失恋者：“我失恋了。”

苏格拉底：“哦，这很正常。如果失恋了没有悲伤，恋爱大概也就没有味道。可是，年轻人，我怎么发现你对失恋的投入甚至比恋爱还要倾心呢？”

失恋者：“到手的葡萄给丢了，这份遗憾，这份失落，您非个中人，怎知其中的酸楚啊！”

苏格拉底：“丢了就丢了，何不继续向前走去，鲜美的葡萄还有很多。”

失恋者：“踩上她一脚如何？我得不到的别人也别想得到。”

苏格拉底：“可这只能使你离她更远，而你本来是想与她更接近的。”

失恋者：“您说我该怎么办？我可真的很爱她。”

苏格拉底：“真的很爱？那你当然希望你所爱的人幸福。”

失恋者：“那是自然。”

苏格拉底：“如果她认为离开你是一种幸福呢？”

失恋者：“不会的！她曾经跟我说，只有跟我在一起的时候她才感到幸福！”

苏格拉底：“那是曾经，是过去，可她现在并不这么认为。”

失恋者：“这就是说她一直在骗我？”

苏格拉底：“不，她一直对你很忠诚。当她爱你时，她和你在一起，现在她不爱你，她就离去了，世界上再没有比这更大的忠诚。如果她不再爱你，却还装得对你很有情谊，甚至跟你结婚生子，那才是真正的欺骗呢。”

失恋者：“可我为她所投入的感情不是白白浪费了吗？谁来补偿我？”

苏格拉底：“不，你的感情从来没有浪费，因为在你付出感情的同时，她也对你付出了感情，在你给她快乐的时候，她也给了你快乐。”

失恋者：“可是这多不公平啊！”

苏格拉底：“的确不公平，我是说你对所爱的那个人不公平。本来，爱她是你的权利，但爱不爱你则是她的权利，而你却想在自己行使权利的时候剥夺别人行使权利的自由。这是何等的不公平！”

失恋者：“可是您看得明白，现在痛苦的是我而不是她，是我在为她痛苦！”

苏格拉底：“为她而痛苦？她的日子可能过得很好，不如说你为自己而痛苦吧。”

失恋者：“依您的说法，这一切倒成了我的错？”

苏格拉底：“是的，从一开始你就犯了错。如果你能给她带来幸福，她是不会从你的生活中离开的，要知道，没有人会逃避幸福。不过，时间会抚平你心灵的创伤。”

失恋者：“但愿有这一天，可我的第一步该从哪里做起呢？”

苏格拉底：“去感谢那个抛弃你的人，为她祝福。”

失恋者：“为什么？”

苏格拉底：“因为她给了你寻找幸福的新机会。”

【分析】

很难想象在几千年前，对于失恋问题，苏格拉底就有如此睿智、如此豁达的思想，试问今天有几人能坦然面对失恋？同时我们不得不佩服苏格拉底的口才和安慰人的本领与技巧。

苏格拉底首先询问失恋者为何悲伤，这其实就是在表达自己的同情心，拉近了自己与失恋者之间的距离。然后苏格拉底循循善诱，认真为失恋者分析，解除失恋者的矛盾和心结。特别是最后两句话“去感谢那个抛弃你的人，为她祝福”“因为她给了你寻找幸福的新机会”，令人感动，如果没有生活的智慧，断然说不出这样的话。相信失恋者经过苏格拉底的一番安慰，很快就能从失恋的阴影中走出来。

第九节　说服

在生活中，需要说服的对象有很多，例如你的父母、你的孩子、你的上司、你的顾客、你的朋友、你的学生……，我们总是在尝试着使他人改变想法和做法，接受自己的思想和主张。甚至有时候，当你的人身安全受到严重威胁的时候，你更应该临危不惧，尽可能说服歹徒，使他放下“屠刀”，避免酿成可怕的后果。

一、说服的口才技巧

每个人都有自己独立的思想，有些人甚至比较顽固，要想说服他人，如果不掌握一定的口才技巧，就很难达到较佳的效果。

（一）换位思考

站在对方的立场上分析问题，能给对方一种为他着想的感觉。这种换位思考的技巧常常具有极强的说服力。俗话说，设身处地，将心比心，人同此心，心同此理。许多说服工作遇到困难，并不是我们没把道理讲清楚，而是由于劝说者与被劝说者固执地据守本位，不替对方着想。如果双方能换位思考，劝说和沟通就会容易。要做到这一点，知己知彼十分重要，只有了解对方，才能站在对方的立场上考虑问题。例如：

某精密机械工厂生产某项新产品，将部分部件委托某小工厂制造，不料当该小厂将零件的半成品呈示总厂时，全部不合该厂要求。由于迫在眉睫，总厂负责人只得令其尽快重新制造，但小厂负责人认为他们是完全按总厂的规格制造的，不想重新制造，双方僵持了许久。总厂厂长在问明原委后，对小厂负责人说：“我想这件事完全是由于公司方面设计不周所致，而且让你吃了亏，实在抱歉。今天幸好是由于你们帮忙，才让我们发现竟然有这样的缺陷。只是事到如今，事情总是要完成的，你们不妨将它制造得更完美一点，这样对你我双方都是有好处的。”那位小厂负责人听完，欣然应允。

（二）投其所好

鱼儿喜欢吃鱼饵，当然，想钓鱼就得用鱼饵。在试图劝说他人时，勿忘投其所好。下面这个故事很能引发我们的思考。

有一次，美国大思想家爱默生与独生子欲将牛牵回牛棚，两人一前一后使尽所有力气，可是牛就是不愿意进去。家中女佣见两个大男人满头大汗，徒劳无功，于是便上前帮忙。她仅拿了一些草让牛悠闲地嚼食，一边喂，一边往前走，很顺利地就将牛引进了棚里，剩下两个大男人在那里目瞪口呆。

与人交谈时，要尽量投其所好，否则就很难展开话题。有时因工作或生活的需要，我们必须与人对话或有求于人。为了达到自己的目的，要摸清对方的兴趣爱好，主动挑起话题，一步步诱其深入，看时机成熟，然后话锋一转，把自己真正的目的亮出来。此时，对方心里就是不情愿，也碍于情面，不好推却。例如：

有位汽车推销员，为了说服一位企业家购买自己手上的进口高级轿车，专程拜访了这位企业家。刚开始见面，他并没有谈有关车的事，而是先拿出儿子的集邮册。原来他的儿子和企业家的儿子是同班同学，他知道企业家总是不辞辛劳、乐此不疲地替儿子搜集邮票、所以就用这件事当话题。两人很快就有了共同语言，并且谈得很投机。最后，推销员在快要告辞时稍微提了一下车子的事，就很顺利地把车子卖出去了。

（三）变换说法

在我们想要表达某种意思之前，首先要考虑话如何说才会容易被别人接受。同一种意思，换一种说法，取得的效果可能会大不相同。《庄子·齐物论》记载了一个“朝三暮四”的故事，很值得我们思考。

狙公赋芧，曰：“朝三而暮四。”众狙皆怒。曰：“然则朝四而暮三。”众狙皆悦。名实未亏而喜怒为用，亦因是也。

同样是七个果子，当主人说早上吃三个晚上吃四个时，猴子们不高兴；当主人说早上吃四个晚上吃三个时，猴子们就高兴了。故事中，主人只是变换了说法，实质未变，却被猴子们欣然接受了，其中的技巧值得借鉴。

（四）以退为进

说服工作是必须坚持原则的，但是，不能认为只有一味进攻、绝不后退才是坚持原则。原则性表现在交谈的目的和结果，而不在过程。不论解决什么问题，在交谈中往往会遇到双方对峙的情况，如果一味进攻，很可能形成僵局，反而不利于原定目的的实现。在这种情况下，以静制动、以柔克刚、以退为进是最有效的办法。例如：

有一位中学老师接管了一个差班的班主任工作，正好赶上学校安排各班级学生参加平整操场的劳动。这个班的学生躲在阴凉处不肯干活，老师怎么说都不起作用。后来这个老师想到一个以退为进的办法，他问学生们：“我知道你们并不是怕干活，而是都很怕热对吧？”学生们谁也不愿说自己懒惰，便七嘴八舌地说，确实是因为天气太热了。老师说：“既然是这样，我们就等太阳下山再干活，现在我们可以痛痛快快地玩一玩。”学生一听就高兴了。老师为了使气氛更热烈一些，还买了几十根雪糕让大家解暑。在说说笑笑的玩乐中，学生接受了老师的说服，不等太阳落山就开始愉快地劳动了。

（五）激将法

通过隐藏的各种手段使对方进入激动状态（愤怒、羞耻、不服、高兴等），然后在不知不觉中被自己操纵，去干你想让他干的事，这就是激将法。说到底，人是有感情的动物，往往会感情用事。在人际交往中，必须想方设法调动感情的力量，来激发人的积极性。这时，最好的一种策略就是“激将”。确切地说，“激将法”中的“激”，就是要从道义的角度去激对方，让对方感到问题不再是愿不愿意去干，而是必须去干、应该去干。例如：

一个男孩要求母亲给他买一条牛仔裤，但是，男孩害怕遭到拒绝，因为他已经有了一条牛仔裤。于是男孩采用了一种独特的方式，他没有像其他孩子那样苦苦哀求，或撒泼耍赖，而是一本正经地对母亲说：“妈妈，你有没有见过只有一条牛仔裤的孩子？”这句话虽然颇为天真，但是又略带计谋，一下子打动了母亲。事后，这位母亲谈起这事，说到了自己当时的感受：“儿子的话让我觉得如果不答应他的要求，简直有点对不起他，即使是在自己身上少花些钱，也不能让孩子太委屈了。”

二、案例分析

卡耐基说服旅馆经理

卡耐基是美国著名的演说家、教育家。他经常租用一家大旅馆的礼堂，定期举办社交培训班。

一次，卡耐基突然接到这家旅馆提高租金的通知。这时更改日期和地点已经不可能了，他决定亲自出面与旅馆经理交涉。下面是两人对话的内容。

卡耐基：“我接到你们的通知时有点震惊。不过，这不怪你。假如我处在你的地位，或许也会做出同样的决定。作为这家旅馆的经理，你的责任是让你的旅馆尽可能多地赢利。你不这么做的话，你的经理职位就难以保住，也不应该能保住，对吗？”

经理：“是的。”

卡耐基：“假如你坚持要提高租金，那么让我们来合计合计，看这样对你有利还是不利。我们先分析有利的一面。大礼堂不租给我们讲课，而出租给别人办舞会、晚会，那么你获利就可以更多，因为举行这类活动时间不会太长。他们能一次支付很高的租金，比我们出的租金当然要高很多，租给我们你显然感到吃亏了。我们再分析一下不利的一面，首先，你提高我的租金，从长远看，你却是降低了收入，因为你实际上是把我撵跑了，我付不起你要的租金，势必再找别的地方办培训班。但这个培训班吸引上千受过教育的中上层管理人员到你的旅馆来听课，对你来说，这难道不是起到了不花钱的活广告作用吗？事实上，你花5000元钱在报纸上做广告，也不可能邀请来这么多人到你旅馆来参观，可我的培训课却给你邀请来了，这难道不划算吗？”

经理：“的确如此，不过……”

卡耐基："请仔细考虑后再答复我好吗？"

结果，经理同意不加租金。

【分析】

卡耐基先是设身处地，站在对方立场上，说明自己理解旅馆经理的苦衷，为说服的持续进行奠定了较好的基础。然后通过客观、冷静的分析，让旅馆经理充分认识到提高租金所带来的利弊。整个说服过程丝毫没有强人所难之意，理性的分析具有极强的说服力。最后，经理不得不同意维持原有的租金。

第十节　情感

人是有情感的动物，人间自有真情在。这里所说的情感包括亲情、友情和爱情。亲情是有血缘关系的人之间与生俱来的无法割裂的感情。"舐犊之情""谁言寸草心，报得三春晖"等，都是对这种血脉相连的亲情所作的描绘。

友情是较亲密的朋友之间所存在的感情。古人说，"同学曰朋，同志曰友"，志同道合的人才能走到一起，成为朋友，从而产生友情。人们总是希望友情天长地久，当志不同、道不合的时候，友情就会慢慢变淡乃至消逝。

爱情是男女相爱的感情。这是人类最恒久、最有杀伤力的一种情感。"问世间情为何物，直教人生死相许"，这里的"情"就是指爱情。

一、情感的口才技巧

不论人与人之间身处何种情感之中，语言始终是人类情感得以交流和沟通的桥梁，人们都要掌握一定的口才技巧来表达情感。不适当的语言表达，可能会给人类情感带来巨大的伤害。

（一）维系亲情的口才技巧

因为亲情的恒久性，人们常常会漠视亲情。有些人觉得亲人之间天天见面，有什么必要说些话来表达亲情呢？有些人则认为，应该多做少说，行动难道不比动嘴巴重要吗？很多时候，做父母的严于管教自己的孩子，他们深知管教孩子是出于对孩子的爱，他们甚至不曾亲口对孩子说一句："孩子，爸爸妈妈爱你。"尽管他们心中有爱，但是做儿女的并不一定能感受得到。孩子可能更需要得到那句他们不曾说出口的话。反过来，做儿女的，长期以来，置身于父母的庇护之下，习惯了父母的付出，很多外出求学的孩子，每次给父母打电话，也不曾说一句："爸爸妈妈，我爱你们。"他们觉得说不出口。大多数人不善于表达亲情，他们把血浓于水的亲情表现于行动，表现于可口的一顿饭、下雨时的一把伞、寒冷时的一件衣服和遇到挫折时的一份疼惜，很多时候要到生命抉择的关键时刻，才能听到亲人们的一句：“我爱你……”亲情的表达，其实只要一句话，可人们却走得艰难而漫长。以下是一位母亲的真实感受。

去年暑假，孩子第一次独自坐火车回漳平，上车前的安检格外严格，候车时听到议论晋江发现某犯罪分子的踪迹，孩子很紧张，担心火车上的安全。我开玩笑，说：“要不，你别回去了，票可以退。”他摇摇头。“那你想想有啥话要交代妈妈的吗？嗯？不然也许没机会说了。”我抬头坏坏地问他，他憋了半天，脸红红的，最后语速很快地飞出一句：“妈妈，我爱你。”我狂喜了好长一段时间，这是他长大后第一次很正面地告诉我他爱我。一句简单的话，就把我的内心充盈得格外温暖而幸福。

其实，维系亲情的口才技巧非常简单，那就是经常地、大声地对你的亲人说：“我爱你！”

（二）增进友情的口才技巧

人生在世，难免会碰到各种各样的挫折、困难乃至不幸。作为朋友，其实不一定非得有物质的付出才能增进友情，很多时候，一句简单的关心和安慰的话，都可以增进友情。以下是一位患者手术后的真实感受。

我最亲近的朋友，在我动手术以后，无影无踪。后来他们终于来了，却唠唠叨叨无所不谈，就是没人关心过我的身体，好像压根什么事也没发生似的。我感到十分地难受。

当你的朋友遭遇不幸时，他们需要你的安慰、你的关心、你的理解。当你去探望这样的朋友时，要全神贯注于他们的感受，而不是以自我为中心。

（三）收获爱情的口才技巧

在现实生活中，人际关系很微妙。正如人们所说，很多时候两人之间仅隔着一层窗户纸，这层纸一旦被捅破，人的关系就会发生根本性的变化。要想收获爱情，就必须射出丘比特的神箭，而这神箭就是人们的口才。面对心仪的人，大胆地把心中的爱表达出来，如果对方也对你有意，相信你的神箭已经射中了对方的心。

马克思与燕妮是“青梅竹马”。进入了青年时代，有一次，马克思对燕妮说道：“我已经爱上了一个人，决定向她求婚……”此时，一直挚爱着马克思的燕妮，听到马克思这么说，心里顿时急躁起来，愣了半天，便问马克思：“你能告诉我你所选择的姑娘是谁吗？”马克思回道：“可以呀。”边说边将一个小方盒递给了燕妮，还说道："在里面，打开它，你便会知道，不过只能当我离开以后……"。等马克思走后，燕妮的心里七上八下，她终于开启了盒盖，里面只有一面镜子，别无他物。燕妮恍然大悟，幸福地笑了，镜子里照出了她美丽的容颜，照出的正是被马克思挚爱的自己。

（四）爱情保鲜的口才技巧

人们常说，"婚姻是爱情的坟墓"。结婚以后，油盐酱醋、鸡毛蒜皮、各种各样的生活小事萦绕在我们的周围，再加上工作、学习、生活和家庭等各方面的压力，爱情在婚姻里已经变得模糊，变得遥远，能给爱情保鲜的也依然是我们的口才。在适当的时候，表示你对对方的在意、关心和爱，就能使爱情之树常青。例如，一位妻子买了新衣服，穿给丈夫看，并询问丈夫的意见，丈夫头都没抬一下，说了一句："还行。"在妻子看来，丈夫对自己已经失去了兴趣，不再表示关心，甚至连评论都不愿意了，这种情况显然会让妻子心灰意冷。如果丈夫能认真地打量妻子，并尽可能给出肯定的评价，给予一定的赞美，即使觉得不好，也认真地指出不好的原因，都会使妻子感觉到温暖和爱意。

（五）修复爱情的口才技巧

恋人、夫妻之间，有时难免会有磕磕碰碰，人们常说"夫妻床头吵架床尾和"。出现矛盾和争吵并不可怕，可怕的是互相的冷漠和冷战。夫妻双方一旦进入互不搭理的状态，婚姻就开始亮红灯了，爱情也会出现裂痕，此时需要彼此主动求和，来修复爱情、修复婚姻。这靠的也是口才。例如，一对夫妻因琐事吵架后，丈夫拉了拉妻子的手，说："亲爱的，都是我的不好，你就大人不计小人过吧。咱俩和好，好吗？"妻子转怒为喜，两人和好如初。

二、案例分析

【案例 1】

上　邪

上邪，我欲与君相知，长命无绝衰。山无陵，江水为竭，冬雷震震，夏雨雪，天地合，乃敢与君绝！

【分析】

《上邪》出自汉乐府民歌。这是一首情歌，是主人公自誓之词：海枯石烂，爱情仍然坚贞不变。"山无陵"以下连用五件不可能的事情来表明自己至死不渝的爱，深情奇想，确是"短章中神品"。

恋爱中的男女，为情所困，难免会海誓山盟，誓言是对爱人的表白，也是对爱情的信念和坚守。我们虽然反对信口开河、不负责任的誓言，但我们的确也被一些发自肺腑的誓言所感动。适当和适时的爱情誓言，有助于缔结爱情之花。

【案例 2】

与众不同的表白

路易·巴斯德是 19 世纪法国著名的微生物学家，他表达爱情的方式颇具特色。巴斯德在法国斯特拉斯堡大学任教时，认识了校长洛朗的女儿玛丽小姐，在友谊持续了一段时间后，他深深地爱上了玛丽。于是他就给洛朗先生、洛朗太太和玛丽小姐分别写了求婚信，除了表达真挚的爱情外，他还在给洛朗先生的信中写道："我应该先把下面的事实告诉您，让您决定允许或拒绝。我的家境小康，没有太多的财产。我估计，我的家财不过 5 万法郎，而且我早已决定把我的一份送给我的姐妹们了。所以，我可以算是一个穷汉。我所拥有的只是健康、勇敢和对科学的热爱，然而，我不是为了地位而研究科学的人。"

【分析】

巴斯德用最诚实、最诚恳、最朴素的语言，不但打动了玛丽小姐，而且深深地打动了洛朗先生和洛朗太太，从而获得了洛朗夫妇的同意，并最终得到了玛丽小姐的爱情。爱的表白，其实并不需要花言巧语。

演 练 场

1. 日常生活中，哪些方面需要特别注意口才技巧？

2. 以前并不认识的几个大学生在一个偏僻的小火车站等车，火车晚点了一个多小时，为了排遣无聊，他们聊了起来。请模拟他们打招呼、介绍、聊天的情景。

3. 在现实生活中，你是否有过邀请别人但遭到拒绝的经历？请仔细回想你是怎么邀请的，而对方又是如何拒绝的？

4. 假设你同寝室的好友失恋了，请对他进行安慰。

5. 一位丈夫需要对自己的妻子进行赞美，请替他设想如何从不同的角度进行赞美。

6. 作为一个开明的家长，面对犯错的孩子，应该如何进行批评教育？

7. 有人站在高楼楼顶要跳楼自杀，假设你现在是谈判专家，要赶到现场进行劝阻，请认真考虑如何用你的语言挽救一条生命。

8. 你是否真的掌握了情感语言？在日常生活中，你是否对你的父母表达了你的爱？现在就把你的爱说出来吧。

实训活动

第一章　绪论

【实训活动】

演讲能力自我测试

【测试说明】

为了更好地制订训练计划，了解你当众讲话的能力，在进行正式训练前请先进行自我测试。测试题共有 8 道选择题，其中，前 4 道选择题评估与演讲内容相关的能力，后 4 道选择题评估与演讲风格相关的能力。请按你平常对应的状态进行选择。

【测试题目】

一、演讲内容

1. 我会在演讲前去了解听众的需求，写作出听众在乎的内容。

A. 几乎总是　　B. 通常是　　C. 偶尔做到　　D. 很难做到

2. 我会围绕几个关键点进行演讲，这些关键点能给听众留下深刻印象。

A. 几乎总是　　B. 通常是　　C. 偶尔做到　　D. 很难做到

3. 演讲中，我可以运用故事或生动的比喻帮人们感觉到、看到我正在描述的事物。

A. 几乎总是　　B. 通常是　　C. 偶尔做到　　D. 很难做到

4. 上台后的每个阶段，我很清楚我会讲什么，不会有忘词、前后不连贯等情况发生。

A. 几乎总是　　B. 通常是　　C. 偶尔做到　　D. 很难做到

二、演讲风格

5. 演讲中，我能观察并理解听众的细微变化，在需要的时候及时调整自己。

A. 几乎总是　　B. 通常是　　C. 偶尔做到　　D. 很难做到

6. 我会和听众建立联系，并用和听众产生共鸣的话题开始演讲。

A. 几乎总是　　B. 通常是　　C. 偶尔做到　　D. 很难做到

7. 在一大群人面前我能轻松自如地运用手势和眼神交流，从来不会感到尴尬。

A. 几乎总是　　B. 通常是　　C. 偶尔做到　　D. 很难做到

8. 讲话时，我知道如何运用节奏、音调和音量来表现讲述内容的细微差别和变化。

A. 几乎总是　　B. 通常是　　C. 偶尔做到　　D. 很难做到

【计分规则】

题目分值：几乎总是 = 10 分、通常是 = 6 分、偶尔做到 = 3 分、很难做到 = 1 分。

请分别给演讲内容和演讲风格计分，根据最后得分在下图坐标系的四个象限中找出属于自己的演讲风格。

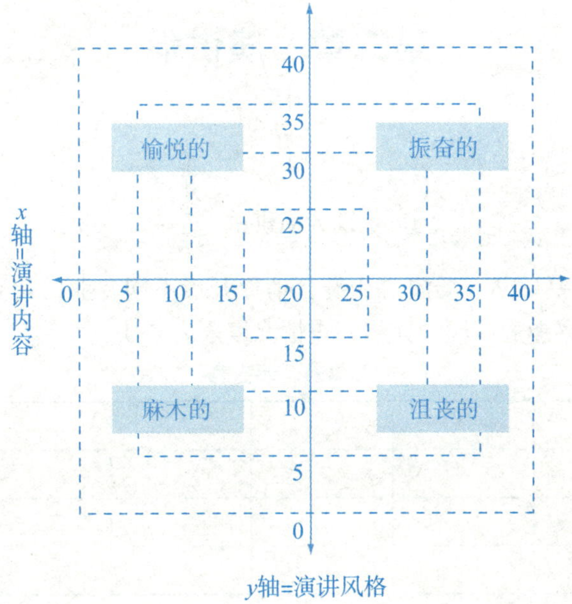

【结果描述】

振奋的：（演讲内容≥20 分、演讲风格≥20 分）（图片表示为右上方）

你的演讲内容通常都很精彩，干货十足，逻辑严谨。同时你的演讲方式丰富多变，可以有效地吸引听众的注意力。在演讲时，你有恰到好处的能量和激情，可以给听众带来很好的体验。你的演讲不仅能激励人们，还能在极大的程度上获得听众的好感。

沮丧的：（演讲内容≥20 分、演讲风格≤20）（图片表示为右下方）

你的演讲更专注于内容，思想性较强，但声音和身体的表现不够自然。你阐述的观点明确，材料组织得当，内容也有针对性。但演讲风格可能是苍白沉闷、单调乏味的，听众很难与你持续互动，这会让他们倍感沮丧。你应该着重学习演讲的台风（包括声音、形体、语言），以及观察听众反应和把握演讲节奏。

愉悦的：（演讲内容≤20、演讲风格≥20）（图片表示为左上方）

听众很喜欢你的肢体动作、表情和语言风格，但你的演讲缺乏实质的内容。你需要进一步努力，使演讲更加清晰、简洁，主题更有深度。尽管此时你的演讲打动了听众，得到了听众的欣赏，但是，听众并没有从中获得知识上的滋养。你应该着重学习如何让自己的演讲内容变得充实，找准演讲内容的关键点。

麻木的：（演讲内容≤20、演讲风格≤20）（图片表示为左下方）

你的演讲内容和风格数值都较低，听众可能难以理解你的意思，同时你也没有给听众留下风趣幽默的印象。因此，他们会对你的演讲不耐烦、走神、犯困。不管是在演讲内容还是演讲风格上，你还需要努力。

第二章　演讲稿

【实训活动】

设计演讲稿

1. 假定你校要举办一场演讲比赛，请你开展不同专业的调查活动，了解听众心理和他们感兴趣的话题，并将调查情况填入表 2-1。

表 2-1　调查表

听众专业					
感兴趣的话题一					
感兴趣的话题二					
感兴趣的话题三					

2. 根据上题调查结果选定某一个话题，围绕此话题收集材料，设计一个演讲稿。

（1）审题（请根据所选话题，列出论点）。

____

____

（2）演讲提纲（列出演讲结构）。

____

____

____

（3）开头（从下面常用方法中选择一种，进行开头编写，演讲开场要巧妙，引起听众最大兴趣）。

提问式____________________

____

叙事式____________________

____

解题式____________________

____

名言式____________________

____

（4）主体（从下面常用的结构中选择一种进行演讲稿主体的编写，主体要循序渐进，吸引听众主动发现演讲要点）。

并列式____________________

____

递进式____________________

____

对比式____________________

____

总分式____________________

____

（5）结尾（从下面方法中选择一种方法进行结尾的编写，结尾要简洁有力，给听众留下完整的印象）。

总结式____________________

____

感召式____________________

____

抒情式____________________

____

名言式____________________

____

点题式____________________

____

第三章　即兴演讲

【实训活动】

即兴演讲训练

活动流程：

步骤 1：每 6 个人组成一个团队，并选出一名队长。

步骤 2：团队中的每个人都要负责拟定一个即兴演讲的主题或者场景，并将其写在纸上，交给队长保管。

步骤 3：队长需对字条进行随机编号（如数字 1~6 或字母 A~F，编号不能重复）。

步骤 4：准备就绪后每个队员需依次从队长手中抽取一个编号，编号中的内容即为你应准备的即兴演讲题目（最后剩余的编号属于队长）。

步骤 5：每个人的准备时间为 1 分钟。准备时间结束后，小组成员依次开始进行即兴演讲训练。除演讲者外，其他 5 人负责完成演讲记录。

步骤 6：当 6 人演讲均完成后，完成团队即兴演讲评价表（表 3-1）和个人评价表（表 3-2）。

表 3-1　团队即兴演讲评价表

演讲者姓名						
即兴演讲题目						
仪表（10 分）						
肢体语言运用（10 分）						
语言规范（20 分）						
演讲主题突出（30 分）						
内容生动，富有感染力（30 分）						
总分						

表 3-2　个人评价表

仪表（10 分）	肢体语言运用（10 分）	语言规范（20 分）	演讲主题突出（30 分）	内容生动、富有感染力（30 分）	总分

第四章　命题演讲

【实训活动】

命题演讲训练

要求：根据所给定的题目，结合你的生活经历及社会现实对题目进行解读，要求对每个给定的题目至少从 5 个不同的角度去解读，使你的演讲内容能够吸引听众的注意力，并引起共鸣。

（1）人生中的赛跑

（2）关于理想的实现

（3）可为与有为

第五章　辩论演讲

【实训活动】

辩论比赛

每小组从以下辩题中任选一个，进行辩论比赛。

辩题	
正方	反方
大学校园秩序的维持，主要靠“自律”	大学校园秩序的维持，主要靠“他律”
在校大学生创业利大于弊	在校大学生创业弊大于利
成大事者不拘小节	成大事者也拘小节
知难行易	知易行难
逆境更有利于人成长	顺境更有利于人成长
现实社会更需要通才	现实社会更需要专才
网络让人更亲近	网络让人更疏远
个性需要刻意追求	个性不需要刻意追求

辩题____

辩论比赛所用表格见表 5-1 和表 5-2。

表 5-1　团体评分表

日期：　　年　月　日

正方代表队：________

反方代表队：________

辩论队	审题（20 分）	论证（20 分）	辩驳（20 分）	配合（20 分）	辩风（10 分）	氛围（10 分）	总分
正方							
反方							

获胜方：__________

评委签字：________

表 5-2　个人评分表

日期：　　年　月　日

正方代表队：________

反方代表队：________

	辩手姓名	论证（40 分）	辩风（40 分）	台风（20 分）	总分
正方					
	辩手姓名	论证（40 分）	辩风（40 分）	台风（20 分）	总分
反方					

优秀辩手：________

评委签字：________

第六章　求职口才

【实训活动】

面试模拟训练

请根据以下招聘启事，以小组为单位，分别作为招聘方、应聘方，进行求职面试模拟训练。

招聘启事

为了实现建设一流应用型综合大学的目标，建设满足应用型人才培养需要的教师队伍，提升服务区域发展的应用研究和科技创新能力，现面向海内外公开招聘专任教师若干名，具体应聘要求如下。

一、基本条件

1. 遵纪守法，热爱教育事业，身体健康，具有进取心、责任心及良好的职业道德和团队合作精神。

2. 具有扎实的专业理论知识，具备较强的从事教学和科学研究工作的素质与能力。

3. 具有博士研究生学历、学位和相应的专业知识、业务能力；第一学历为全日制本科，专业（方向）应当与招聘岗位要求的专业（方向）基本一致；副高级以上职称人员：具有高等学校或工程类、会计类、经济类、艺术类等行业副高级以上专业技术职务；有高校同类岗位工作经历、海外留学及相关专业工作经历者优先。

二、报名时间

2021 年 6 月 6 日—6 月 16 日

三、报名地点

本校人事科（办公楼 201 室）

四、联系电话：0726-××××××

五、联系人：王老师　张老师

××学校

2021 年 5 月 17 日

面试模拟所用表格见表 6-1。

表 6-1　面试模拟评分表

序号	姓名	精神面貌（20 分）	语言表达（20 分）	自我介绍（30 分）	现场答辩（30 分）	总分（100 分）

第七章　职业口才

【实训活动】

销售口才比赛

成功的销售人员往往拥有巧妙的语言技术，他们的语言就像一双柔软的手，能够抚摸到顾客心灵最柔软的地方。开展销售口才比赛，可以帮助学生掌握销售技巧，营造推销气氛，提高推销的能力。

活动流程：

1. 制作参赛号码牌。
2. 参赛选手按次序上台抽题，准备时间5分钟。
3. 由主持人公布选手题目，随即进行口才表演。
4. 教师对选手进行点评，并打分。

评分标准：

1. 拥有丰富的专业知识，且能够掌握顾客的心理，能够为顾客提供精确的分析。(20分)
2. 尊重顾客，时时站在顾客的立场上，考虑顾客的需要。(20分)
3. 灵活运用语言，面对不同态度的顾客能够有说话的主动权。(20分)
4. 拥有成熟的话术技巧、诚恳的耐心态度。(20分)
5. 拥有积极的行动力，能够让顾客感受到朝气与活力。(20分)

销售口才比赛模拟评分表见表7-1。

表7-1　销售口才比赛模拟评分表

被考核人　　　　　　　　　　　　　　　　　　　　评委：

考核项	评分标准	得分	合计
产品介绍（30分）	客户分析（10分）产品信息（10分）核心卖点（10分）		
处理异议（30分）	是否处理异议（10分） 表述是否准确（10分）处理问题态度（10分）		
全程表现（40分）	语言流畅，表达自然、话术技巧成熟（20分） 回答问题全面，准确（10分）对异议做出的说明令人信服（10分）		

第八章　生活口才

【实训活动】

口头表达能力测试

口头表达是沟通的第一要素，没有良好的表达就没有沟通。如果你要练好生活口才，就有必要了解自己的口头表达能力现状。

请根据你的现状（不要经过思考，只需要根据你的第一反应），在最符合你现状的答案前打钩。每组只选一个答案，做完所有题目后，计算总分。其中，非常符合 7 分，比较符合 5 分，不太确定 3 分，比较不符合 1 分，非常不符合 0 分。

1. 我在讲话的时候，有很多素材和词汇可讲。

①非常符合　②比较符合　③不太确定
④比较不符合　⑤非常不符合

2. 我讲话简洁明了，重点突出。

①非常符合　②比较符合　③不太确定
④比较不符合　⑤非常不符合

3. 我善于与和我性格不同的人沟通。

①非常符合　②比较符合　③不太确定
④比较不符合　⑤非常不符合

4. 我对连续不断的交谈感到很容易。

①非常符合　②比较符合　③不太确定
④比较不符合　⑤非常不符合

5. 我可以自如地向别人描述一件事情。

①非常符合　②比较符合　③不太确定
④比较不符合　⑤非常不符合

6. 与陌生人交谈对我而言是一件很容易的事情。

①非常符合　②比较符合　③不太确定
④比较不符合　⑤非常不符合

7. 我喜欢和别人聊天。

①非常符合　②比较符合　③不太确定
④比较不符合　⑤非常不符合